버락 오바마
명쾌한 영어

**버락오바마
명쾌한영어**

1판 10쇄 발행 20019년 5월 16일

편역자 | 이인석, 고성희
펴낸이 | 박찬영
기획편집 | 이인석, 김혜경, 성이경
마케팅 | 조병훈
관리 | 최진주
발행처 | 리베르
주소 | 서울시 성동구 왕십리로 58 서울숲포휴 11층
등록번호 | 제2003-43호
전화 | 02-790-0587, 0588
팩스 | 02-790-0589
홈페이지 | www.liberbooks.co.kr
커뮤니티 | blog.naver.com/liber_book (블로그)
　　　　　　cafe.naver.com/talkinbook (카페)
　　　　　　e-mail | skyblue7410@hanmail.net
　　　　　　Copyright ⓒ Liber, 2009
ISBN | 978 - 89 - 91759-53-4 (13740)

　　　• 사전 동의 없는 무단전재와 무단복제를 금합니다.
　　　• 잘못 만들어진 책은 바꿔드립니다.

리베르(LIBER)는 디오니소스 신에 해당하며 책과 전원의 신을 의미합니다.
또한 liberty(자유), library(도서관)의 어원으로서 자유와 지성을 상징합니다.

버락 오바마
명쾌한 영어

버락 오바마 지음 | 이인석 · 고성희 편역

리베르

Contents

Orientation (특강 오리엔테이션)
오바마 영어특강의 7가지 강점   6

Introduction (강사 소개)
명강사 오바마의 영어 정복기   14

Lecture 01 _ Inaugural Address   20
우리는 변해야 한다
[2009년 1월 20일, 대통령 취임사]

Lecture 02 _ Speech on the Economy   48
위기의 경제, 새로운 책임
[2009년 1월 8일, 조지 메이슨대 경제정책 연설]

Lecture 03 _ A New chapter on climate change   80
기후변화와 싸우자
[2008년 11월 18일, 기후변화 국제회의 연설]

Lecture 04 _ Address to a Joint Session of Congress   92
첫 의회 연설
[2009년 2월 24일, 상하원 합동회의 연설]

Lecture 05 _ One Government, One President   156
하나의 정부, 하나의 대통령
[2008년 11월 7일, 당선 첫 기자회견 연설]

Lecture 06 _ **Yes We Can** 168
우리는 할 수 있다
[2008년 11월 4일, 미국 대통령 당선 연설]

Lecture 07 _ **Education speech in Dayton, OH** 192
21세기 교육의 비전
[2008년 9월 9일, 데이턴 교육 연설

Lecture 08 _ **Politics of Change; I want to win that next battle** 240
변화의 정치
[2007년 2월 10일, 민주당 대선 입후보 연설]

Lecture 09 _ **The Audacity of Hope; A star is born** 268
담대한 희망
[2004년 7월 27일, 미국 민주당 전당대회 기조연설]

Lecture 10 _ **Michelle Obama Keynote Address at DNC** 292
마땅히 되어야만 하는 세상
[2008년 8월 25일, 미셸 오바마 DNC 기조연설]

Words & phrases 316

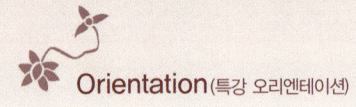
Orientation (특강 오리엔테이션)

오바마 영어특강의 7가지 강점

오바마한테 영어를 배우는 것은 가슴 떨리는 '사건'이다. 오바마의 영어 특강을 보고 들을 수 있다는 것은 영어학습의 '혁명'으로 기록될 대사건이다.

온갖 역경을 이겨내며 하버드 로스쿨을 수석으로 졸업한 후 상원의원을 거쳐 마침내 미국의 권좌에 오른 버락 오바마. 오바마를 "전세계 최고의 명강사"라고 칭하는 것은 전혀 과장이 아니다. 오바마의 영어특강에는 다음과 같은 7가지 강점이 있기 때문이다.

명강사 오바마는 명쾌한 영어를 구사한다

오바마는 흐리멍텅한 영어는 쓰지 않는다. 오바마는 분명한 메시지를 전달하는 명쾌한 영어를 구사한다.

"If there is anyone out there who still doubts that America is a place where all things are possible; who still wonders if the dream of our founders is alive in our time; who still questions the power of our democracy, tonight is your answer."

(미국이 무한한 가능성의 나라라는 것을 아직도 의심하는 사람이 있다면, 미국을 건국한 선조들의 꿈이 우리 시대에도 살아 있다는 것을 아직도 의심하는 사람이 있다면, 그리고 민주주의의 힘을 의심하는 사람이 아직도 있다면, 오늘의 승리가 바로 그 모든 의문에 대한 답입니다.)

오바마는 이처럼 믿음과 확신을 주는 명쾌한 영어를 구사한다. 우리는 『최고의 명강사 오바마 특강』을 통해 명쾌한 영어를 습득할 수 있다.

명강사 오바마는 검증받은 영어를 구사한다

오바마는 싸구려 영어는 쓰지 않는다. 오바마는 미국 대통령을 만들어낸 최강의 '스피치 팀'에 의해 철저히 검증받은 영어를 구사한다.

"And above all, I will ask you join in the work of remaking this nation the only way it's been done in America for two-hundred and twenty-one years—block by block, brick by brick, calloused hand by calloused hand."

(무엇보다도 이 나라를 재건하는 일에 동참해 주실 것을 여러분께 당부드립니다. 그것이 바로 지난 221년 동안 미국을 이룩해온 유일한 방법입니다. 목재 하나하나씩, 벽돌 한 장 한 장씩, 그리고 굳은살이 박힌 손길 하나하나의 힘을 모읍시다.)

최고의 '스피치 팀'이 다듬고 또 다듬은 검증받은 영어를 구사하고 있기에, 우리는 『최고의 명강사 오바마 특강』을 통해 블록 하나하나, 벽돌 하나하나를 쌓아나가듯 최상의 영어학습을 이어나갈 수 있다.

명강사 오바마는 정확한 발음을 구사한다

오바마는 부시의 '술주정 하는 듯한' 허접 발음을 하지 않는다. 오바마는 정확한 발음으로 영어를 구사한다.

"Yes we can. At a time when women's voices were silenced and their hopes dismissed, she lived to see them stand up and speak out and reach for the ballot. Yes, we can."

(우리는 할 수 있습니다. 여성들의 목소리가 침묵을 강요당하고 그들의 희망이 좌절되었던 시절에 그녀는 그들이 일어나 외치면서 투표권을 얻는 모습을 보며 살아왔습니다. 그렇습니다. 우리는 할 수 있습니다.)

그렇다! 우리도 할 수 있다! 『최고의 명강사 오바마 특강』을 통해 우리도 정확한 발음을 구사할 수 있다!

명강사 오바마는 재미있는 영어를 구사한다

오바마는 지루하고 따분한 영어는 하지 않는다. 그는 자신의 경험을 바탕으로 한 재미있는 영어를 구사한다.

"My father was a foreign student, born and raised in a small village in Kenya. He grew up herding goats, went to school in a tin-roof shack. His father, my grandfather, was a cook, a domestic servant. But my grandfather had larger dreams for his son. Through hard work and perseverance my father got a scholarship to study in a magical place: America, which stood as a beacon of freedom and opportunity to so many who had come before."

(저의 아버지는 케냐의 조그마한 마을에서 태어나고 자란 유학생이었습니다. 아버지는 염소를 치며 자라셨고 양철지붕이 있는 판잣집 학교에 다니셨습니다. 아버지의 아버지인 제 친할아버지는 요리사이자 하인이셨습니다. 할아버지는 당신의 아들을 위해 더 큰 꿈을 갖고 계셨습니다. 열심히 일하고 인내한 결과, 아버지는 마법의 나라에서 공부할 수 있는 장학금을 받게 됐습니다. 아버지보다 먼저 온 수많은 이들에게 자유와 기회의 등불이었던 미국에서 말입니다.)

오바마는 자신의 경험을 진솔하게 밝힘으로써 강한 스토리텔링의 힘을 발휘해 왔다. 우리는 『최고의 명강사 오바마 특강』을 통해 즐겁게 공부할 수 있다.

명강사 오바마는 감동적인 영어를 구사한다

재미에 그치는 게 아니다. 오바마는 감동의 언어를 구사한다.

"They are both passed away now. Yet, I know that, on this night, they look down on me with pride. I stand here today, grateful for the diversity of my heritage, aware that my parents' dreams live on in my precious daughters. I stand here knowing that my story is part of the larger American story, that I owe a debt to all of those who came before me, and that, in no other country on earth, is my story even possible."

(지금은 두 분 모두 돌아가셨지만, 저는 오늘 밤 저의 부모님이 저를 자랑스러워하며 내려다보고 계신다는 것을 알고 있습니다. 오늘 제가 받은 다양성에 감사하며 이 자리에 선 저는, 부모님의 꿈이 제 소중한 딸들에게도 계속 이어나가고 있음을 알고 있습니다. 저는 제 이야기가 이 커다란 나라 이야기의 일부라는 것이며, 저보다 먼저 이 땅에 오신 모든 분들께 빚을 지고 있으며, 또 지구상 다른 어떤 나라에서도 제 이야기가 가능하지 않다

는 사실을 알고 이 자리에 서 있습니다.)

오바마는 이처럼 가슴 뭉클한 감동의 영어를 구사한다. 우리는 『최고의 명강사 오바마 특강』을 통해 가슴 따뜻한 영어학습을 이어나갈 수 있다.

명강사 오바마는 사랑의 영어를 구사한다

오바마는 폭력과 증오의 영어를 구사하지 않는다. 그는 어려운 사람들을 따뜻하게 껴안는 사랑의 영어를 구사한다.

"I would not be standing here tonight without the unyielding support of my best friend for the last sixteen years, the rock of our family and the love of my life, our nation's next First Lady, Michelle Obama. Sasha and Malia, I love you both so much, and you have earned the new puppy that's coming with us to the White House. And while she's no longer with us, I know my grandmother is watching, along with the family that made me who I am. I miss them tonight, and know that my debt to them is beyond measure."

(지난 16년간 저를 굳건하게 지지해준 최고의 친구가 없었더라면 저

는 오늘 이 자리에 설 수 없었을 것입니다. 우리 가족의 반석이자 제 인생의 반려자, 그리고 미국의 차기 영부인인 미셸 오바마입니다. 사샤와 말리아, 너희를 진심으로 사랑한단다. 너희가 기르게 된 새 강아지도 백악관에 같이 데리고 가자구나. 그리고 더 이상 우리 곁에 계시지 않지만, 저는 오늘의 저를 있게 만들어준 가족들과 함께 외할머니께서도 지켜보고 계시다는 것을 알고 있습니다. 오늘 밤 저는 그들 모두가 무척 그립습니다. 그들에게 진 빚은 이루 셀 수조차 없이 많습니다.)

이처럼 오바마는 힘들어 하는 사람들을 감싸안는 사랑의 영어를 구사한다. 우리는 『최고의 명강사 오바마 특강』을 통해 사랑이 넘치는 학습을 할 수 있다.

명강사 오바마는 희망의 영어를 구사한다

오바마는 절망을 이야기하지 않는다. 오바마는 세상의 그 어떠한 난관도 힘차게 극복해 나가는 희망의 영어를 구사한다.

"I'm talking about something more substantial. It's the hope of slaves sitting around a fire singing freedom songs; the hope of immigrants setting out for distant shores; the hope of a young naval lieutenant bravely patrolling the Mekong Delta; the hope of a millworker's son who dares to defy the odds; the hope of a skinny kid with a funny name who believes that America has a place for him, too. The audacity of hope!"

(제가 얘기하는 것은 보다 근본적인 것입니다. 그것은 모닥불에 둘러앉아 자유의 노래를 부르는 노예들의 희망, 머나먼 나라를 향해 떠나던 사람들의 희망, 메콩 강 삼각주를 용감하게 순찰하고 있는 젊은 해군 대위의 희망, 용감하게 가능성에 도전하는 공장 노동자 아들의 희망, 미국에도 그가 설 자리가 있다고 믿는 우스꽝스러운 이름의 바싹 마른 소년의 희망이기도 합니다. 담대한 희망입니다!)

멀고도 험난한 길을 걸으면서도 오바마는 희망을 이야기한다. 우리는 『최고의 명강사 오바마 특강』을 통해 우리의 꿈과 희망을 지속적으로 키워나갈 수 있다.

Introduction (강사 소개)

명강사 오바마의 영어 정복기

　오바마가 날 때부터 영어를 잘한 건 사실이다. 오바마는 미국에서 태어났기 때문이다. 그는 1961년 8월 4일 하와이 호놀룰루에서 출생했다. 그의 아버지는 아프리카 케냐에서 하와이 대학으로 유학 온 학생이었고, 어머니는 미국 캔자스 출신의 백인 여성이었다.

　그러나 오바마가 날 때부터 영어를 잘한 건 사실이 아니다.

　첫째 이유는, 미국이라고 해서 날 때부터 영어를 잘하는 사람은 존재하지 않는다. 미국인들도 영어를 '학습' 한다. 미국인들이 날 때부터 영어를 잘한다면, 그들의 SAT 시험에 언어추론 과정이 있을 리 만무하다. 따라서 우리는 한국에서 태어났다고 해서 지레 기죽을 필요가 없다.

　둘째 이유는, 오바마는 영어몰입 생활과 한동안 떠나 있어야 했다. 대한민국에 살고 있는 우리가 영어의 늪에 빠져 허우적거리며 영어를 '공부'하고 있듯이 오바마도 한때 영어를 '공부'해야만 했다. 성장기에 미국을 떠나 있었기 때문이다. 그의 아버지가 가족을 하와이에 남겨두고 하버드대에 갔다가 케냐로 돌아가버리는 바람에 오바마는 어머니와 함께 살아야 했고, 어머니가 하와이대에서 지질학을 전공한 유학생과 재혼하면서 새 아버지의 고국인 인도네시아에 가서 살아야 했다.

언어발달 과정에서 제일 중요한 여섯 살 때부터 열 살까지 인도네시아에서 살아야 했던 오바마가 영어학습의 난관에 부딪쳤음은 자명한 사실이다. 따라서 우리가 영어몰입 생활을 하지 못하고 있다고 해서 지레 기죽을 필요도 없다. 세계 최고의 명강사 오바마도 영어학습의 난관에 부닥쳐 허우적거렸는데, 우리가 스스로 영어학습의 열악한 환경을 탓할 필요는 없는 것이다.

그렇다면 오바마는 비영어권 환경을 어떻게 극복했을까?

오바마가 영어의 기초를 닦을 수 있었던 것은 어머니의 노력 덕분이다. 인도네시아라는 타국 만리에서 살게 된 어머니는 오바마의 삶을 활짝 열어주기 위해 남다른 정성을 기울였다.

"그만 자고 일어나렴! 빨리 일어나 밥 먹고 영어공부 해야지!"

오바마는 매일 새벽 네 시에 일어나 하루에 세 시간씩 영어공부를 했다. 어머니는 오바마에게 영어뿐 아니라 미국의 교과과정을 직접 가르쳤다.

매일 아침 일찍 일어나 세 시간씩 영어공부! 비영어권에 살고 있는 우리도 오바마처럼 매일 세 시간씩 꾸준히 영어공부를 하면 기초를 잡을 수 있지 않을까?

1971년, 어머니는 아들에게 더욱 확실한 길을 열어주기 위해 오바마를 하와이에 있는 친정으로 보내서 공부하게 했다. 오바마가 열 살 때 일이다. 외조부모와 살면서 명문사립 푸나호우학교에 다녔던 오바마는 비로소 영어몰입 생활을 하게 된다.

그렇다고 오바마의 영어가 순탄하게 열린 건 아니었다. 비록 영어몰입 환경에서 생활하게 되긴 했지만, 오바마는 극심한 정체성 갈등을 겪게 된다.

'나는 누구일까? 나는 어디서 왔을까?'

학교 친구들이 얼굴색이 검은 오바마를 놀려대면서, 그는 아프리카 흑인과 미국 백인 사이에서 태어난 '혼혈아'라는 자의식에 깊이 빠져들었다. 세상과의 소통보다는 소외감과 두려움 속에 극심한 고립감을 느껴야 했다. 언어는 세상과 소통할 때 비로소 제 기능을 발휘하는 법인데, 고독 속에 침잠해야 했던 오바마의 영어가 고급 수준으로 점프했을 리는 만무하다.

오바마의 혼혈 콤플렉스는 청소년기에도 지속되었다. 당연히 오바마는 방황의 청소년기를 보내야 했다. 술과 담배와 마약에 깊이 빠져들어, 자신의 정체성을 찾아 헤매는 어두운 시절을 보내게 된다.

그런 오바마를 붙잡아준 것은 바로 어머니의 따뜻한 사랑과 농구를 통한 심신 단련이었다.

'농구'에 대한 이야기를 나눠 보기로 하자. 오바마가 즐긴 농구를, 그가 미국 대통령이라는 최고의 권좌에 오르고 세계 제일의 명강사가 되게 해준 결정적인 계기로 볼 수도 있다. 다시 말해서, 오바마를 세계에서 영어를 제일 잘하는 사람으로 만들어준 계기가 바로 '농구'였다고 말할 수 있다. 스포츠를 통해 심신을 단련하고 친구들과 어울리면서 비로소 세상과의 건강한 소통을 할 수 있었기 때문이다. 언어는 세상과의 소통 수단이기 때문에, 자연히 오바마의 영어가 발전될 수 있었던 것이다.

영어의 발전을 바탕으로 오바마는 1979년 로스앤젤레스 옥시덴탈 대학에 입학했다가 2년 후인 1981년에 뉴욕 컬럼비아대학에 편입하여 정치학을 공부했다.

대학을 졸업할 무렵 오바마는 지역사회 운동가가 되기로 결심한다. 케냐에서 날아온 뜻밖의 소식, 친아버지가 돌아가셨다는 전화를 받고 깊은 상념에 빠져 있던 그는 반인종차별 시위에 참여하게 되었으며, 사회를 변화시켜야겠다는 강한 신념하에 '지역사회 운동'이라는 정치 활동에 뛰어들게 된 것이다.

시카고에서 활동을 하며 오바마의 영어는 한층 발전하게 된다. 지역 주민들과 대화를 나누고, 사람들을 만나 인터뷰를 하고, 동료들과 집회를 개최하며 영어를 통한 커뮤니케이션 능력을 한층 배가시킨 것이다.

1988년 친아버지의 고향인 케냐를 여행하고 돌아온 오바마는 사회적 활동을 보다 많이 하기 위해서는 법을 공부해야겠다는 생각하에 하버드 로스쿨에 진학했다. 세계 최고의 명문대학인 하버드에서 공부하며 오바마의 영어는 한층 세련되게 다듬어졌다. 오바마는 하버드대 법률 학술지인 〈하버드 로 리뷰〉의 편집장으로 활동하며 자신의 영어 구사 능력을 최대한 끌어올렸다. 어린 소년기를 비영어권 국가인 인도네시아에서 보내야 했던 자신의 약점을 마침내 극복하고, 영어의 최고 명강사 자리로 등극하기 위한 비상의 나래를 힘차게 펼친 것이다.

그후 오바마는 최강의 영어를 향해 승승장구하게 된다. 1991년 하버드 로스쿨을 수석으로 졸업했으며, 1996년 일리노이 주 상원의원에 당선되어 1997년부터 2004년까지 3선 의원으로 활동했다. 또한 2005년 민주당 연방 상원으로 연방정치에 입성하여 2007년 2월 10일 민주당 대선 후보 경선 출마를 선언한다. 오바마는 영어와 영어가 맞

부딪치는 영어 연설의 혈전이라는 대장정을 거쳐 2008년 11월 4일, 드디어 제 44대 미국 대통령에 당선되며, 마침내 영어를 완전 정복하는 영어의 최고 권좌에 등극하게 된다. 전 세계 영어 사용자 중에서 가장 강력한 영향력을 구사하고 있기 때문에, 미국 대통령이라는 자리는 "영어의 최고 권좌"에 해당되기 때문이다.

오바마의 영어가 미국을 움직이고 전 세계에 영향을 주고 있다. 그래서 사람들은 오바마를 일컬어 "세계 최고의 영어 명강사"라고 부르게 되었다.

태평양의 하와이, 아시아의 인도네시아, 로스앤젤레스와 뉴욕과 시카고, 보스턴의 하버드대, 아프리카의 케냐… 한줄기 바람이 되어 정처없이 떠돌던 버락 오바마…! 젊은 날의 좌절과 방황을 딛고 기어코 일어서 '영웅 전설' 과도 같은 장엄한 '영어의 전설'을 남기게 된 명강사 오바마는 오늘도 힘껏 외치고 있다.

"오바마 특강 수강생 여러분, 우리는 영어를 정복할 수 있습니다! 우리는 할 수 있습니다!"

"Yes, we can!"

우리는 변해야 한다
(2009.1.20. 대통령 취임사)

Inaugural Address

대통령 취임선서를 하고 있는 오바마

오바마 특강 | "수강생 여러분, 안녕하세요? 방금 소개받은 버락 오바마입니다. 저도 한때 어떻게 하면 영어를 잘 할까, 많은 고민을 한 적이 있습니다. 그래서 여러분의 절박한 심정을 그 누구보다도 잘 압니다. 저는 영어를 열심히 했고, 영어의 벽을 기어코 뛰어넘었습니다. 여러분도 저처럼 열심히 해서, 영어를 완전 정복할 수 있기를 기원합니다. 그럼 같이 출발하기로 해요! 오늘 첫 강의는 저의 대통령 취임 연설로 시작하겠습니다. 저의 취임식은 2009년 1월 20일, 워싱턴DC에서 열렸습니다. 퓰리처상 수상자인 토머스 파워스는 저의 연설문을 "반드시 읽어야 하는 연설이었다"는 극찬의 평을 해주셨습니다. 여러분도 저의 첫 강의를 통해 고급 영어의 진수를 맛보시기 바랍니다!"

"For the world has changed, and we must change with it."

Inaugural Address

My fellow citizens:

I stand here today **humble**d by the **task** before us, **grateful** for the trust you have **bestow**ed, **mindful** of the **sacrifices** borne by our **ancestor**s. I thank President Bush for his service to our nation, as well as the **generosity** and **cooperation** he has shown **throughout** this **transition**.

Forty-four Americans have now **take**n the presidential **oath**. The words have been spoken during rising **tide**s of **prosperity** and the still waters of peace. Yet, every so often the oath is taken amidst **gather**ing clouds and **raging** storms. At these moments, America has carried on not simply because of the skill or vision of those in high office, but because We the People have remained **faithful to** the ideals of our **forbearer**s, and **true to** our founding documents.

우리는 변해야 한다

세계는 변했고 그 변화에 발맞춰
우리도 변해야만 합니다.

친애하는 국민 여러분.

저는 오늘 이 자리에 우리의 **과제** 앞에 겸허히 서서(**겸허하게 하다**), 여러분이 베풀어준(**베풀다**) 신뢰에 감사드리며(**감사하는**), 우리의 **선조**들이 겪었던 **희생**을 되새깁니다(**마음에 두는**). 저는 부시 대통령이 정권 **인수과정 내내** 보여준 **관용**과 **협력**, 그리고 그동안 국가를 위해 헌신하신 데 대해 경의를 표합니다.

지금까지 44명의 미국인이 대통령 취임 선서를 했습니다(**선서하다**). 많은 선서들이 떠오르는 **번영**의 **조류**와 고요한 평화의 물결이 흐르는 시대에 행해졌습니다. 그러나 어떤 선서는 종종 먹구름이 짙게 끼고(**쌓이다**) 폭풍우가 몰아치는(**사납게 날뛰다**) 시대에 행해지기도 합니다. 오늘의 미국이 있게 된 것은 고위 지도자층의 노련함과 비전뿐만 아니라, 모든 국민들 스스로가 **선조**들의 이상과 건국이념에 충실했기(**충실한**) 때문입니다.

워싱턴

So it has been. So it must be with this generation of Americans.

That we **are in the midst of crisis** is now well understood. Our nation is at war, against a **far-reaching** network of violence and hatred. Our economy is badly **weaken**ed, a **consequence** of **greed** and irresponsibility on the part of some, but also our **collective** failure to make **hard** choices and prepare the nation for a new age. Homes have been lost; jobs shed; businesses **shutter**ed. Our health care is too **costly**; our schools fail too many; and each day brings further evidence that

백악관

과거에 그랬던 것처럼 우리 세대의 미국에서도 그렇게 해야 할 것입니다.

위기에 처해 있다는 것을 우리는 잘 알고 있습니다. 우리는 **폭넓게 퍼져 있는** 폭력과 증오의 조직과 맞서 전쟁을 벌이고 있습니다. 몇몇 사람의 **탐욕**과 무책임의 **결과**, 그리고 **과감한** 선택을 하지 못하고 새 시대를 제대로 준비하는 데 총체적으로(**총체적인**) 실패함으로써 우리의 경제는 어려운 상황에 놓여 있습니다(**약화시키다**). 집을 잃고, 일자리가 사라지고, 여러 사업장이 문을 닫았습니다(**문을 닫다**). 건강보험료는 너무 비싸고(**값이 비싼**) 교육은 많은 곳에서 실패했으며, 우리가 힘을 사용하는 방식이 오히려 우리의 **적들**을 더 강

the ways we use energy **strengthen** our **adversaries** and **threaten** our planet.

These are the **indicator**s of crisis, subject to data and **statistics**. Less **measurable** but no less **profound** is a **sap**ping of confidence across our land — a **nagging** fear that America's **decline** is inevitable, and that the next generation **must lower its sights**.

Today I say to you that the **challenge**s we face are real. They are serious and they are many. They will not be met easily or in a short span of time. But know this, America — they will be met.

On this day, we **gather** because we have chosen hope over fear, unity of purpose over **conflict** and **discord**.

On this day, we come to **proclaim** an end to the **petty grievance**s and false promises, the **recrimination**s and **worn out dogma**s, that for far too long have **strangle**d our politics.

We remain a young nation, but in the words of Scripture, the time has come to **set aside childish** things. The time has come to **reaffirm** our **enduring spirit**; to choose our better history; to carry forward that precious gift, that noble idea, **passed on** from generation to generation: the God-given

하게 만들고(**강화하다**) 전 세계를 위협하고(**위협하다**) 있다는 증거들이 속속 드러나고 있습니다.

　이러한 것들은 자료와 **통계**에 근거를 둔 위기의 **신호**입니다. 미국 곳곳에 만연해 있는 자신감의 상실은(**점차로 약화시키다**) 측정하기는(**측정할 수 있는**) 힘들지만 매우 심각합니다(**심원한**). 미국의 **몰락**은 불가피하며 우리의 다음 세대는 **목표를 낮추어야 한다**는 늘 따라다니는 두려움입니다.

　오늘 우리가 직면하고 있는 **도전**은 실제상황입니다. 그 도전은 심각하고 헤아릴 수 없이 많습니다. 쉽게 극복될 수 있는 것도 짧은 시간에 해결할 수 있는 것도 아닙니다. 그러나 이것만은 명심하십시오. 미국은 해낼 수 있습니다.

　두려움보다는 희망을, **갈등**과 **반목**보다는 목적을 위한 단결을 선택했기 때문에 우리는 오늘 이 자리에 모였습니다(**모이다**).

　우리는 **사소한 불평**과 거짓 공약, 그리고 우리 정치를 너무도 오랫동안 옥죄어온(**옥죄다**) **상호비방**과 **낡아빠진 독단론**들의 종식을 선언하기(**선언하다**) 위해 이 자리에 왔습니다.

　미국은 여전히 젊은 나라지만, 성경의 말씀대로 이제는 **유치한 짓을 그만둬야**(**그만두다**) 할 시기입니다. 우리의 **인내심**을 다시 확인해야(**다시 확인하다**) 할 시점이고, 보다 나은 역사를 선택해야 할 시점이며, 세대를 지나면서 물려받은 소중한 선물인 숭고한 이상을 다음 세대에게 계속 물려줄(**전하다**) 시점입니다. 그 이상은 만인은 평등하고

promise that all are equal, all are free, and all **deserve** a chance to **pursue** their full measure of happiness.

In reaffirming the greatness of our nation, we understand that greatness is never given. It must be earned. Our journey has never been one of **short-cut**s or settling for less. It has not been the path for **the faint-hearted** — for those who prefer leisure over work, or seek only the pleasures of riches and fame. Rather, it has been **the risk-takers**, the doers, the makers of things — some **celebrated** but more often men and women **obscure** in their labor, who have carried us up the long, **rugged path** towards **prosperity** and freedom.

For us, they **pack**ed **up** their few worldly **possessions** and traveled across oceans in search of a new life.

For us, they **toil**ed in **sweatshop**s and settled the West; **endure**d **the lash of the whip** and **plow**ed the hard earth.

For us, they fought and died, in places like Concord and Gettysburg; Normandy and Khe Sahn.

Time and again these men and women **struggle**d and sacrificed and worked till their hands were raw so that we might

자유로우며, 모든 사람은 행복을 추구할(**추구하다**) 기회를 부여받는다는(**~할 만하다**) 하나님의 약속입니다.

　미국의 위대함을 재확인하면서, 우리는 그 위대함이 결코 주어지는 것이 아니라 스스로 이뤄내야 한다는 점을 명심해야 합니다. 우리가 걸어온 길은 결코 **지름길**이나 작은 성과에 안주하는 길이 아니었습니다. 그 길은 결코 일보다는 여가를 좇고 부와 명성의 기쁨만을 추구하는 **나약한 자**들의 길이 아니었습니다. 오히려 그 길은 **위험을 감수하는 사람**, 실천하는 사람들, 무언가를 만들어내는 사람들의 길이었습니다. 그들 중 몇몇은 **유명한** 사람도 있었지만 대부분 자신의 일터에서 묵묵히(**눈에 띄지 않는**) 번영과 자유를 위한 길고 **험한 길**을 우리와 함께 걸었습니다.

　우리를 위해, 그들은 자신의 얼마 안 되는 모든 **재산**을 꾸려(**꾸리다**) 새 인생을 찾아 대양을 건너왔습니다.

　우리를 위해, 그들은 **착취공장**에서 힘들게 일하고(**애써 일하다**), 서부에 정착해서 **채찍질**을 견뎌내며(**견디다**) 거친 땅을 일궈냈습니다 (**갈다**).

　우리를 위해, 그들은 싸웠고, **콩코드**(독립전쟁 당시 영국군과의 격전지)와 **게티즈버그**(남북전쟁의 격전지), **노르망디**(2차 대전 격전지), **케산**(베트남전 격전지)에서 목숨을 바쳤습니다.

　우리의 선조들은 우리가 더 나은 삶을 살 수 있도록 손의 살갗이 벗겨질 때까지 계속 애를 쓰고(**애를 쓰다**) 희생하고 일했습니다. 그들

live a better life. They saw America as bigger than the **sum** of our individual ambitions; greater than all the differences of birth or wealth or **faction**. This is the journey we continue today.

We remain the most **prosperous**, powerful nation on Earth. Our workers are no less productive than when this crisis began. Our minds are no less **inventive**, our goods and services no less needed than they were last week or last month or last year. Our capacity remains **undiminished**. But our time of standing pat, of protecting narrow interests and putting off unpleasant decisions — that time has surely passed. Starting today, we must pick ourselves up, **dust** ourselves **off**, and begin again the work of remaking America.

For everywhere we look, there is work to be done. The state of the economy calls for action, **bold and swift**, and we will act — not only to create new jobs, but to lay a new **foundation** for growth. We will build the roads and bridges, the **electric grid**s and digital lines that feed our commerce and bind us together. We will **restore** science to its rightful place, and **wield** technology's wonders to raise health care's quality and lower its cost. We will **harness** the sun and the winds and the soil to fuel our cars and run our factories. And we will **transform** our

은 미국을 우리 각자의 야망을 **합한 것**보다 더 큰 나라, 태생과 빈부와 **당파**의 차이를 뛰어넘은 보다 위대한 나라로 생각했습니다. 이 길이 바로 오늘날 우리가 계속 걸어가야 할 여정입니다.

미국은 여전히 지구상에서 가장 번영되고(**번영하는**) 강력한 국가입니다. 미국의 노동자들은 이 위기가 시작되었을 때와 다름없이 생산적입니다. 지난 주, 지난 달, 작년과 마찬가지로 우리의 정신은 여전히 창의적이며(**창의적인**), 우리의 상품과 서비스를 여전히 필요로 하고 있습니다. 우리의 능력은 줄어들지 않았습니다(**줄지 않은**). 하지만 자신의 의견을 고집하거나 작은 이익에 연연해하고 내키지 않는 결정들을 뒤로 미루는, 그런 시기는 분명히 지나갔습니다. 우리는 오늘부터 다시 몸을 가다듬고 털고(**먼지를 털다**) 일어서서 미국을 재건하는 일을 다시 시작해야 합니다.

사방을 둘러보면, 해야 할 일이 산적해 있습니다. 경제 상황은 **과감하고 신속한** 조치를 요구하고 있습니다. 우리는 조치를 취할 것입니다. 새로운 일자리를 창출하고 성장을 위한 새로운 **기반**을 만들기 위한 조치입니다. 우리는 경기를 부양시키고 우리를 결속시켜 줄 도로와 교량, **전력망**과 디지털 통신망을 건설할 것입니다. 우리는 과학을 제자리로 돌려놓을(**복구하다**) 것이며, 건강보험의 질은 높이고 비용은 낮출 경이로운 기술을 사용할 것입니다(**사용하다**). 우리는 태양과 바람, 토양을 이용해(**이용하다**) 자동차에 연료를 공급하고 공장을 가동할 것입니다. 그리고 우리는 학교와 대학을 개혁하여(**바꾸다**) 새로운 시대의

schools and colleges and universities to **meet** the demands of a new age. All this we can do. And all this we will do.

Now, there are some who question the scale of our ambitions — who suggest that our system cannot **tolerate** too many big plans. Their memories are short. For they have forgotten what this country has already done; what free men and women can achieve when imagination is joined to common purpose, and necessity to courage.

What the **cynic**s fail to understand is that the ground has **shift**ed beneath them — that the **stale** political arguments that have **consume**d us for so long no longer apply. The question we ask today is not whether our government is too big or too small, but whether it works — whether it helps families find jobs at a **decent** wage, care they can afford, a retirement that is **dignified**. Where the answer is yes, we intend to move forward. Where the answer is no, programs will end.

And those of us who manage the public's dollars will be held to account — to spend wisely, reform bad habits, and do our business **in the light of day** — because only then can we **restore** the **vital** trust between a people and their government

우리는 변해야 한다

요구에 부응할(**충족시키다**) 것입니다. 이 모든 것을 우리는 할 수 있습니다. 우리는 할 것입니다.

지금 일부에서는 우리의 시스템으로 그렇게 많은 거대한 계획을 실현할 수 있을지(**견뎌내다**) 우리의 능력을 의심하는 사람들이 있습니다. 그들은 기억력이 짧은 사람들입니다. 그들은 미국이 지금까지 이룩해낸 일들, 즉 상상력이 공공의 목적과 결합되고 필요와 용기가 결합되었을 때 자유인들이 무엇을 해냈는지를 잊어버렸기 때문입니다.

냉소주의자들은 자신의 발밑에 위치한 근본적인 기반이 변했다는(**이동하다**) 사실을 모르고 있습니다. 오랫동안 우리를 고갈시킨(**소모하다**) **케케묵은** 정치적 논쟁들은 더 이상 설 자리가 없다는 사실을 모르고 있습니다. 오늘날 우리가 물어야 할 질문은 큰 정부인가 작은 정부인가가 아니라, 정부가 제대로 움직이고 있는가에 대한 것입니다. 즉 정부가 **타당한** 보수의 직업을 찾을 수 있게 가계를 도울 수 있는지, **품위 있는** 노후생활을 영위할 수 있게 도울 수 있는가에 대한 것이어야 합니다. 우리는 대답이 '예스'인 곳을 향해 전진할 것입니다. 대답이 '노'인 곳에서는 우리의 프로그램들을 중단할 것입니다.

공공자금을 관리하는 우리는 모두 책임감을 갖고 현명하게 자금을 지출하고 악습을 개혁하고 또 나쁜 습관을 개선하며 일을 **투명하게** 처리할 것입니다. 그렇게 해야만 국민과 정부 사이에 **중요한** 신뢰가 회복될(**회복시키다**) 수 있기 때문입니다.

Nor is the question before us whether the market is a force for good or ill. Its power to **generate** wealth and **expand** freedom is **unmatched**, but this crisis has reminded us that without a **watchful** eye, the market can **spin** out of control — and that a nation cannot **prosper** long when it **favor**s only **the prosperous**. The success of our economy has always depended not just on the size of our **Gross Domestic Product**, but on the reach of our **prosperity**; on our ability to extend opportunity to every willing heart — not out of **charity**, but because it is the surest route to our common good.

As for our common defense, we **reject** as false the choice between our safety and our ideals. Our Founding Fathers, faced with **peril**s that we can scarcely imagine, drafted a **charter** to **assure** the rule of law and the rights of man, a charter expanded by the blood of generations. Those ideals still light the world, and we will not give them up for **expedience**'s sake. And so to all the other peoples and governments who are watching today, from the grandest capitals to the small village where my father was born: know that America is a friend of each nation and

우리는 변해야 한다

우리 앞에 놓여 있는 문제는 시장이 선을 위한 힘인지 악을 위한 힘인지에 관한 것이 아닙니다. 시장의 힘은 부를 창출하고(생기게 하다) 자유를 신장시키는(신장하다) 데 있어 그 무엇도 필적할 수 없을 정도로(필적하기 어려운) 막강합니다. 그러나 이번 위기를 통해 우리는 **감시하는** 눈이 없으면 시장이 통제에서 완전히 벗어나 혼란으로 빠져들고(어지럽다) 시장이 **부유한 사람들**에게만 호의를 베풀(두둔하다) 때 한 국가가 더 이상 번영할(번영하다) 수 없다는 사실을 여실히 깨달을 수 있었습니다. 우리 경제의 성공은 항상 **국민총생산**의 규모에만 의존하는 것이 아니라, 우리의 **번영**이 성취될 수 있는가에도 달려 있습니다. 즉 하고자 하는 의욕이 있는 모든 이들에게 기회를 주는 능력이 우리에게 있는가 하는 것입니다. 그것은 **자선**이 아닌 방법으로 공동의 선에 도달하는 가장 확실한 길이기 때문입니다.

안보 문제에서 우리는 안전과 이상 사이에서 한 가지만을 선택하는 것은 잘못된 일이므로 거부할(거절하다) 것입니다. 우리가 좀처럼 상상하기 힘든 **위험**에 직면했던 건국의 선조들은 법규와 인권을 보장하는(보장하다) **헌장**을 만들었고, 이 헌장은 여러 세대가 흘린 피에 의해 신장되어 왔습니다. 이러한 이상은 여전히 이 세상을 밝게 비추고 있으며, 우리는 **편의**를 위해 이를 포기하지는 않을 것입니다. 그리고 큰 국가들의 수도에서부터 나의 아버지가 태어난 작은 마을에 이르기까지 오늘 이 자리를 지켜보고 있는 모든 국가의 국민과 정부에 말씀드립니다. 미국은 평화와 **품위**를 추구하는 모든 나라와 남녀노소의 친

every man, woman, and child who seeks a future of peace and **dignity**, and that we are ready to lead once more.

Recall that earlier generations faced down fascism and **communism** not just with missiles and tanks, but with **sturdy alliance**s and **enduring conviction**s. They understood that our power alone cannot protect us, nor does it **entitle** us to do as we please. Instead, they knew that our power grows through its **prudent** use; our security **emanate**s from the **justness** of our cause, the force of our example, the tempering qualities of **humility** and **restraint**.

We are the keepers of this **legacy**. Guided by these principles once more, we can meet those new **threat**s that demand even greater effort — even greater cooperation and understanding between nations. We will begin to responsibly leave Iraq to its people, and **forge** a hard-earned peace in Afghanistan. With old friends and former **foe**s, we will work tirelessly to **lessen** the **nuclear** threat, and roll back the **specter** of a warming planet. We will not **apologize** for our way of life, nor will we **waver** in its defense, and for those who seek to advance their aims by **inducing** terror and **slaughter**ing

구이며 우리 미국이 다시 한 번 앞장서 이끌 준비가 되어 있다는 사실을 유념해 주십시오.

앞선 세대들이 탱크와 미사일이 아닌 **견고한 동맹**과 불굴의(참을성이 강한) **신념**으로 파시즘과 공산주의를 제압했던 사실들을 떠올려 보십시오. 그들은 우리의 힘만으로는 우리를 보호할 수 없으며 무력을 마음대로 사용할 권한이 우리에게 주어진 것도(~에게 자격을 주다) 아니라는 것을 알고 있었습니다. 대신에 그들은 힘을 신중히(신중한) 사용함으로써 그 힘이 더 커진다는 사실을 알고 있었습니다. 우리가 갖고 있는 대의의 **정당성**과 본보기로서의 힘, 그리고 **겸손**과 **절제**의 유연한 자질로부터 우리의 안보가 확보될(나오다) 수 있다는 점을 알고 있었던 것입니다.

우리는 이러한 **유산**의 수호자들입니다. 이러한 원칙들을 다시 한 번 따라간다면 우리는 세계 각국간의 보다 많은 노력과 협력, 그리고 상호이해를 요구하는 새로운 **위협**에 대처해 나갈 수 있을 것입니다. 우리는 책임 있게 이라크를 이라크 국민들에게 넘겨주고, 아프가니스탄에서 어렵게 달성한 평화를 굳건히 지켜나갈(서서히 나아가다) 것입니다. 우리는 오랜 우방은 물론 지난날의 **적국**들과도 손을 잡고 핵(**핵무기의**) 위협을 줄이고(줄이다), 지구 온난화의 **망령**을 물리치기 위해 끊임없이 노력할 것입니다. 우리는 우리의 삶의 방식에 대해 사과하지는(사과하다) 않을 것이고 이를 고수하는 데 주저하지(흔들리다) 않을 것입니다. 그리고 테러를 감행하고(일으키다) **무고한** 시민들을 살해함으

innocents, we say to you now that our spirit is stronger and cannot be broken; you cannot **outlast** us, and we will defeat you.

For we know that our **patchwork heritage** is a **strength**, not a **weakness**. We are a nation of Christians and Muslims, Jews and Hindus — and **non-believer**s. We are shaped by every language and culture, drawn from every end of this Earth; and because we have tasted the **bitter swill** of civil war and **segregation**, and **emerge**d from that dark chapter stronger and more united, we cannot help but believe that the old hatreds shall someday pass; that the lines of **tribe** shall soon **dissolve**; that as the world grows smaller, our common humanity shall **reveal** itself; and that America must play its role in **usher**ing **in** a new **era** of peace.

To the Muslim world, we seek a new way forward, **base**d **on mutual** interest and mutual **respect**. To those leaders around the globe who seek to **sow conflict**, or blame their society's ills on the West — know that your people will judge you on what you can build, not what you **destroy**. To those who **cling to** power through **corruption** and **deceit** and the silencing of

로써(대량학살하다) 자신들의 목적을 이루려는 세력들에 대해 이렇게 말할 것입니다. 우리의 의지는 그들보다 더 강해서 꺾이지 않을 것이고, 그들은 우리보다 더 지속될(~보다 오래 살다) 수가 없기에 결국 우리가 그들을 패퇴시키고야 말겠다고 말입니다.

다양한 뿌리를 둔(주워 모은 것) 우리의 **전통**은 **장점**이지 **약점**이 아니라는 것을 우리는 압니다. 우리나라는 기독교도와 이슬람교도, 유대교도와 힌두교도, 그리고 **무신론자**들로 이루어진 국가입니다. 우리는 지구상 곳곳에서 온 다양한 언어와 문화로 이루어져 있습니다. 우리는 남북전쟁과 **인종차별**의 **쓰라린** 아픔(불쾌한 것)을 맛보았고, 어두운 시대를 벗어나면서(벗어나다) 더욱 강해지고 단결해 온 경험이 있습니다. 따라서 우리는 과거의 증오가 언젠가는 사라지고, **인종**간 분리도 머지않아 해소될(사라지다) 것이며, 세계가 점점 좁아져 인간의 공통된 존엄성이 저절로 모습을 드러내고(드러내다) 우리 미국이 새로운 평화의 **시대**를 이끌어가는(선도하다) 역할을 반드시 해야 한다는 사실을 믿지 않을 수 없습니다.

이슬람 국가와는 **상호** 이해와 상호 **존중**을 바탕으로(~에 근거하다) 새로운 길을 모색할 것입니다. **분쟁**의 씨앗을 뿌리거나(씨를 뿌리다) 자기네 사회의 내부 병폐를 서방의 탓으로 돌리려고 하는 전 세계 이슬람 세계의 지도자들은 당신들이 파괴한(파괴하다) 것에 대해서가 당신들이 건설한 것을 기초로 국민들이 당신들을 판단할 것이라는 사실을 알아야 합니다. **부패**와 **기만**, 그리고 **반대** 목소리를 침묵시키는

dissent, know that you are on the wrong side of history; but that we will extend a **hand** if you are willing to **unclench** your **fist**.

To the people of poor nations, we **pledge** to work **alongside** you to make your farms **flourish** and let clean waters flow; to **nourish starved bodies** and **feed** hungry minds. And to those nations like ours that enjoy **relative plenty**, we say we can no longer afford **indifference** to **suffering** outside our **border**s; nor can we **consume** the world's resources without regard to effect. For the world has changed, and we must change with it.

As we consider the road that **unfold**s before us, we remember with humble **gratitude** those **brave** Americans who, at this very hour, **patrol** far-off deserts and distant mountains. They have something to tell us today, just as the fallen heroes who lie in Arlington **whisper** through the ages. We honor them not only because they are **guardian**s of our liberty, but because they **embody** the spirit of service; a **willingness** to find meaning in something greater than themselves. And yet, at this moment — a moment that will **define** a generation — it is

데 무력에 호소하는(고수하다) 자들은 현재 자신들이 역사의 그릇된 쪽에 서 있다는 사실을 알아야 하며, 그들이 **주먹**을 펴고(펴다) 철권통치를 포기하려 한다면 우리가 기꺼이 **조력**의 손을 내밀어 함께할 것이라는 사실을 알아야 할 것입니다.

빈곤국의 국민에게 우리가 당신들의 농토를 기름지게 하고 맑은 물이 흐르게 하며 **굶주린 사람들**이 살지게 하고(살지게 하다) 허기진 마음을 북돋울 수(북돋우다) 있게 하기 위해 당신들의 **곁에서** 일을 하겠다고 약속드립니다(맹세하다). 그리고 우리처럼 **비교적 풍부**를 누리는 나라에 대해서는 우리가 **국경** 밖의 **고통**에 대해서 더 이상 **무관심**하지 않겠으며, 결과에 대한 고려 없이 세계의 자원을 더 이상 낭비하지(낭비하다) 않을 것이라고 말씀드립니다. 세계는 변했고 그 변화에 발맞춰 우리도 변해야만 합니다.

우리 앞에 펼쳐져 있는(펼쳐지다) 길을 보면서 우리는 지금 이 시간에도 머나먼 사막과 산간벽지에서 순찰 활동을 하는(순찰하다) **용감한** 미국인들에게 겸허한 마음으로 **감사**를 표합니다. 그들은 알링턴 국립묘지에 잠들어 있는 영웅들이 시대를 아우르며 우리에게 계속 속삭이고(속삭이다) 있듯이 오늘날 또한 우리에게 무언가 할 말이 있을 것입니다. 그들이 단지 자유의 **수호자**이기 때문이 아니라 자기 자신보다 더 위대한 그 무엇으로부터 의미를 찾으려는 **의도**, 즉 봉사정신을 몸소 발현하고 있기(구체적으로 표현하다) 때문에 우리는 그들에게 경의를 표합니다. 그리고 한 세대를 규정짓는(규정짓다) 지금 이 순간, 우리 모

precisely this spirit that must **inhabit** us all.

For as much as government can do and must do, it is **ultimately** the faith and **determination** of the American people upon which this nation relies. It is the kindness to **take in** a stranger when the **levee**s break, the **selflessness** of workers who would rather cut their hours than see a friend lose their job which sees us through our darkest hours. It is the firefighter's courage to storm a stairway filled with smoke, but also a parent's willingness to **nurture** a child, that finally decides our fate.

Our challenges may be new. The **instrument**s with which we meet them may be new. But those values upon which our success depends — honesty and hard work, courage and fair play, **tolerance** and **curiosity**, **loyalty** and **patriotism** — these things are old. These things are true. They have been the quiet force of **progress** throughout our history. What is **demand**ed then is a return to these truths. What is required of us now is a new era of responsibility — a **recognition**, on the part of every American, that we have duties to ourselves, our nation, and the world, duties that we do not **grudgingly** accept but rather **seize gladly**, **firm** in the knowledge that there is nothing so satisfying to the spirit, so defining of our character, than giving our all to

두가 간직해야(살다) 할 것은 **바로** 이 같은 봉사정신입니다.

정부가 최대한 해낼 수 있고 또한 해야만 하는 만큼, 우리나라가 의지할 수 있는 것은 **궁극적으로** 국민의 신뢰와 **결단력**입니다. 그것은 **제방**이 무너졌을 때 낯선 사람을 집으로 데려가 묵게 하는(묵게 하다) 친절함입니다. 그것은 이처럼 어려운 시기에 종종 볼 수 있는, 친구가 일자리를 잃는 것보다는 자신의 근로시간을 줄이려 하는 **무욕**의 마음입니다. 또한 그것은 연기로 가득 찬 계단에 뛰어드는 소방관의 용기나 아이를 기꺼이 키우는(양육하다) 부모의 마음이기도 한데, 결국 이러한 덕목들이 우리의 운명을 결정할 것입니다.

우리 앞에 놓인 도전들은 새로운 것입니다. 우리가 그 도전에 대처하는 **수단**도 새로워야 합니다. 그러나 우리의 성공을 좌우하는 덕목들, 즉 근면과 정직, 용기, 페어플레이 정신, **인내, 호기심, 충성**과 **애국심**과 같은 것들은 오래된 것입니다. 또한 진실한 것입니다. 이 덕목들은 우리의 역사에서 **진보**의 조용한 힘이 되어 왔습니다. 이제 필요한(필요로 하다) 것은 바로 이런 참된 덕목으로 되돌아가는 것입니다. 지금 우리에게 필요한 것은 새로운 시대에 대한 책임감입니다. 즉 모든 미국인들이 자기 자신과 조국, 그리고 세계에 대한 의무를 **인식**하는 것입니다. 그 의무는 **마지못해** 받아들이는 책무가 아닙니다. 어려운 과제에 우리의 모든 것을 내맡기는 것이라기보다는 우리의 정신을 만족시키고 우리의 품성을 정의해 주는 데 있어 이만한 것은 없다는 인식 하에 **기꺼이** 그리고 단호히(견고한) 받아들이는(붙잡다) 그런 의무

a difficult task.

This is the price and the promise of citizenship.

This is the source of our **confidence** — the knowledge that God calls on us to shape an **uncertain destiny**.

This is the meaning of our liberty and our **creed** — why men and women and children of every race and every faith can join in **celebration** across this **magnificent** mall, and why a man whose father less than sixty years ago might not have been served at a local restaurant can now stand before you to take a most sacred oath.

So let us **mark** this day with remembrance, of who we are and how far we have traveled. In the year of America's birth, in the coldest of months, a small band of **patriot**s **huddle**d by dying campfires on the shores of an icy river. The capital was **abandon**ed. The enemy was **advancing**. The snow was **stain**ed with blood. At a moment when the **outcome** of our revolution was most in doubt, the father of our nation ordered these words be read to the people:

"Let it be told to the future world... that in the depth of winter, when nothing but hope and virtue could survive... that the city and the country, **alarm**ed at one common danger, came

입니다.

이것이 바로 시민권에 대한 대가이자 약속입니다.

이는 **신뢰**의 원천이기도 합니다. 신뢰란 우리가 **불확실한 운명**을 구체화할 수 있도록 하나님이 소명해 주신 지식입니다.

이것은 우리의 자유와 **신조**의 의미이기도 합니다. 그것은 인종 및 종교와 상관없이 모든 남녀노소가 이 **장대한** 취임식 **행사**에 동참할 수 있는 이유, 그리고 60여 년 전이라면 동네 식당에서 식사를 하지 못했던 아버지를 둔 제가 이제 여러분들 앞에서 이렇게 신성한 서약을 할 수 있게 된 이유입니다.

이제 오늘을 기억해 둡시다(~에 **주목하다**). 우리가 누구이며 또 얼마나 먼 길을 걸어왔는지 잊어버리지 맙시다. 미국이 건국되던 해, 혹한의 겨울철에도 한 무리의 **애국지사**들이 추운 강가의 꺼져가는 모닥불 옆에 몸을 움츠리고(**몸을 움츠리다**) 모였습니다. 수도는 적군에게 빼앗겼습니다(**버리다**). 적군은 진격해 오고 있습니다(**앞으로 나아가다**). 눈밭은 피로 물들었습니다(**얼룩이 지다**). 혁명의 **결과**가 의문인 상황에서 우리 건국의 아버지들은 다음 글을 국민들에게 읽게 했습니다.

"미래의 세대에게 들려주도록 합시다…. 오직 희망과 미덕만이 살아남을 수 있는 한겨울에… 공존공생의 위험에 놀란(**놀라게 하다**) 도시와 농촌이 모두 함께 일어나 그 위험에 맞서기 위해 나섰다는 것을."

forth to meet [it]."

America. **In the face of** our common dangers, in this winter of our **hardship**, let us remember these **timeless** words. With hope and **virtue**, let us brave once more the **icy current**s, and endure what storms may come. Let it be said by our children's children that when we were tested we refused to let this journey end, that we did not turn back nor did we **falter**; and with eyes fixed on the horizon and God's grace upon us, we **carried forth** that great gift of freedom and **deliver**ed it safely to future generations.

Thank you, God bless you, and may God Bless the United States of America.

이렇게 태어난 아메리카입니다. 공존공생의 위험**에도 불구하고**, 올 겨울 우리는 **어려운 시기**를 맞이하여 건국의 아버지들이 외우던 **불멸**의 구절을 다시 상기합시다. 희망과 **미덕**으로 **한파**를 뚫고 다시 한 번 용감하게 맞섭시다. 모진 폭풍우가 몰아치더라도 참고 견딥시다. 후손들에게 우리가 시험에 직면했을 때 좌절하지(**꺾이다**) 않고 등을 돌리거나 뒷걸음치지 않았다고 말할 수 있게 합시다. 우리가 지평선을 응시하고 신의 축복을 받으며 전진해 나가서(**앞으로 나아가게 하다**) 자유의 위대한 선물을 후대에게 안전하게 전달할(**전하다**) 수 있었다고 말할 수 있게 합시다.

감사합니다. 여러분의 가정에 신의 가호가 있기를, 미국에 하나님의 축복이 있기를 기원합니다.

위기의 경제, 새로운 책임

(2009.1.8. 조지 메이슨대 경제정책 연설)

Speech on the Economy

오바마 특강 | "2009년 1월 8일 조지 메이슨 대에서 행한 저의 경제 연설문을 두 번째 강의 텍스트로 삼았습니다. 조지 메이슨 대는 워싱턴 근교의 북버지니아에 위치해 있습니다. 노벨 경제학상 수상자로 유명한 버넌 스미스 교수가 재직했던 조지 메이슨 대에서 저의 경제정책을 연설하게 된 것은 아주 뜻깊은 일이었습니다. 흔히들 "경제학에는 성이 '스미스'인 두 명의 아버지가 있다. 한 명은 고전경제학의 창시자인 애덤 스미스, 또 한 명은 실험경제학의 아버지인 버넌 스미스다."라고 말할 정도이기 때문입니다. 저는 이 연설에서 새로운 책임감을 강조했습니다. 여러분도 영어공부의 낡은 습관, 잘못된 습관을 고치고, 새로운 책임감으로 무장하여, 여러분의 영어실력이 일취월장하기를 기원합니다!"

경제 연설을 하고 있는 오바마

"It's time to trade old habits for a new spirit of responsibility."

Thank you so much. Let me begin by thanking George Mason University for their **extraordinary hospitality** and to thank all the great friends, the governors, the mayors who are in attendance here today.

Throughout America's history, there have been some years that simply **roll**ed into the next without much **notice** or **fanfare**. And then there are the years that **come along** once in a generation, the kind that mark a clean **break** from a troubled past and set a new course for our nation. This is one of those years.

We start 2009 in the midst of a crisis unlike any we have seen in our **lifetime**, a crisis that has only **deepen**ed over the last few weeks.

Nearly 2 million jobs have been now lost. And on Friday, we're **likely to** learn that we lost more jobs last year than at any

위기의 경제, 새로운 책임

낡은 습관을 새로운 책임감으로
교체해야 할 시간입니다.

　　대단히 감사합니다. 먼저 성대하게 맞이해 주신(**특별한 환대**) 조지 메이슨 대에 감사드립니다. 그리고 오늘 이 자리를 빛내 주신 소중한 모든 동료들과 주지사, 그리고 시장님들께 감사드립니다.

　　우리의 역사를 보면, 어떤 해는 **주목**할 만한 사건이나 **팡파르**도 없이 다음해로 지나갔습니다(**나아가다**). 그렇게 한 세대가 지나가고(**지나가다**), 세상은 불안한 과거로부터 완전한 **분기점**을 그으며, 나라의 새로운 방향을 정하는 해가 됩니다. 지금이 이러한 해 중의 하나입니다.

　　우리는 지금까지(**평생**) 보아온 것과는 달리 경제 위기의 한가운데에서 2009년을 시작하고 있습니다. 이 위기는 지난 몇 주 사이에 더 깊어졌을(**깊어지다**) 뿐입니다.
　　현재 거의 2백만 일자리가 없어졌습니다. 그리고 금요일에 우리는 아마도 2차 세계대전 이래 그 어느 때보다도 지난해에 더 많은 일

뉴욕의 7번 부두

time since World War II. Just in the past year, another 2.8 million Americans who want and need full-time work have had to **settle for** part-time jobs.

Manufacturing has hit a 28-year low. Many businesses cannot borrow or make **payroll**. Many families cannot pay their **bill**s or their **mortgage**. Many workers are watching their **life savings** disappear. And many, many Americans are both anxious and uncertain of what the future will hold.

Now, I don't believe it's too late to change course, but it will be if we don't take dramatic action as soon as possible. If

맨해튼의 그랜드센트럴 역과 크라이슬러 빌딩(위)

자리를 잃었다는 사실을 알 것입니다(~할 것 같은). 지난해에만, 풀타임으로 일하기를 원하고 또 그렇게 해야만 하는 280만 명의 미국인들이 파트타임을 받아들여야 했습니다(불만스럽게 받아들이다).

제조업 지수는 28년 만에 최저치를 기록했습니다. 많은 회사들이 돈을 빌리지도 **급여**를 마련하지도 못했습니다. 수많은 가정은 **공과금**을 내지도 **대출금**을 갚지도 못했습니다. 많은 근로자들이 자신들이 **평생 저축**한 예금이 사라지는 것을 지켜봐야 했습니다. 그래서 아주 많은 사람들이 앞으로의 일이 어떻게 될지 걱정하고 불안해하고 있습니다.

지금 저는 방향을 바꾸기에는 너무 늦었다고 생각하지 않습니다. 하지만 가능한 빨리 극적 조치를 취하지 않으면 안 됩니다. 아무것도 하

nothing is done, this **recession** could **linger** for years.

The unemployment rate could reach **double digit**s. Our economy could **fall** $1 trillion **short of** its **full capacity**, which **translate**s into more than $12,000 in lost income for a family of four.

We could lose a generation of **potential** and promise as more young Americans are forced to **forgo** dreams of college or the chance to train for the jobs of the future. And our nation could lose the **competitive edge** that has served as a foundation for our strength and our **standing** in the world.

In short, a bad situation could become dramatically worse.

This crisis did not happen solely by some accident of history or **normal** turn of the **business cycle**. And we won't get out of it by simply waiting for a better day to come or **rely**ing **on** the **worn-out dogma**s of the past.

We arrived at this point due to an **era** of profound irresponsibility that stretched from **corporate** board rooms to the halls of power in Washington, D.C.

For years, too many Wall Street **executive**s made **imprudent** and dangerous decisions, seeking profits with too little **regard** for risk, too little **regulatory scrutiny** and too

지 않으면 지금의 **경기 침체**는 수년간 지속될 것입니다(**오래 머무르다**).

실업률이 **두 자리 수**에 이르고 있습니다. 우리 경제는 잠재성장 (한 나라의 자본과 노동력을 최대한 활용하였을 경우에 달성할 수 있는 국민 총생산 성장 – 옮긴이) 에서 1조 달러가 줄어들었습니다(**~에 미치지 못하다**). 그것은 4인가족 당 12,000달러 이상의 수입이 상실된 것에 해당됩니다(**~가 되다**).

우리는 가능성이 있고 **전도양양**한 세대를 잃을 수도 있으며, 더 많은 젊은이들이 대학의 꿈을 접거나(**그만두다**) 장차 얻을 직업을 위해 교육받는 기회를 잡지 못할 수도 있습니다. 그래서 이 나라는 세계에서 우리의 힘과 입장을 발휘하는 기반이 되었던 **경쟁력**을 잃을 수도 있습니다.

요컨대, 나쁜 경제상황이 더 극적으로 악화될 수 있습니다.

지금의 경제 위기는 단지 몇 가지 역사적 사건과 **통상적인 경기 순환기**에 의해 온 게 아닙니다. 우리가 보다 나은 날이 오기만을 기다리거나 과거의 **낡아빠진 신조**에 의지한다고(**의지하다**) 해서 해결되지는 않습니다.

우리는 **기업의** 중역실에서부터 워싱턴의 권력층에게까지 뻗어있는 한 **시대**의 심각한 무책임에 기인하는 경제 위기의 시점에 와 있습니다.

오랫동안 너무 많은 월스트리트의 **경영진들**이 경솔하고(**경솔한**) 위험한 결정을 내렸습니다. 투자자들의 손실에 대한 염려는 거의 **관심**을 두지 않고 **규정된 감시**체제에도 관심 없이 수익만 쫓았습니다.

little accountability. Banks made loans without **concern** for whether borrowers could repay them, and some borrowers took advantage of **cheap credit** to take on debt they couldn't afford.

Politicians spent **taxpayer** money without wisdom or **discipline** and too often focused on **scoring** political points instead of problems they were sent here to solve.

The result has been a **devastating** loss of trust and confidence in our economy, our financial markets and our government.

Now, the very fact that this crisis is largely of our own making means that it's not beyond our ability to solve. Our problems **are rooted in** past mistakes, not our capacity for future greatness.

It will take time — perhaps many years — but we can rebuild that lost trust and confidence. We can restore opportunity and prosperity.

We should never forget that our workers are still more **productive** than any on Earth. Our universities are still the **envy** of the world. We are still home to the most **brilliant** minds, the most creative **entrepreneur**s and the most **advanced** technology and innovation that history has ever

은행들은 채무자들이 갚을 수 있는지의 여부에는 **관심** 없이 대출을 해주고 몇몇 채무자들은 갚을 능력이 없는데도 **저리의 신용대부**로 대출받는 혜택을 누렸습니다.

정치인들은 **납세자들**의 돈을 어리석거나 무절제하게(**규율**) 썼으며, 너무도 자주, 문제를 해결라고 이곳에 보내졌는데도 자신들의 정치적 목적을 이루는(**획득하다**) 데만 열중했습니다.

그 결과 우리 경제와 금융시장, 그리고 정부는 신용과 신뢰에 **엄청난** 손실을 봤습니다.

이제, 이 경제 위기의 해법이 주로 우리 자신의 손에 달려 있다는 바로 그 사실은 우리의 능력으로 해결할 수 있다는 것을 의미하기도 합니다. 우리의 문제는 과거의 실수에서 온 것이지(**~에서 유래하다**), 위대한 미래를 개척해갈 우리의 능력에서 비롯된 것이 아닙니다.

시간이 걸릴 것입니다. 어쩌면 수년이 걸리지도 모릅니다. 하지만 우리는 잃어버린 신용과 자신감을 다시 구축할 수 있습니다. 우리는 기회와 번영을 되찾을 수 있습니다.

우리 근로자들은 이 지구상 그 어느 근로자들보다 여전히 더 생산적이라는(**생산적인**) 사실을 결코 잊지 말아야 합니다. 우리의 대학은 여전히 세계에서 **선망의 대상**이 되고 있습니다. 우리는 여전히 최고의 **훌륭한** 지성과 최고의 창의적인 **기업가들**, 그리고 역사적으로 유래 없이 최고로 **앞선** 기술과 혁신을 갖고 있는 본고장입니다. 그리고 우리

known. And we are still the nation that has overcome great fears and **improbable** odds.

If we act with the **urgency** and seriousness that this moment requires, I know that we can do it again.

That is why I have moved quickly to work with my economic team and leaders of both parties on an American Recovery and Reinvestment Plan that will immediately **jump-start** job creation and long-term growth. It's a plan that **represent**s not just new policy, but a whole new approach to meeting our most urgent challenges.

For if we hope to end this crisis, we must end the culture of anything goes that helped create it, and this change must begin in Washington.

It's time to **trade** old habits for a new spirit of responsibility. It's time to finally change the ways of Washington so that we can set a new and better course for America.

There is no doubt that the cost of this plan will be **considerable**. It will certainly **add to** the budget **deficit** in the short term.

But equally certain are the consequences of doing too little or nothing at all, for that will lead to an even greater deficit of

는 여전히 커다란 두려움과 **믿어지지 않을** 정도의 불평등을 극복한 국민입니다.

우리가 지금 이 순간 필요한 **절박함**과 진지함으로 대처해 나간다면 우리는 다시 할 수 있습니다.

그렇기 때문에 저는 경제팀과 양당의 지도자들과 함께 미국의 경기회복 및 재투자 계획에 대해 함께 손잡고 논의하며 발 빠르게 대처해 왔습니다. 이 계획은 일자리 창출과 장기적인 성장에 활기를 불어넣어(**활기를 불어넣다**) 줄 것입니다. 이 계획은 단순한 새 정책이 아니라 우리의 가장 긴급한 문제를 해결하기 위한 완전히 새로운 접근을 의미합니다(**의미하다**).

우리가 지금의 경제 위기를 끝내기를 원한다면, 우리는 위기를 촉발할 수 있는 문화를 종식해야만 하며, 이 변화는 워싱턴에서 시작해야만 합니다.

낡은 습관을 새로운 책임감으로 교체해야(**바꾸다**) 할 시간입니다. 우리가 미국을 위한 새롭고 더 나은 여정을 걸어갈 수 있도록 워싱턴의 정치방식을 드디어 바꿔야 할 시점입니다.

이런 계획에 따른 **희생**이 클 것이라는(**상당한**) 것에는 의심의 여지가 없습니다. 단기적으로는 재정**적자**가 분명히 늘어날(**늘어나다**) 것입니다.

하지만 아무것도 하지 않거나 전혀 하지 않으면 그 결과는 또 불을 보듯 뻔하여, 우리 경제는 더 많은 일자리와 소득, 그리고 신뢰 감

jobs, incomes, and confidence in our economy.

It is true that we cannot depend on government alone to create jobs or long-term growth. But at this particular moment, only government can provide the short-term **boost** necessary to **lift** us from a recession this deep and severe. Only government can break the cycle that is **crippling** our economy, where a lack of **spending** leads to lost jobs, which leads to even less spending, where an **inability** to lend and borrow stops growth and leads to even less credit.

That's why we need to act **boldly** and act now to **reverse** these cycles. That's why we need to put money in the pockets of the American people, create new jobs and invest in our future. That's why we need to restart the **flow** of credit and restore the rules of the **road** that will ensure a crisis like this never happens again.

This plan begins with — this plan must begin today, a plan I'm confident will save or create at least 3 million jobs over the next few years.

It's not just another public works program. It's a plan that **recognize**s both the paradox and promise of this moment: the fact that there are millions of Americans trying to find work,

소로 이어질 것입니다.

우리는 일자리 창출이나 장기적인 성장을 정부에만 의존해서는 안 됩니다. 하지만 이 특별한 시기에, 오로지 정부만이 이러한 깊고 심각한 경기 침체에서 벗어나기 위해(일소하다) 필요한 단기 **경기부양책**을 만들 수 있습니다. 오직 정부만이 우리의 경제를 무능케 만든(**무능케 하다**) 그 악순환을 끊을 수 있습니다. **소비**의 감소가 실직으로 이어지고, 실직이 소비심리를 더욱 얼어붙게 하고, 돈을 빌려주고 빌리는 **능력의 상실**이 성장을 멈추게 하여 결국은 신용을 더욱 떨어뜨리게 하는 악순환이 되는 것입니다.

그렇기 때문에 우리는 이제 이 악순환을 바꾸기 위해(**바꾸어놓다**) **과감하게** 행동해야만 합니다. 그렇기 때문에 우리는 미국 국민들의 호주머니에 돈을 넣어 주어야 하고, 일자리를 창출하고 우리의 미래에 투자해야만 합니다. 그렇기 때문에 신용의 **흐름**을 다시 재개하고 이와 같은 경제 위기가 두 번 다시 일어나지 않게 하는 **수단**으로서의 규칙들을 다시 세워야 합니다.

이 계획의 시작은, 이 계획은 지금 당장 시작되어야 합니다. 앞으로 몇 년 동안 적어도 3백만 명의 일자리를 보전하거나 새로 창출할 것이라고 확신하는 계획입니다.

이것은 단지 또 하나의 공공사업 프로그램이 아닙니다. 이 상황의 역설과 희망을 동시에 인지하고(**인지하다**) 있는 계획입니다. 즉 수백만의 미국인들이 직장을 구하려 애쓰고 있습니다. 게다가 바로 지금(**마침**

even as all around the country there's so much work to be done.

And that's why we'll invest in priorities like energy and education, healthcare and a new **infrastructure** that are necessary to keep us strong and competitive in the 21st century.

That's why the **overwhelming majority** of the jobs created will be in the private sector, while our plan will save the public-sector jobs of teachers, police officers, firefighters and others who provide **vital** services.

To finally **spark** the creation of a clean energy economy, we will double the production of **alternative energy** in the next three years. We will modernize more than 75% of federal buildings and improve the energy efficiency of 2 million American homes, saving consumers and taxpayers billions on our energy bills.

In the **process**, we will put Americans to work in new jobs that pay well and can't be **outsource**d, jobs building **solar panel**s and wind turbines, constructing **fuel-efficient car**s and buildings, and developing the new energy technologies that will lead to even more jobs, more savings and a cleaner, safer planet **in the bargain**.

위기의 경제, 새로운 책임

~할 때에) 전국 곳곳에 해야 할 일이 아주 많이 있다는 사실입니다.

그렇기 때문에 우리는 에너지와 교육, 건강보험, 그리고 21세기의 강한 경쟁력을 갖추는 데 필요한 **기간산업**의 투자에 우선순위를 둬야 합니다.

그렇기 때문에 민간 부문에서 **압도적인 다수**의 일자리를 창출해야 합니다. 동시에 우리의 계획은 교사, 경찰, 소방관 그리고 **주요** 공공서비스를 제공하는 그 밖의 공공부문 일자리를 보전해 줄 것입니다.

끝으로 경제적으로 청정에너지 산업을 창출하기(고무하다) 위해 우리는 앞으로 3년간 **대체에너지** 생산을 2배 증산할 예정입니다. 우리는(에너지 효율을 높이기 위해 - 옮긴이) 연방 건물을 75퍼센트 넘게 현대화할 것이며, 200만 미국 가정에 에너지 효율성을 개선해서, 소비자와 납세자의 에너지 비용을 수십억 달러 줄일 수 있게 할 것입니다.

이 **과정**을 통해 미국인들에게 보수를 잘 받고 하청받는(하청하다) 일이 아닌 새로운 직업에서 일할 수 있게 할 것입니다. **태양 전지판**과 풍력 터빈을 만드는 직업, **고연비 차량**을 만들고 에너지 효율이 높은 빌딩을 건설하는 직업, 그리고 새로운 에너지 기술을 개발하는 직업에 종사하게 할 것입니다. 그것들은 보다 많은 일자리를 창출할 것이며, 보다 많은 저축으로 이끌고, **또한** 지구를 더 깨끗하고 안전하게 만들 것입니다.

To improve the quality of our healthcare while lowering its cost, we will make the immediate investments necessary to ensure that, within five years, all of America's medical records are computerized. This will cut waste, **eliminate red tape** and reduce the need to repeat expensive medical tests.

But it just won't save billions of dollars and thousands of jobs; it will save lives by reducing the deadly but **preventable** medical errors that **pervade** our healthcare system.

To give our children the chance to live out their dreams in a world that's never been more competitive, we will **equip** tens of thousands of schools, **community college**s and public universities with 21st century classrooms, labs and libraries. We'll provide new computers, new technology and new training for teachers so that students in Chicago and Boston can **compete with** children in Beijing for the high-tech, high-wage jobs of the future.

To build an economy that can lead this future, we will begin to rebuild America. Yes, we'll put people to work repairing **crumbling** roads, bridges and schools by eliminating the **backlog** of well-planned, **worthy** and needed

건강보험의 질은 높이되 그 비용은 낮추기 위해, 우리는 소요되는 투자를 즉각적으로 할 것입니다. 5년 이내에 모든 미국인의 의료기록을 전산화할 수 있도록 말입니다. 이렇게 해서 낭비를 줄이고, **형식적인 절차**를 없애고(**없애다**), 값비싼 의료 검진이 반복되는 것을 줄일 것입니다.

하지만 그것만으로 수십억 달러의 돈을 절약하고 수많은 직업을 보호할 수는 없을 것입니다. 그렇게 해서, 우리의 건강보험 시스템에 퍼져 있는(~에 널리 퍼지다) 치명적이지만 **막을 수 있는** 의료 실수를 줄임으로써 생명을 구할 수 있을 것입니다.

우리 아이들에게 심하게 경쟁하지 않는 세상에서 자신의 꿈을 키워나가며 살 수 있는 기회를 주기 위해서, 우리는 수만 개의 학교와 **지역 전문대학**, 그리고 공립대학을 21세기형 교실과 실험실, 도서관으로 갖출 것입니다(**갖추다**). 우리는 새로운 컴퓨터와 새로운 기술, 그리고 교사들을 위한 새로운 연수를 제공하여, 시카고와 보스턴의 학생들이 미래의 하이테크와 고소득 직업을 위해 베이징의 아이들과 겨룰 수 있게 할 것입니다(**겨루다**).

미래를 이끌 수 있는 경제를 건설하기 위해 우리는 미국을 다시 만들기 시작할 것입니다. 그렇습니다. 우리는 사람들을 투입하여 **부서진** 도로와 다리, 그리고 학교를 고치도록 할 것입니다. 잘 설계되고 훌륭하며(**훌륭한**) 필요한 **기반시설** 프로젝트가 **적체**되는 일이 없도록

infrastructure projects, but we'll also do more to **retrofit** America for a global economy.

That means updating the way we get our electricity, by starting to build a new **smart grid** that will save us money, protect our power sources from **blackout** or attack, and deliver clean, alternative forms of energy to every corner of our nation.

It means expanding broadband lines across America so that a small business in a rural town can connect and compete with their **counterpart**s anywhere in the world.

It means investing in the science, research and technology that will lead to new medical **breakthrough**s, new discoveries and entire new industries.

And, finally, this Recovery and Reinvestment Plan will provide immediate relief to states, workers and families who are bearing the **brunt** of this recession. To get people spending again, 95% of working families will receive a $1,000 tax cut, the first stage of a middle-class tax cut that I promised during the campaign and will include in our next budget.

To help Americans who have lost their jobs and can't find new ones, we'll continue the bipartisan extension of unemployment insurance and healthcare **coverage** to help them

하면서 말입니다. 하지만 우리는 또한 세계경제를 위해 미국을 새롭게 단장할(새 단장하다) 것입니다.

이것은 우리가 전기를 얻는 방법을 새롭게 하는 것을 의미합니다. **고성능의** 새 **고압선망**을 건설하기 시작하면서 말입니다. 그것은 우리의 비용을 절감시키고, **정전**이나 공격으로부터 전력원을 보호하며, 청정 대체에너지를 미국 전역으로 보낼 것입니다.

그것은 광대역 통신망을 미국 전역으로 확대시켜 시골 마을의 소규모 기업도 세계 어느 곳에 있는 **상대**와도 연결하여 어깨를 겨룰 수 있도록 하는 것입니다.

그것은 자연과학과 연구, 그리고 기술에 투자하여 새 의료의 **획기적인 진전**과 새로운 발견, 그리고 완전히 새로운 산업을 이끌어 가는 것입니다.

마지막으로는, 이 경기회복 및 재투자 계획은 모든 주와 근로자들, 그리고 경기 침체를 정면에서(**공격의 예봉**) 맞이한 가정을 즉각 구제하는 것입니다. 사람들이 다시 돈을 쓰게 하기 위해 근로계층 가정의 95퍼센트가 1,000달러 세금 감면을 받도록 할 것입니다. 그것은 선거유세 때 제가 다음 예산에 포함할 것이라고 공약했던 중산층을 위한 감세의 첫 단계입니다.

직업을 잃고 새 일을 찾지 못한 사람들을 위해 우리는 실업보험과 건강보험 **적용 범위**를 초당적으로 확대하여 그들이 경제 위기를 극복할 수 있게 도울 겁니다.

through this crisis.

Government at every level will have to tighten its belt, but we'll help struggling states avoid **harmful** budget cuts, as long as they take responsibility and use the money to maintain essential services, like police, fire, education and healthcare.

Now, I understand that some might be **skeptical** of this plan. Our government has already spent a good deal of money, but we haven't yet seen that translate into more jobs or higher incomes or renewed confidence in our economy.

And that's why the American Recovery and Reinvestment Plan won't just throw money at our problems. We'll invest in what **work**s.

The true test of policies we'll pursue won't be whether they're Democratic or Republican ideas, whether they're conservative or liberal ideas, but whether they create jobs, grow our economy and put the American dream within the reach of the American people.

Instead of politicians **doling out** money behind a veil of secrecy, decisions about where we invest will be made **transparently** and informed by independent **expert**s wherever possible.

정부는 여러 면에서 허리띠를 졸라매야만 합니다. 하지만 어려움에 처해 있는 주들을 도와 **해가 되는** 예산 삭감을 피할 수 있도록 할 것입니다. 그들이 책임감을 갖고 치안과 소방방재, 교육과 의료와 같은 필수불가결한 서비스를 유지하는 데 예산을 사용한다면 말입니다.

그런데, 저는 일부 사람들이 이 계획에 **회의적인** 것을 알고 있습니다. 우리 정부는 이미 상당한 돈을 지출했습니다. 그렇지만 더 많은 일자리나 보다 높은 임금, 혹은 우리 경제에 새로운 자신감을 되찾는(**되찾다**) 것을 우리는 결코 보지 못했습니다.

그렇기 때문에, 미국 경기회복 및 재투자 계획은 그저 문제가 있는 곳에 돈을 쏟아 붓지는 않을 것입니다. 우리는 잘 되어 가는(**잘 되어 가다**) 데에 투자할 것입니다.

우리가 추진할 정책들의 진정한 기준은 그것이 민주당 정책인가 아니면 공화당 정책인가가 아닙니다. 그것이 보수주의자의 의견인가 진보주의자의 의견인가도 아닙니다. 대신에, 그 정책들이 일자리를 창출하고 우리 경제를 성장시키고 미국의 꿈을 국민들에게 심어주는 정책인가 아닌가 하는 것입니다.

정치인들이 비밀의 장막 뒤에 숨어서 돈을 나누어 주어서는(**조금씩 나누어주다**) 안 되며, 우리가 투자하는 곳에 대한 결정은 장소를 가리지 말고 무소속 **전문가**들에 의해 **투명하게** 집행되고 공개되어야 합니다.

Every American will be able to **hold** Washington **accountable** for these decisions by going online to see how and where their taxpayer dollars are spent.

And as I **announce**d yesterday, we will **launch** an **unprecedented** effort to eliminate unwise and unnecessary spending that has never been more **unaffordable** for our nation and our children's future than it is right now.

We have to make tough choices and smart investments today so that, as the economy recovers, the deficits start coming down. We cannot have a solid recovery if our people and our businesses don't have confidence that we're getting our **fiscal** house **in order**.

And that's why our goal is not to create **a slew of** new government programs, but a foundation for long-term economic growth.

That also means an economic recovery plan that is free from **earmarks** and **pet** projects. I understand that every member of Congress has ideas about how to spend money. Many of these projects are worthy; they benefit local communities.

But this emergency **legislation** must not be the **vehicle** for

위기의 경제, 새로운 책임

　모든 미국인은 이러한 결정에 대해 워싱턴이 책임지게 할(**책임지게 하다**) 수 있을 것입니다. 그들의 세금이 어떻게, 어느 곳에 쓰이는지 온라인으로 볼 수 있게 함으로써 말입니다.
　그리고 어제 발표한(**발표하다**) 대로, 우리는 어리석고 불필요한 낭비를 없애는 데 **전대미문의** 노력을 시작할 것입니다(**시작하다**). 그 낭비는 지금 현재보다는 이 나라와 우리 어린이들이 미래에 결코 **감당하기 힘든** 것이었습니다.
　우리는 오늘 힘든 결정을 내리고 현명한 투자를 해야 합니다. 그렇게 하면 경제가 회복되면서 재정적자가 감소될 것입니다. 우리 국민과 기업들이 우리의 재정이(**재정상의**) 정상화될(**제자리가 잡히어**) 것이라는 확신을 갖지 못한다면 우리의 경제회복은 불확실해질 것입니다.

　그렇기 때문에 우리의 목표는 정부가 **많은** 새로운 프로그램을 만드는 것이 아니라 장기적인 경제성장의 토대를 만드는 것입니다.

　그것은 또한 **특정 용도에만 자금을 배당**하고 **마음에 드는** 프로젝트만 추진하는 것에서 벗어나는 경제회복계획을 의미합니다. 저는 의회의 모든 의원이 예산 편성에 대한 의견을 갖고 있다는 것을 알고 있습니다. 이들 프로젝트의 대부분은 훌륭하고, 그들은 지역사회에 도움을 줍니다.
　하지만 이번 긴급 **입법** 조치는 그들의 **열망**을 충족시키는 매개물

those **aspiration**s. This must be a time when leaders in both parties put the **urgent** needs of our nation above our own **narrow** interests.

Now, this recovery plan alone will not solve all the problems that led us into this crisis. We must also work with the same sense of urgency to **stabilize** and **repair** the financial system we all depend on.

That means using our full **arsenal** of tools to get credit flowing again to families and businesses, while restoring confidence in our markets. It means launching a **sweeping** effort to **address** the **foreclosure** crisis so that we can keep **responsible** families in their homes.

It means preventing the **catastrophic failure** of financial institutions whose **collapse** could **endanger** the entire economy, but only with **maximum** protections for taxpayers and a clear understanding that government support for any company is an extraordinary action that must come with **significant restriction**s on the firms that receive support.

And it means reforming a weak and **outdated regulatory** system so that we can better **withstand** financial shocks and better protect consumers, investors and businesses from the

이 되어서는 안 됩니다. 양당 지도자들이 자신의 **편협한** 이권에서 벗어나 이 나라의 **긴급한** 요구에 응해야만 하는 시점입니다.

지금은, 이 경제회복계획만으로는 우리를 경제 위기로 이끈 모든 문제들을 해결할 수 없습니다. 우리는 우리가 의존하고 있는 금융시스템을 안정시키고(안정시키다) 고치기(고치다) 위해 이와 같은 절박한 심정으로 일해야 합니다.

그것은 가정과 기업에 다시 신용이 원활해지도록 하기 위해 우리의 모든 수단(비축 창고)을 강구하는 것을 의미합니다. 또한 시장에서 자신감을 찾는 것을 의미합니다. 그것은 주택 **차압** 위기를 다루는(다루다) **광범위한** 노력을 시작해서, **신뢰할 수 있는** 가족들이 그들의 집을 지킬 수 있게 하는 것을 의미합니다.

이는 경제 전체를 위험에 빠뜨릴(위험에 빠뜨리다) 수 있는 금융기관의 **붕괴**로 인한 **비극적인 파산**을 막는 것을 의미합니다. 하지만 납세자들을 최대한 보호하고, 기업에 대한 정부의 지원이 그 지원을 받은 회사에 대한 **뚜렷한 규제**를 반드시 수반하는 특별 조치라는 것에 대한 분명한 이해가 함께해야 한다는 의미입니다.

그리고 취약하고 시대에 **뒤떨어진** 규제(단속하는) 시스템을 개혁하여 금융 위기를 잘 이겨내고(잘 견디다) 소비자와 투자자, 그리고 기업들을 **무모한 탐욕**과 **위험 감수**로부터 잘 보호하여 우리의 번영을 다

reckless greed and **risk-taking** that must never **endanger** our prosperity again.

No longer can we allow Wall Street **wrongdoer**s to slip through regulatory **crack**s. No longer can we allow **special interest**s to put their thumbs on the economic **scale**s. No longer can we allow the **unscrupulous** lending and borrowing that leads only to **disruptive** cycles of **bubble** and **bust**.

It is time to set a new course for this economy, and that change must begin now.

We should have an open and honest discussion about this recovery plan in the days ahead, but I **urge** Congress to **move** as quickly as possible **on behalf of** the American people, for every day we wait or point fingers or **drag** our feet, more Americans will lose their jobs, more families will lose their savings, more dreams will be **defer**red and **denied**, and our nation will **sink** deeper into a crisis that at some point we may not be able to **reverse**.

That is not the country I know. It is not a future I accept as president of the United States. A world that depends on the strength of our economy is now watching and waiting for

시는 위험에 빠뜨리지(**위험에 빠뜨리다**) 않는 것을 의미합니다.

우리는 월스트리트의 **불법 행위자**들이 규제의 **틈새**를 몰래 빠져나가는 것을 더 이상 허용하지 않을 것입니다. **특별 이익 단체**들이 경제계(**계급**)에 손을 뻗치는 것을 더 이상 허용하지 않을 것입니다. **거품**과 **불황**의 **파괴적인** 악순환을 낳을 뿐인 **부도덕한** 돈거래를 더 이상 허용하지 않을 것입니다.

지금의 우리 경제를 위한 새로운 여정을 시작할 때입니다. 변화는 지금 시작되어야 합니다.

우리는 앞으로 전개될 이 경제회복계획에 대해 열린 마음으로 정직하게 토론해야 합니다. 하지만 저는 의회에 촉구합니다(**촉구하다**). 우리 국민**을 위해** 가능한 한 빨리 동의안을 제출해(**제출하다**) 달라고 말입니다. 매일 우리가 기다리거나 손가락질을 하거나 질질 끌고(**질질 끌다**) 있는 동안, 더 많은 미국인들이 직업을 잃을 것입니다. 더 많은 가정이 저축해둔 돈을 잃을 것입니다. 더 많은 꿈이 연기되고(**연기하다**) 거절당할(**거절하다**) 것입니다. 그리고 어느 순간 우리가 결코 되돌릴(**뒤집다**) 수 없는 위기 속으로 이 나라는 한층 깊게 가라앉을(**가라앉다**) 것입니다.

그것은 제가 알고 있는 나라가 아닙니다. 그것은 미합중국의 대통령으로서 제가 받아들일 수 있는 미래가 아닙니다. 우리 경제의 힘에 의존하고 있는 세계는 지금 미국이 한 번 더 선도해 나갈 수 있는지

America to lead once more, and that is what we will do.

It will not come easy or happen overnight. And it is **altogether** likely that things may get worse before they get better. But that is **all the more reason for** Congress to act without delay.

I know the scale of this plan is unprecedented, but so is the **severity** of our situation. We have already tried the **wait-and-see** approach to our problems, and it is the same **approach** that helped lead us to this day of **reckoning**.

And that is why the time has come to build a 21st century economy in which hard work and responsibility are once again rewarded. That's why I'm asking Congress to work with me and my team day and night — on weekends, if necessary — to get the plan passed in the next few weeks.

That's why I'm calling on all Americans, Democrats and Republicans and independents, to put — to put good ideas ahead of the old ideological **battle**s, a sense of common purpose above the same narrow **partisanship**, and **insist** that the first question each of us asks isn't "What's good for me?" but "What's good for the country my children will **inherit**?"

를 지켜보며 기다리고 있습니다. 이것이 우리가 할 일입니다.

　이것은 쉽지 않으며 하룻밤 사이에 일어나지도 않습니다. 그리고 호전되기보다는 **아주** 더 악화될지도 모릅니다. 그러니까 의회가 **더더욱** 지체 없이 승인**해야 합니다**.

　저는 이 계획의 규모가 전례가 없다는 것을 알고 있습니다. 하지만 우리가 처해 있는 상황의 **고통**은 전례가 없는 것입니다. 우리는 이미 이 문제에 대해 **사태 추이를 지켜보는** 방법을 시도해 봤습니다. 그리고 그와 같은 **방법**이 우리를 오늘날의 **심판**의 날로 이끌었습니다.

　그렇기 때문에 성실한 근로와 책임감이 다시 한 번 보상받는 21세기 경제를 건설해야 할 때입니다. 그렇기 때문에 저와 저의 팀과 함께 밤낮으로, 필요하다면 주말에도, 함께 일하자고 의회에 요구하는 바입니다. 그 계획을 앞으로 몇 주 내에 통과시키기 위해서 말입니다.

　그렇기 때문에 모든 미국인, 민주당원과 공화당원, 그리고 무소속인 분들께 요구합니다. 낡은 이데올로기 **싸움**에서 벗어나 좋은 아이디어를 내주시고, 전과 다름없는 사소한 **당파심**에서 벗어나 공동의 목적의식을 갖자고 말입니다. 그리고 강력히 주장합니다(**강력히 주장하다**). 우리 각자에게 던져야 할 첫 질문은 "나에게 무슨 이득이 있을까?"가 아니라 "우리 아이들에게 물려줄(**물려받다**) 이 나라에 무슨 이득이 있을까?"입니다.

More than any program or policy, it is this spirit that will enable us to **confront** these challenges with the same spirit that has led previous generations to face down war and depression and fear itself.

And if we do, if we are able to summon that spirit again, if we are able to look out for one another and listen to one another, and **do our part** for our nation and for **posterity**, then I have no doubt that, years from now, we will look back on 2009 as one of those years that marked another new and hopeful beginning for the United States of America.

Thank you. God bless you. And may God bless the United States of America."

어떤 계획이나 정책보다 더 나은 것이 있습니다. 이전 세대를 전쟁과 공황, 그리고 그에 대한 공포와 맞서게(**맞서다**) 해주었던 것과 똑같은 정신으로 우리가 이 어려운 난제와 맞서 싸울 수 있게 해주는 정신입니다.

그리고 우리가 한다면, 우리가 그 정신을 다시 불러올 수 있다면, 우리가 서로를 바라보고, 서로의 말에 귀 기울이고, 이 나라와 **후손**들을 위해 자기 본분을 다한다면(**본분을 다하다**), 틀림없이 지금부터 몇 년 후에 우리는 2009년을 미합중국을 위한 또 하나의 희망찬 새 출발을 기록한 해로 뒤돌아볼 수 있을 것입니다.

감사합니다. 여러분과 미국에 하나님의 축복이 깃들기를 기원합니다.

기후변화와 싸우자
(2008.11.18. 기후변화 국제회의 연설)

A New chapter on climate change

오바마 특강 | "이번 강의는 지난 2008년 11월 18일 기후변화 국제회의에서 제가 비디오로 행한 연설을 텍스트로 삼았습니다. 텍스트 서두에 아놀드 슈왈츠제네거 캘리포니아 주지사님께 감사드리는 멘트가 나옵니다. 그분이 로스앤젤레스에서 열린 그 국제회의의 연사로 저를 초청했지만, 유감스럽게도 저는 참석하지 못하고, 대신 영상 메시지를 보냈던 것입니다. 수강생 여러분도 잘 아시다시피, 기후변화 문제는 토플 시험에서 단골로 출제되는 토픽입니다. 이번 강의에 살을 붙여, contamination(오염), ecocide(환경파괴), extinction(멸종), landfill(쓰레기 매립), pollutant(오염원), toxicity(독성)… 등등의 환경 관련 토픽의 어휘도 추가로 정리해서, 수강생 여러분의 영어 실력이 고급 단계로 점프할 수 있기를 기원합니다!"

헬기에서 내려 경례를 받는 오바마

"The science is beyond dispute and the facts are clear"

Lecture 3

A New chapter on climate change

Let me begin by thanking the **bipartisan** group of U.S. governors who **convene**d this meeting. Few challenges facing America—and the world—are more urgent than **combat**ing climate change. The science is **beyond dispute** and the facts are clear. Sea levels are rising. Coastlines are shrinking. We've seen record **drought**, spreading **famine**, and storms that are growing stronger with each passing hurricane season.

Climate change and our dependence on foreign oil, if left unaddressed, will continue to weaken our economy and threaten our national security. I know many of you are working to confront this challenge. In particular, I want to commend Governor Sebelius, Governor Doyle, Governor Crist, Governor Blagojevich and your host, Governor Schwarzenegger—all of you have shown true leadership in the fight to combat global

기후변화와 싸우자

과 학 은 분 명 하 고
현 실 은 명 백 합 니 다 .

 이 모임에 오신(**모이다**) **양당**의 주지사님들께 먼저 감사드립니다. 미국과 세계가 직면하고 있는 시련은 기후변화와 맞서 싸우는(**싸우다**) 것에 비하면 그렇게 절박한 것은 아닙니다. 과학은 분명하고(**분명한**) 현실은 명백합니다. 해수면은 높아지고 있습니다. 해안선은 줄어들고 있습니다. 우리는 기록적인 **가뭄**과 퍼지는 **기근**, 그리고 해마다 허리케인이 지나갈 때마다 더 강해지는 폭풍우를 지켜봤습니다.

 기후변화와 국제 유가 의존도를 역점에 두지 않고 방치해 버린다면, 우리 경제는 약화되어 이 나라의 안정을 위협할 것입니다. 여러분 모두 이 도전에 맞서 일하고 있습니다. 특히 제가 칭찬하고 싶은 것은 시벨리우스 주지사님과 도일 주지사님, 크리스트 주지사님, 블라고예비치 주지사님, 그리고 사회자이신 슈왈츠제네거 주지사님, 여러분들은 지구온난화와 전투를 벌이며 진정한 리더십을 보여주신 것입니다. 또 우리는 많은 기업들이 청정에너지 기술에 투자함으로써 자신의 역

남극

warming. And we've also seen a number of businesses doing their part by investing in clean energy technologies.

But too often, Washington has failed to show the same kind of leadership. That will change when I take office. My presidency will mark a new chapter in America's leadership on climate change that will **strengthen** our security and create millions of new jobs in the process.

That will start with a federal **cap and trade** system. We will establish strong annual targets that set us on a course to reduce **emission**s to their 1990 levels by 2020 and reduce them

북극곰

할을 하는 것을 보아왔습니다.

하지만 너무 자주, 워싱턴 정가는 이와 같은 리더십을 보여주지 않았습니다. 제가 취임하면 변화가 올 것입니다. 저의 대통령 임기 중에 기후변화에 대해 미국 리더십의 새로운 장을 기록하여, 우리의 안전을 공고히 하고(**강화하다**) 그 과정에서 많은 일자리를 새로 창출할 것입니다.

그러기 위해 온실가스 **총량거래제** 시스템(산업별, 기업별로 일일이 탄소배출량을 정해주고, 초과 및 부족분을 경매 방식으로 거래하는 시스템 - 옮긴이)을 전면 시행할 것입니다. 우리는 대기오염 **배기**가스를 2020년까지 1990년의 수준으

an additional 80 percent by 2050. Further, we will invest $15 billion each year to **catalyz**e private-sector efforts to build a clean energy future. We will invest in solar power, wind power and next-generation **biofuel**s. We will **tap** nuclear power, while making sure it's safe. And we will develop clean coal technologies.

This investment will not only help us reduce our dependence on foreign oil, making the United States more secure. And it will not only help us bring about a clean energy future, saving our planet. It will also help us transform our industries and **steer** our country out of this economic crisis by **generating** five million new green jobs that pay well and can't be **outsource**d.

But the truth is, the United States cannot meet this challenge alone. Solving this problem will require all of us working together. I understand that your meeting is being attended by government officials from over a dozen countries, including the U.K., Canada and Mexico, Brazil and Chile, Poland and Australia, India and Indonesia. And I look forward to working with all nations to meet this challenge in the coming years.

로 감축하고 2050년까지는 80퍼센트 수준으로 추가 감축하는 계획을 세워 연간 목표를 강하게 확립해 나갈 것입니다. 게다가 우리는 미래의 청정에너지를 정립하기 위한 노력으로 민간 부문을 촉진하기(**촉진하다**) 위해 해마다 150억 달러를 투자할 것입니다. 우리는 태양력과 풍력, 그리고 차세대 **생물연료**에 투자할 것입니다. 원자력을 개발하면(**개발하다**), 안전은 확신합니다. 또한 청정 석탄 기술을 개발할 것입니다.

이러한 투자는 해외 유가 의존도를 줄일 뿐만 아니라 미국이 더욱 안전해지는 데에 일조할 것입니다. 또한 청정에너지의 미래를 가져올 뿐 아니라 우리의 지구를 살릴 것입니다. 또 산업을 변화시키고 이 나라를 지금의 경제 위기에서 벗어나게(**나아가게 하다**) 할 것입니다. 보수가 좋은 친환경 일자리를 5백만 개 창출하고(**창출하다**) 하청을 주지(**하청을 주다**) 않도록 하면서 말입니다.

하지만 실제로, 미국이 지금의 시련을 혼자서 해결할 수는 없습니다. 기후변화 문제를 해결하기 위해 우리 모두 함께할 것을 요구합니다. 저는 기후변화 회의에 영국, 캐나다와 멕시코, 브라질과 칠레, 폴란드와 오스트레일리아, 인도와 인도네시아를 포함한 수십 개 국가의 정부 각료들이 참석하는 것으로 알고 있습니다. 저는 모든 나라들과 함께 일하며 장차 지금 우리가 처한 문제에 대처하기를 고대합니다.

워싱턴의 포토맥 강

Let me also say a special word to the **delegate**s from around the world who will gather at Poland next month: your work is **vital** to the planet. While I won't be president at the time of your meeting and while the United States has only one president at a time, I've asked members of Congress who are attending the conference as **observer**s to report back to me on what they learn there.

And once I take office, you can be sure that the United States will once again engage **vigorously** in these negotiations,

그랜드캐년

　또한 다음 달 폴란드에 모이는 전 세계의 **대표자**들께 특히 말씀드리고 싶은 것은 여러분의 임무가 이 지구에 아주 중요하다는(지극히 **중요한**) 것입니다. '기후변화협약 당사국총회'가 개최되는 시점에 저는 대통령은 아니며, 또한 미국은 현 시점에서 대통령은 단 한 명이기 때문에, 그 총회에 **참관자**로 참석하게 되는 의원들께 부탁했습니다. 그들이 총회에서의 협상 내용을 저에게 나중에 보고해 달라고 말입니다(미국의 정권 이양기간에 열린 기후변화협약 당사국총회에 참가한 미국 협상 대표는 오바마 당선인을 배제한 채 조지 부시 대통령에게만 협상 관련내용을 보고했음 – 옮긴이).

　저는 직무를 시작하자마자, 미국이 이러한 협상을 다시 한 번 **강력하게** 할 것임을 확신하며, 기후변화에 대해 지구가 협력하여 이 세

and help lead the world toward a new era of global cooperation on climate change.

Now is the time to confront this challenge **once and for all**. Delay is no longer an option. Denial is no longer an acceptable response. The **stake**s are too high. The consequences, too serious.

Stopping climate change won't be easy. It won't happen overnight. But I promise you this: When I am president, any governor who's willing to promote clean energy will have a partner in the White House. Any company that's willing to invest in clean energy will have an ally in Washington. And any nation that's willing to join the cause of combating climate change will have an ally in the United States of America. Thank you.

계를 새로운 시대로 향해 가도록 할 것입니다.

지금은 이 시련과 다시 **한 번** 맞서 싸워야 할 때입니다. 선택을 더 이상 미룰 수는 없습니다. 부정은 더 이상 용인될 수 있는 대응이 아닙니다. **역경**은 너무 높고 그 결과는 무척 중대합니다.

기후변화를 멈추기는 쉽지 않을 것입니다. 이는 하룻밤 사이에 일어나지 않습니다. 하지만 이것은 약속하겠습니다. 제가 대통령으로 재직하는 동안 자발적으로 청정에너지를 증진시키는 주지사는 백악관의 파트너를 갖게 되는 것이라고 말입니다. 청정에너지에 자발적으로 투자하는 회사는 백악관의 협력자를 갖게 되는 것이라고 말입니다. 그리고 기후변화와 싸우기 위한 대의에 기꺼이 동참하는 나라는 미합중국의 동맹자가 될 것입니다. 감사합니다.

첫 의회 연설

(2009.2.24. 상하원 합동회의 연설)

Address to a Joint
Session of Congress

첫 의회 연설을 하고 있는 오바마

오바마 특강 | "이번 네 번째 강의는 2009년 2월 24일 의회의 상하원 합동회의에서 행한 저의 취임 후 첫 연설을 텍스트로 삼았습니다. 저의 특강 중에서 가장 최근에 했던 연설을 텍스트로 삼은 것인데, 한국어에 정통한 저의 참모에게 물어보니, 이런 경우를 한국어로는 '따끈따끈하다'고 한다더군요. 그래요! 이번엔 '따끈따끈한 연설문'으로 '따끈따끈한 공부'를 해보기로 해요. 사실 이번 강의는 상당히 중요합니다. 이번 강의만 잘 습득해 두면, 전체 강의를 한눈에 꿸 수 있기 때문입니다. 국정 전반에 걸친 현안 중에서 특히 경제 문제에 치중하긴 했어도, 교육·안보·환경 등등의 내용이 골고루 분배되어 있기 때문입니다. 즉 이번 강의만 잘 정리해 두면, 다른 강의들은 거저 먹고 들어갈 수 있는 거죠. 또한 대공황 이후 최악의 위기에 직면해 있는 미국이 어떻게 그 위기를 헤쳐 나가려고 하는지, 한번 알아볼 수 있는 좋은 기회가 될 겁니다. 그러니 집중하지 않을 수가 없겠죠? 수강생 여러분, 얼어붙은 마음을 따끈따끈하게 녹이며, 영어의 고지를 향해 힘차게 전진할 수 있기를 기원합니다!"

"New plug-in hybrids roll off our assembly lines, but they will run on batteries made in Korea."

Lecture 4

Address to a Joint Session of Congress

Madame Speaker, Mr. Vice President, **Members of Congress**, and the First Lady of the United States:

I've come here tonight not only to **address** the **distinguished** men and women in this great **chamber**, but to speak **frankly** and directly to the men and women who sent us here.

I know that for many Americans watching right now, the **state** of our economy is a **concern** that **rise**s **above all** others. And rightly so. If you haven't been personally **affect**ed by this **recession**, you probably know someone who has—a friend; a neighbor; a member of your family. You don't need to hear another list of **statistics** to know that our economy is in crisis, because you live it every day. It's the worry you wake up with and the source of sleepless nights. It's the job you thought you'd

첫 의회 연설

신형 하이브리드 자동차가 조립라인에서 생산되고 있지만, 이들 자동차는 한국산 배터리에 의해 구동되고 있습니다.

하원의장님('마담 스피커'는 미국 최초의 여성 하원의장직에 오른 낸시 펠로시 의원을 일컫는 호칭 – 옮긴이), 부통령, **연방 의회 의원** 여러분, 그리고 미합중국의 영부인!

제가 오늘 밤 이 자리에 온 것은, 이 위대한 **의회**에 계신 **저명한** 의원님께 연설하기(연설하다) 위해서뿐만 아니라, 우리를 이 자리에 보내준 국민 여러분께 **솔직하게** 직접 이야기하기 위해서입니다.

지금 지켜보고 계신 많은 국민들께서는 우리의 경제 **상태**가 가장(무엇보다도) 중요한(높아지다) **관심**사라는 것을 저는 알고 있습니다. 정말 그렇습니다. 여러분이 오늘날의 **경기 침체**에 개인적인 타격을 받지(악영향을 미치다) 않았더라도, 여러분은 아마 타격을 입은 그 누군가는 알고 계실 겁니다. 친구나 이웃, 가족 중에서 말입니다. 굳이 다른 **통계** 목록을 듣지 않더라도 여러분은 우리 경제가 위기에 처해 있다는 사실을 알고 계십니다. 여러분은 매일 경제 위기 속에서 살고 계시기 때문입니다. 여러분은 경제 위기에 대한 근심으로 잠에서 깨어나고, 밤에

retire from but now have lost; the business you **built your dreams upon** that's now **hanging by a thread**; the college acceptance letter your child had to put back in the **envelope**. The **impact** of this recession is real, and it is everywhere.

But while our economy may be weakened and our **confidence** shaken; though we are living too difficult and uncertain times, tonight I want every American to know this:

We will rebuild, we will recover, and the United States of America will **emerge** stronger than before.

The weight of this crisis will not determine the destiny of this nation. The answers to our problems don't lie **beyond our reach**. They exist in our laboratories and universities; in our fields and our factories; in the imaginations of our **entrepreneur**s and the pride of the hardest-working people on Earth. Those **qualities** that have made America the greatest force of **progress** and **prosperity** in human history we still **possess** in **ample** measure. What is required now is for this country to **pull together**, confront **boldly** the challenges we face, and take responsibility for our future once more.

Now, if we're honest with ourselves, we'll admit that for

는 잠 못 이루고 계십니다. 정년까지 근무하려고(**은퇴하다**) 했지만, 여러분은 지금 직업을 잃어버렸습니다. 사업에 꿈을 걸었지만(**희망을 걸다**) 이제는 아주 위태롭습니다(**아주 위태롭다**). 여러분의 자녀는 대학입학허가서를 **봉투** 속에 도로 집어넣어야 했습니다. 이러한 경기 침체의 **충격**은 실제 상황이며, 도처에서 발생하고 있습니다.

하지만 우리 경제는 약화됐고 우리의 **확신**은 흔들렸지만, 우리가 힘들고 불확실한 시기를 살아갈지라도, 오늘 밤 저는 모든 국민들이 이 사실을 알아주셨으면 합니다.

우리는 미국을 다시 건설하고 경제를 회복하여, 미합중국은 전보다 더욱 강한 모습을 드러낼(**드러나다**) 것입니다.

경제 위기의 중압감이 미국의 운명을 결정짓지는 못할 것입니다. 우리의 문제에 대한 해답은 우리의 손이 닿는(**손이 닿지 않는**) 곳에 있습니다. 그 해답들은 우리의 연구소와 대학들에 있으며, 우리의 사업장과 공장에 있으며, 우리 **기업인**들의 상상력과 세상에서 가장 열심히 일하는 국민으로서의 자긍심 속에 있습니다. 그런 **자질**이 미국을 인류 역사상 가장 강력한 **진보**와 **번영**의 나라로 만들었으며, 우리는 그 자질을 여전히 많이(**충분한**) 갖추고(**소유하다**) 있습니다. 지금 우리에게 요구되는 것은 이 나라를 위해 합심해서(**합심하다**) 우리가 직면한 위기에 **용감하게** 대응하고, 우리의 미래를 위해 다시 한 번 책임을 지는 것입니다.

이제, 우리가 자신에게 솔직해진다면, 우리가 너무도 오랫동안

too long, we have not always met these responsibilities—as a government or as a people. I say this not to lay **blame** or look backwards, but because it is only by understanding how we arrived at this moment that we'll be able to **lift ourselves out of** this **predicament**.

The fact is, our economy did not fall into decline overnight. Nor did all of our problems begin when the housing market **collapse**d or the stock market **sank**. We have known for **decade**s that our survival depends on finding new sources of energy. **Yet** we import more oil today than ever before. The cost of health care **eat**s **up** more and more of our savings each year, **yet** we **keep delaying reform**. Our children will compete for jobs in a global economy that too many of our schools do not prepare them for. And though all these **challenge**s went unsolved, we still **manage**d **to** spend more money and **pile** up more debt, both as individuals and through our government, than ever before.

In other words, we have lived through an **era** where too often, short-term gains were **prize**d over long-term prosperity;

첫 의회 연설

이 책임들을 늘 회피해 왔다는 사실을 시인하게 될 것입니다. 하나의 정부로서, 혹은 국민의 한 사람으로서 말입니다. 말씀드리건대, **비난**을 받거나 되돌아보아야 할 문제는 아닙니다. 그것은 단지 우리가 어떻게 현재의 경제 위기를 자초하게 되었으며 우리가 이 **곤경**에서 어떻게 빠져나올(~에서 **몸을 일으키다**) 수 있을 것인가를 이해해야 하는 문제이기 때문입니다.

사실, 우리 경제가 하룻밤 사이에 **쇠퇴**한 것이 아닙니다. 우리의 모든 문제가 주택시장이 붕괴되거나(**붕괴하다**) 주식시장이 침몰했을(**가라앉다**) 때 시작된 것도 아닙니다. 우리는 우리의 생존이 새로운 에너지원을 개발하는 데 달려 있다는 것을 지난 **수십 년간** 알고 있었습니다. 하지만 오늘날 우리는 **여전히** 전보다 더 많이 석유를 수입하고 있습니다. 건강보험료는 매년 우리의 저축을 보다 많이 먹어치우고(**다먹어치우다**) 있습니다. **그런데도** 우리는 계속 **개혁**을 미루고(**계속 ~하다**) 있습니다. 우리의 아이들은 글로벌 경제 속에서 직업을 구하기 위한 경쟁을 할 것입니다. 그런데도 너무도 많은 학교들이 아이들을 준비시켜 주지 않고 있습니다. 그리고 이 모든 **난제**들이 해결되지 않았는데도, 어리석게도 우리는 여전히 보다 많은 돈을 지출하고(**어리석게도 ~하다**) 보다 많은 부채를 쌓아올리고(**쌓아올리다**) 있습니다. 개인도 그렇고, 정부도 마찬가지고, 전보다 더 많이 말입니다.

다시 말씀드리면, 우리는 너무도 자주 장기적인 번영보다는 단기적 성과를 중요시하는(**소중히 하다**) **시대**를 살아왔습니다. 우리는 다음

where we failed to look beyond the next **payment**, the next **quarter** or the next election. A surplus became an **excuse** to **transfer wealth** to the wealthy instead of an opportunity to invest in our future. **Regulations** were **gut**ted **for the sake of** a quick profit **at the expense of** a healthy market. People bought homes they knew they couldn't afford from banks and lenders who pushed those bad **loans anyway**. And **all the while**, **critical** debates and difficult decisions were **put off** for some other time on some other day.

Well, that day of **reckoning** has arrived, and the time to **take charge of** our future is here.

Now is the time to act boldly and wisely—to not only revive this economy but to build a new foundation for lasting prosperity. Now is the time to **jump-start** job creation, restart lending, and invest in areas like energy, health care, and education that will grow our economy, **even as** we make hard choices to bring our **deficit** down. That is what my economic agenda is designed to do, and that's what I'd like to talk to you about tonight.

It's an agenda that begins with jobs.

As soon as I took office, I asked this Congress to send me a

지불과 다음 **분기**, 혹은 다음 선거를 내다보지 못했습니다. **흑자**는 우리의 미래를 위해 투자하는 기회가 되지 않고, **재물**을 부유층에 전해주는(전해주다) **구실**이 되었습니다. **법규**는 건강한 시장을 희생시키는(~을 희생시켜) 단기이익을 쫓기 위해(~을 위해) 깡그리 무시되었습니다(내장을 빼내다). 사람들은 상환능력이 없다는 것을 알면서도 금융권에서 돈을 빌려 집을 샀으며, 금융회사들은 그들에게 마구잡이로 부실**대출**을 남발했습니다(아무렇게나). 그렇게 하면서도 **그 동안** 계속, **중대한** 토론이나 다루기 힘든 결정은 다른 날의 다른 시간으로 미뤄졌습니다(연기하다).

그렇습니다. 뒤로 미뤄졌던 그 **결산**일이 도래한 것입니다. 그리고 이제 우리의 미래를 떠맡을(~을 맡다) 때가 되었습니다.

지금이야말로 용감하고 현명하게 행동해야 할 때입니다. 지금의 경제를 회생시킬 뿐만 아니라 지속적인 번영을 위한 새 토대를 세우기 위해서입니다. 지금이야말로 일자리 창출을 활성화하고(**활성화하다**), 대출을 재개하고, 에너지와 건강보험, 교육 등의 분야에 투자해야 할 때입니다. 그 분야들은 우리의 경제를 성장시킬 것입니다. **바로**(바로 ~할 때에) 우리에게 재정**적자**를 가져오는 어려운 선택을 할 때에도 말입니다. 그것이 바로 제가 하려고 구상하고 있는 경제정책입니다. 그것이 바로 오늘 밤 여러분에 말씀드리고자 하는 내용입니다.

일자리 창출에 대한 정책부터 말씀드리겠습니다.

취임 즉시 저는 경제회복계획(**경기부양책**)을 프레지던트 데이(대통

recovery plan by Presidents' Day that would put people back to work and put money in their pockets. Not because I believe in bigger government—I don't. Not because I'm not mindful of the **massive** debt we've inherited—I am. I called for action because the failure to do so would have **cost** more jobs and caused more **hardship**s. In fact, a failure to act would have worsened our long-term deficit by assuring weak economic growth for years. That's why I pushed for quick action. And tonight, I am grateful that this Congress **deliver**ed, and pleased to say that the American Recovery and Reinvestment Act is now law.

Over the next two years, this plan will save or create 3.5 million jobs. More than 90 percent of these jobs will be in the **private sector** —jobs rebuilding our roads and bridges; constructing wind turbines and solar panels; laying **broadband** and expanding mass transit.

Because of this plan, there are teachers who can now keep their jobs and educate our kids. Health care professionals can continue caring for our sick. There are 57 police officers who are still on the streets of Minneapolis tonight because this plan

령의 날. 2월의 세 번째 월요일로 법정 공휴일 – 옮긴이)까지 저에게 보내 달라고 이 의회에 요청했습니다. 국민들을 다시 일자리로 돌려보내서 그들의 지갑을 채워주기 위한 계획입니다. 제가 더 큰 정부를 신임하지 않아서가 아닙니다. 저는 신임합니다. 제가, 우리가 물려받은 많은 **부채**를 개의치 않아서가 아닙니다. 저는 염두에 두고 있습니다. 저는 행동을 요구했던 것입니다. 그렇게 하지 않으면 보다 많은 일자리를 잃게 하고 (**잃게 하다**), 보다 심한 **고난**을 초래하기 때문입니다. 사실, 행동하지 않으면, 우리의 장기적자는 더 악화될 수 있습니다. 수년간 경제성장이 명백히 둔화되었기 때문입니다. 그렇기 때문에 저는 신속한 조치를 요구했습니다. 그리고 오늘 밤, 저는 의회가 경제회복계획을 전달해(**인도하다**) 주신 데 감사드립니다. 그리고 저는 '미국 경제회복 및 재투자 법'이 이제 효력을 갖게 되었다고 말씀드리고자 합니다.

향후 2년간(**~하는 사이**), 이 경기부양책에 의해 350만 개의 일자리가 보전되거나 창출될 것입니다. 그들 일자리의 90퍼센트 이상은 **민간부문**이 될 것입니다. 즉 도로와 다리를 다시 세우고, 풍력 터빈과 태양 전지판을 건설하고, **광대역** 통신망을 설치하는 일자리입니다.

이 경기부양책으로 인해, 교사들은 현장에서 계속 일하며 아이들을 교육시킬 수 있습니다. 의료 전문가들은 우리의 병을 계속 치료해 줄 수 있습니다. 57명의 경찰이 오늘 밤에도 여전히 미니애폴리스의 거리에서 근무를 할 수 있습니다. 이 경기부양책이 그들 경찰서에서

prevented the **layoffs** their department **was about to** make.

Because of this plan, 95 percent of the working households in America will receive a tax cut — a tax cut that you will see in your **paycheck**s beginning on April 1.

Because of this plan, families who are struggling to pay **tuition** costs will receive a $2,500 tax credit for all four years of college. And Americans who have lost their jobs in this recession will be able to receive extended unemployment benefits and continued health care **coverage** to help them **weather** this storm.

I know there are some in this chamber and watching at home who are **skeptical** of whether this plan will **work**. I understand that **skepticism**. Here in Washington, we've all seen how quickly good intentions can turn into broken promises and **wasteful** spending. And with a plan of this scale comes **enormous** responsibility to get it right.

That is why I have asked Vice President Biden to lead a **tough**, **unprecedented oversight** effort — because nobody **messe**s with Joe. I have told each member of my **Cabinet** as well as mayors and governors across the country that they will be held **accountable** by me and the American people for every

일어나려고 했던(지금 막 ~하려고 하다) **해직**을 막아주었기 때문입니다.

이 경기부양책으로 인해, 미국 근로가정의 95퍼센트가 감세 혜택을 받을 것입니다. 여러분은 4월 1일이 되면 **봉급**에서 세금이 감면된 것을 확인하게 될 것입니다.

이 경기부양책으로 인해, **학비**를 내는 데 어려움을 겪고 있는 가계들은 대학 4년 동안 2,500달러의 세제 혜택을 받게 됩니다. 그리고 이번 경기 침체로 실직한 분들은 광범위한 실업급여 혜택과 지속적인 건강보험의 **적용** 혜택을 받을 수 있게 되어, 경제 위기의 모진 폭풍을 뚫고 나가는(**뚫고 나아가다**) 데 도움이 될 것입니다.

저는 이 의회와 댁에서 지켜보고 계신 분들 중에는 이 경기부양책이 잘 되어갈(**잘 되어가다**) 건지 **회의적인** 분들이 계시다는 것을 알고 있습니다. 저는 그 **회의론**을 이해합니다. 이곳 워싱턴 정가에서 우리는 좋은 의도들이 얼마나 빨리 그 약속이 깨지고 지출을 낭비하는지(**낭비하는**) 전적으로 지켜봐 왔습니다. 그리고 이런 규모의 계획에는 그것을 올바르게 수행해 나가는 **아주** 큰 책임감이 수반됩니다.

그렇기 때문에 저는 바이든 부통령께 철저하고(**철저한**) 전례 없을(**전례 없는**) 정도의 **감독**을 앞장서 노력해 달라고 부탁했습니다(경기부양책의 자금집행을 위해 조 바이든 부통령을 감독자로 임명함 - 옮긴이). 아무도 그분을 방해할(**개입하다**) 수 없기 때문입니다. 저는 전국의 시장님과 주지사님들뿐만 아니라 **내각**의 모든 분들께 말씀드렸습니다. 그들은 그들이 지출

dollar they spend. I have appointed a **proven** and **aggressive inspector general** to **ferret** out any and all cases of waste and **fraud**. And we have created a new Web site called recovery.gov so that every American can **find out** how and where their money is being spent.

So the recovery plan we passed is the first step in **get**ting our economy back **on track**. But it is just the first step. Because even if we manage this plan **flawlessly**, there will be no real recovery unless we clean up the credit crisis that has **severely** weakened our financial system.

I want to speak **plainly** and **candidly** about this issue tonight, because every American should know that it directly affects you and your family's well-being. You should also know that the money you've **deposit**ed in banks across the country is safe; your insurance is secure; and you can **rely on** the continued operation of our financial system. That is not the source of **concern**.

The concern is that if we do not restart lending in this country, our recovery will be **choke**d **off** before it even begins.

하는 모든 경비에 대해서 저와 미국 국민들에게 책임을 져야(**책임 있는**) 한다고 말입니다. 저는 검증되고(**증명된**) **진취적인 감사관**을 임명했습니다. 그는 이유 여하의 모든 낭비와 **부정행위**를 철저히 찾아낼(**찾아내다**) 것입니다. 그리고 우리는 '경기부양'이라는 이름의 웹사이트를 개설했습니다. 모든 국민들은 자신들의 세금이 어떻게 어느 곳에 지출되는지 알아낼(**알아내다**) 수 있습니다.

그래서 우리가 통과시킨 이 경기부양책은 경제회복의 실마리를 잡는(**실마리를 잡다**) 첫걸음이 될 것입니다. 하지만 그것은 단지 첫걸음일 뿐입니다. 우리가 이 경기부양책을 **완벽하게** 추진해 나간다 할지라도, 실질적인 회복을 이루려면 우리의 금융시스템을 **심각하게** 약화시킨 신용위기를 우리가 해소해야 하기 때문입니다.

저는 오늘 밤 이 문제에 대해 명백하고도(**명백히**) 솔직하게(**솔직히**) 말씀드리고자 합니다. 모든 미국인이 알고 있어야 하기 때문입니다. 이 문제가 여러분과 가족의 행복에 직접적인 영향을 끼치고 있다는 사실을 말입니다. 여러분은 또한 알고 있어야 합니다. 전국의 은행에 예금해둔(**예금하다**) 여러분의 돈이 안전하다는 사실과, 여러분의 보험은 든든하다는 사실, 그리고 지속적으로 운영되고 있는 우리 금융시스템을 여러분이 신뢰해도(**신뢰하다**) 된다는 사실을 알아야 합니다. 그것은 **걱정**할 문제가 아닙니다.

걱정할 문제는, 우리가 이 나라에서 대출을 재개하지 않으면, 우리의 경기부양은 시작도 하기 전에 옴짝달싹 못하게 된다는(**옴짝달싹**

You see, the flow of credit is the **lifeblood** of our economy. The ability to get a loan is how you **finance** the **purchase** of everything from a home to a car to a college education; how stores **stock** their **shelves**, farms buy **equipment**, and businesses make **payroll**.

But credit has stopped flowing the way it should. Too many bad loans from the housing crisis have made their way onto the books of too many banks. With so much debt and so little confidence, these banks are now fearful of lending out any more money to households, to businesses, or to each other. When there is no lending, families can't afford to buy homes or cars. So businesses are forced to make layoffs. Our economy suffers even more, and credit dries up even further.

That is why this **administration** is moving swiftly and aggressively to break this destructive cycle, restore confidence, and restart lending.

We will do so in several ways. First, we are creating a new lending fund that represents the largest effort ever to help provide auto loans, college loans, and small-business loans to the consumers and entrepreneurs who keep this economy

못하게 하다) 것입니다.

아시다시피, 신용의 흐름은 우리 경제의 **원동력**입니다. 대출을 받을 수 있어야 우리는 주택 **구입**에서 차량 구입과 대학등록금 지불에 이르기까지 모든 자금을 조달할(**자금을 조달하다**) 수 있습니다. 또한 상점은 **선반**에 물품을 들여놓을(**들여놓다**) 수 있고, 농장은 **장비**를 구입할 수 있고, 기업은 **급료**를 지불할 수 있습니다.

하지만 신용대출은 마땅히 해야 하는 곳에서 그 흐름이 멈추었습니다. 주택담보대출의 위기에서 촉발된 너무도 많은 부실채권이 너무도 많은 은행의 장부에 계속 기록되었습니다. 너무도 많은 부채를 떠안고 있고 신용도 바닥으로 떨어져 있는 이들 은행들은 가계나 기업에게, 혹은 은행 상호간 이제 더 이상 대출해 주는 것을 두려워하고 있습니다. 대출이 없으면 가계에선 주택이나 차량을 구입할 수 없습니다. 기업들은 해고를 단행할 수밖에 없습니다. 우리 경제는 보다 큰 고통을 받게 되고, 그렇게 되면 신용대출은 더욱 고갈되어버립니다.

그렇기 때문에, 우리 **정부**는 이 파괴적인 악순환을 일소하고 신용을 복구해 대출이 재개될 수 있도록 신속하고도 적극적으로 움직이고 있습니다.

우리는 다음과 같은 몇 가지 조치를 취할 것입니다. 첫째, 새로운 대출 펀드를 조성하고 있습니다. 그 펀드는 우리 경제를 가동시켜 주는 소비자와 기업에 오토론(자동차를 구입할 때, 자동차를 담보로 자동차 구입 비용을 빌려 주는 것 - 옮긴이)과 대학 학자금 대출, 그리고 소기업 대출을 제공하기

running.

Second, we have launched a housing plan that will help **responsible** families facing the threat of **foreclosure** lower their monthly **payment**s and **refinance** their **mortgage**s. It's a plan that won't help **speculator**s or that neighbor down the street who bought a house he could never hope to afford, but it will help millions of Americans who are struggling with declining home values—Americans who will now be able to take advantage of the lower interest rates that this plan has already helped **bring about**. In fact, the average family who refinances today can save nearly $2,000 per year on their mortgage.

Third, we will act with the full force of the federal government to ensure that the major banks that Americans depend on have enough confidence and enough money to lend even in more difficult times. And when we learn that a major bank has serious problems, we will hold accountable those responsible, force the necessary **adjustment**s, provide the support to clean up their **balance sheet**s, and assure the **continuity** of a strong, **viable institution** that can serve our people and our economy.

위해 전보다 더욱 큰 노력을 맡아 할 것입니다.

둘째, 우리는 주택안정화정책에 착수했습니다. 이 정책은 대출상환연체가 발생하지 않는(**의무 이행 능력이 있는**) 가계가 주택 **차압**의 공포에 시달리지 않게 도와 그들의 매월 **상환**금을 낮춰 주고 그들이 모기지(**대부금**) 자금을 다시 융자받게 해주는(**재융자하다**) 것입니다. 이 정책은 **투기꾼**이나 혹은 결코 갚을 마음도 없으면서 주택을 구입하는 동네의 이웃들을 돕는 게 아닙니다. 하지만 이 정책은 주택 가격의 하락과 맞서 싸우고 있는 수백만 명의 국민들을 도울 것입니다. 즉 이제 저리융자의 혜택을 받을 수 있게 된 국민들을 도울 것인데, 이 정책은 이미 도움을 주고 있습니다(**초래하다**). 실제로, 오늘 재융자를 받는 가계는 평균적으로 그들의 주택융자에서 연간 거의 2,000달러를 절약할 수 있습니다.

세 번째로, 우리는 국민들이 의지하고 있는 주요 은행들이 보다 어려운 시기에도 충분한 신용과 충분한 대출자금을 확보할 수 있도록 연방정부의 모든 수단을 강구하는 조치를 취할 것입니다. 그리고 어떤 주요 은행에 심각한 문제가 있다는 것을 우리가 알게 되면, 우리는 그들에게 책임을 추궁할 것이고, 적절한 구조**조정**을 취할 것이고, 그들의 **대차대조표**가 투명할 수 있게 지원할 것이며, 국민과 국가 경제에 기여할 수 있는 든든하고 **생명력 있는 제도**를 계속 **유지**할 수 있게 할 것입니다.

I understand that on any given day, Wall Street may be more comforted by an **approach** that gives banks **bailout**s with no **strings** attached and that holds nobody accountable for their **reckless** decisions. But such an approach won't solve the problem. And our goal is to **quicken** the day when we restart lending to the American people and American business and end this crisis **once and for all**.

I intend to hold these banks fully accountable for the assistance they receive, and this time, they will have to clearly **demonstrate** how taxpayer dollars result in more lending for the American taxpayer. This time, CEOs won't be able to use taxpayer money to **pad** their **paycheck**s or buy fancy **drape**s or disappear on a private jet. Those days are over.

Still, this plan will require **significant resource**s from the federal government—and yes, probably more than we've already **set aside**. But while the cost of action will be great, I can assure you that the cost of inaction will be far greater, for it could result in an economy that **sputter**s along for not months or years, but perhaps a decade. That would be worse for our deficit, worse for business, worse for you, and worse for the next generation. And I refuse to let that happen.

저는 어느 날 아무런 **부대조건**도 없이 **구제 금융**을 제공하고 그들의 **무모한** 결정에 아무도 책임을 묻지 않는 **방법**을 쓰면 월 스트리트가 더 편안해 할 거라는 것을 알고 있습니다. 그러나 그런 접근법이 문제 해결책이 되지는 않을 것입니다. 그리고 우리의 목표는 우리가 국민과 기업에게 대출을 재개하는 날이 빨리 올 수 있도록 하고(**빠르게**) 이 위기를 **단번에** 끝내는 것입니다.

저는 이들 은행들이 자신들이 받는 지원에 대해 철저히 책임질 수 있게 할 것입니다. 그래서 이제 그들은 국민의 세금이 국민을 위한 대출에 얼마나 더 많이 쓰였는지를 투명하게 밝혀야만(**증명하다**) 할 것입니다. 이제 최고 경영자들은 국민들의 세금을 유용해 자신들의 **월급**을 불리거나(**불려쓰다**), 고급 옷(**웃옷**)을 사거나, 혹은 사적인 항공요금으로 써버리지 못할 것입니다. 그런 시대는 지났습니다.

이 경기부양책을 추진하는 데는 연방 정부의 **소중한 재원**이 더욱더 많이 소요될 것입니다. 그렇습니다. 아마 우리가 이미 제외시켰던 (**제외하다**) 것보다 더 많이 투입될 것입니다. 하지만 이 조치를 취하는 비용이 막대하다 할지라도, 여러분께 분명히 말씀드리건대, 조치를 취하지 않음으로써 초래되는 비용이 훨씬 더 클 것입니다. 몇 개월이나 몇 년이 아닌, 아마도 10년간은 경제가 부글부글 들끓으며(**지글지글 소리를 내다**) 요동치는 결과를 초래할 것이기 때문입니다. 그렇게 되면 우리의 재정적자는 더 악화될 것이고, 기업은 더 어려워질 것이고, 여

I understand that when the last administration asked this Congress to provide assistance for struggling banks, Democrats and Republicans alike were **infuriate**d by the **mismanagement** and results that followed. So were the American taxpayers. So was I.

So I know how **unpopular** it is to be seen as helping banks right now, especially when everyone is suffering in part from their bad decisions. I promise you—I get it.

But I also know that in a time of crisis, we cannot afford to **govern** out of anger, or **yield** to the politics of the moment. My job—our job—is to solve the problem. Our job is to govern with a sense of responsibility. I will not spend a single penny for the purpose of rewarding a single Wall Street executive, but I will do whatever it takes to help the small business that can't pay its workers or the family that has saved and still can't get a mortgage.

That's what this is about. It's not about helping banks—it's about helping people. Because when credit is **available** again,

첫 의회 연설

러분은 더 나빠질 거고, 다음 세대는 더 큰 어려움을 겪게 될 것입니다. 그래서 저는 그런 사태가 발생하도록 내버려두지 않겠습니다.

제가 알기로는, 지난 정부가 이 의회에 어려움을 겪고 있는 은행들에게 구제금융을 제공해줄 것을 요청했을 때, 민주당원들과 공화당원들 모두 **그릇된 처리**와 결과가 발생하는 것에 대해 격노했습니다. 납세자인 국민들도 분노했습니다(**격노케하다**). 저도 그랬습니다.

그래서 저는 지금 바로 은행을 돕는 것으로 보이는 것이 얼마나 **인기가 없는** 것인가를 알고 있습니다. 특히 모두가 그들의 잘못된 결정으로 인해 일정 부분 고통을 겪고 있는 바로 지금에 말입니다. 공언하건대, 저는 그것을 알고 있습니다.

하지만 저는 또한 알고 있습니다. 경제 위기의 시기에 처해 있는 우리는 화를 가라앉힐(**다스리다**) 수도 위기상황의 정책을 포기할(**포기하다**) 수도 없습니다. 저의 임무는, 우리의 임무는, 그 문제를 해결하는 것입니다. 우리의 임무는 책임감으로 통치하는 것입니다. 저는 단지 월 스트리트의 경영진들을 보상하기 위해서는 단 한 푼의 혈세도 쓰지 않을 것입니다. 하지만 저는 종업원들에게 임금을 지불하지 못하고 있는 소기업이나 저축을 해왔지만 여전히 주택담보대출을 받지 못하고 있는 가계를 돕기 위해서라면 할 수 있는 모든 일을 다할 것입니다.

그것이 바로 이 경기부양책의 실체입니다. 경기부양책은 은행을 돕는 게 아닙니다. 경기부양책은 국민을 돕는 것입니다. 신용대출을

that **young family** can finally buy a new home. And then some company will hire workers to build it. And then those workers will have money to spend, and if they can get a loan too, maybe they'll finally buy that car, or open their own business. Investors will return to the market, and American families will see their retirement secured once more. Slowly, but surely, confidence will return, and our economy will recover.

So I ask this Congress to join me in doing whatever **prove**s necessary. Because we cannot **consign** our nation to an **open-ended** recession. And to ensure that a crisis of this **magnitude** never happens again, I ask Congress to move quickly on **legislation** that will finally reform our outdated **regulatory** system. It is time to put in place tough, new common-sense **rules of the road** so that our financial market rewards **drive** and **innovation**, and punishes **short-cut**s and **abuse**.

The recovery plan and the financial **stability** plan are the immediate steps we're taking to revive our economy in the short term. But the only way to fully restore America's economic strength is to make the long-term investments that

다시 이용할 수 있게(이용할 수 있는) 되면, **아이가 아직 어린 가정**은 마침내 새 집을 살 수 있기 때문입니다. 그렇게 되면 몇몇 기업들은 집을 지으려고 하는 근로자들을 고용할 것입니다. 그러면 근로자들은 소비할 돈을 벌게 되고, 그들이 다시 신용대출을 받을 수 있다면, 그들은 결국 차를 사거나 창업을 할 것입니다. 투자자들은 시장으로 복귀하고, 가족들은 그들의 정년이 보장되는 것을 다시 한 번 보게 될 것입니다. 천천히, 그러나 틀림없이, 신용은 회복될 것이며, 우리 경제는 소생할 것입니다.

그래서 저는 이 의회에 이것을 입증하는(입증하다) 데 필요한 모든 것을 저와 함께 하자고 요청합니다. 우리나라를 **끝없는** 경기 침체 속으로 굴러 떨어지게(맡기다) 할 수는 없기 때문입니다. 그리고 이토록 엄청난(중대성) 규모의 경제 위기가 두 번 다시 발생하지 않도록 확실히 하기 위해서, 저는 의회에 우리의 구시대적인 조정(조정하는) 시스템을 결국은 개혁하게 되는 **입법**을 신속히 처리해 주실 것을 당부 드립니다. 바로 지금이 튼튼하고 새로운 상식의 **통행규칙**을 제대로 내놓아야 할 때입니다. 우리의 금융시장이 **추진력**과 **개혁**에 보상을 해주고 **손쉬운 방법**과 **악용**에 벌을 가하기 위해서입니다.

경기부양책과 금융**안정**화정책은 단기적으로 우리 경제를 회복시키기 위해 우리가 취하고 있는 즉각적인 조치입니다. 하지만 미국 경제의 힘을 완전히 복원하는 유일한 방법은 새 일자리와 새로운 산업, 세계의 다른 나라와 경쟁할 수 있는 새로운 능력으로 이어지는 장기적

will lead to new jobs, new industries, and a renewed ability to compete with the rest of the world. The only way this century will be another American century is if we confront at last the price of our dependence on oil and the high cost of health care; the schools that aren't preparing our children and the mountain of debt they stand to **inherit**. That is our responsibility.

In the next few days, I will submit a budget to Congress. So often, we have come to view these documents as simply numbers on a page or **laundry list**s of programs. I see this document differently. I see it as a vision for America—as a **blueprint** for our future.

My budget does not attempt to solve every problem or address every issue. It reflects the **stark** reality of what we've inherited—a trillion-dollar deficit, a financial crisis, and a **costly** recession.

Given these realities, everyone in this chamber—Democrats and Republicans—will have to sacrifice **some** worthy priorities for which there are no dollars. And that **include**s me.

But that does not mean we can afford to ignore our long-term challenges. I **reject** the view that says our problems will

투자입니다. 21세기를 또 한 번의 미국의 세기로 열어갈 수 있는 유일한 방법이 있습니다. 우리가 석유 의존의 비용과 높은 건강보험료에 대처하고, 학교가 우리 자녀들을 준비시키면서 산더미 같은 부채를 후대에 물려주지(**물려받다**) 않는 것입니다. 그것이 우리의 책임입니다.

앞으로 수일 내로, 저는 의회에 예산안을 제출할 것입니다. 그러면 종종, 우리는 이 문서들을 인쇄면에 있는 단순한 숫자나 프로그램의 **상세한 목록**으로 여깁니다. 저는 이 문서는 다르다고 생각합니다. 저는 이 문서를 미국의 비전으로 여깁니다. 즉 그것은 우리 미래의 **청사진**입니다.

제가 제출하는 예산안이 모든 문제를 해결하거나 모든 문제를 처리하기 위한 시도는 아닙니다. 이것은 우리가 물려받은 **엄연한** 현실을 반영한 것입니다. 즉 1조 달러의 적자와 금융 위기, 그리고 **타격이 심한** 경기 침체 같은 것입니다.

이러한 현실을 감안한다면, 이 의회의 모든 분들은, 민주당과 공화당 의원 여러분은, **대단히** 값진 당면과제에 희생하셔야 하는데, 그렇게 하는 데는 돈이 들지 않습니다. 저도 거기에 포함됩니다(**포함하다**).

하지만 그것은 우리가 장기적인 목표를 무시해도 된다는 뜻이 아닙니다. 저는 우리의 문제가 단지 우리 자신을 돌보는 것이라고 말하는

simply take care of themselves; that says government has no role in laying the foundation for our common prosperity.

For history tells a different story. History reminds us that at every moment of economic **upheaval** and **transformation**, this nation has responded with bold action and big ideas. In the midst of civil war, we laid railroad tracks from one coast to another that **spur**red commerce and industry. From the **turmoil** of the Industrial Revolution came a system of public high schools that prepared our citizens for a new age. In the wake of war and depression, the GI Bill sent a **generation** to college and created the largest middle class in history. And a **twilight** struggle for freedom led to a nation of highways, an American on the moon, and an **explosion** of technology that still shapes our world.

In each case, government didn't **supplant private enterprise**; it **catalyze**d private enterprise. It created the conditions for thousands of entrepreneurs and new businesses to **adapt** and to **thrive**.

We are a nation that has seen promise amid **peril**, and **claim**ed opportunity from **ordeal**. Now we must be that nation again. That is why, even as it **cut**s **back** on the programs we don't need, the budget I **submit** will invest in the three **area**s

견해에 반대합니다(**거절하다**). 즉 정부가 우리의 공동 번영을 위한 기반을 닦는 데 아무런 역할을 하지 않아도 된다는 견해에 반대합니다.

역사는 다른 이야기를 들려주고 있기 때문입니다. 역사는 우리에게 상기시켜 주고 있습니다. 경제적 **격변**과 **변화**의 매순간마다, 우리나라는 과감한 조치와 훌륭한 아이디어로 대응했습니다. 남북전쟁의 와중에, 우리는 대서양 **연안**에서 태평양 연안에까지 철로를 깔아서, 상업과 산업이 왕성하게 했습니다(**박차를 가하다**). 산업혁명의 **소용돌이**에서는, 공립 고등학교 시스템을 도입하여, 시민들을 새 시대의 역군으로 준비시켰습니다. 잇따른 전쟁과 대공황 중에는, 제대군인원호법이 한 **세대**의 사람들을 대학에 보내 역사상 가장 많은 중산층을 만들어냈습니다. 또한 자유의 **여명**을 여는 투쟁은 고속도로를 많이 건설하게 했고, 우리 국민을 달나라에 가게 했으며, 여전히 이 세상을 이루고 있는 과학기술을 폭발적으로 증가시켰습니다(**폭발적 증가**).

이 모든 경우에, 정부는 **민간 기업**을 밀어내지(**밀어내다**) 않았습니다. 즉 민간 기업을 촉진시켰습니다(**촉진시키다**). 수천 개의 민간 기업인들을 위해 새로운 환경을 조성했고, 새로운 사업에 적응시켜(**적응하다**) 발전시켰습니다(**번창하다**).

우리는 **위험** 속에서 희망을 본 나라입니다. 호된 **시련** 속으로부터 기회를 되찾은(**되찾다**) 나라입니다. 이제 우리는 또 다시 그런 나라가 되어야 합니다. 그렇기 때문에 필요하지 않은 프로그램을 줄여서(**줄이다**), 우리 경제의 미래에 절대적으로 중요한 세 가지 **분야**인 에너

that are absolutely critical to our economic future: energy, health care, and education.

It begins with energy.

We know the country that harnesses the power of clean, renewable energy will lead the 21st century. And yet, it is China that has launched the largest effort in history to make their economy **energy efficient**. We invented solar technology, but we've **fall**en **behind** countries like Germany and Japan in producing it. New **plug-in hybrids roll off** our assembly lines, but they will **run on** batteries made in Korea.

Well, I do not accept a future where the jobs and industries of tomorrow **take root** beyond our borders—and I know you don't either. It is time for America to lead again.

Thanks to our recovery plan, we will double this nation's supply of renewable energy in the next three years. We have also made the largest investment in basic research funding in American history—an investment that will spur not only new discoveries in energy but breakthroughs in medicine, science and technology.

We will soon **lay down** thousands of miles of **power lines**

지와 건강보험, 그리고 교육에 투자할 예산안을 제출하는(**제출하다**) 것입니다.

에너지부터 말씀드리겠습니다.

우리는 청정—재생에너지를 동력화하는 국가가 21세기를 선도할 것이라는 것을 알고 있습니다. 하지만, 중국은 자신들의 경제를 고연비로(**연비가 좋은**) 만들기 위해 예부터 엄청난 노력을 했습니다. 우리는 태양광 기술을 발명했지만, 이것을 생산하고 있는 독일과 일본에 뒤처져(**뒤처지다**) 있습니다. **신형 하이브리드 자동차**가 조립라인에서 생산되고(**복사하다**) 있지만, 이들 자동차는 한국산 배터리에 의해 구동되고(**가동하다**) 있습니다.

저는 미래의 일자리와 산업이 우리의 국경 밖에서 뿌리를 내리게 (**뿌리를 박다**) 되는 미래를 받아들일 수 없습니다. 저는 여러분도 그것을 인정할 수 없다는 것을 알고 있습니다. 미국이 다시 주도권을 쥘 때입니다.

경기부양책 덕분에 우리는 앞으로 3년 이내에 지금 우리나라 재생에너지의 공급이 두 배로 증가할 것입니다. 우리는 그동안 기초연구에 대한 투자를 엄청나게 했습니다. 에너지를 새로 개발할 뿐만 아니라 의학과 과학, 그리고 기술을 획기적으로 진전시키기 위해 박차를 가하는 투자입니다.

우리는 새로운 에너지를 미국 전역의 도시와 주택지대로 보낼 수

that can carry new energy to cities and towns across this country. And we will put Americans to work making our homes and buildings more efficient so that we can save billions of dollars on our energy bills.

But to truly transform our economy, protect our security, and save our planet from the **ravage**s of climate change, we need to ultimately make clean, renewable energy the **profitable** kind of energy. So I ask this Congress to send me legislation that places a market-based cap on carbon pollution and drives the production of more renewable energy in America. And to support that innovation, we will invest $15 billions a year to develop technologies like wind power and solar power; advanced biofuels, clean coal, and more efficient cars and trucks built right here in America.

As for our auto industry, everyone recognizes that years of bad **decision-making** and a global recession have pushed our automakers to the **brink**. We should not, and will not, protect them from their own bad practices. But we are committed to the goal of a retooled, re-imagined auto industry that can compete and win. Millions of jobs depend on it. Scores of communities depend on it. And I believe the nation that invented the

첫 의회 연설

있는 수천 마일의 **송전선**을 곧 세울(세우다) 것입니다. 또한 국민들의 보금자리와 건물을 더 **효율적**으로 짓게 할 것입니다. 에너지 법안으로 수십억 달러를 절약할 수 있도록 말입니다.

하지만 진정으로 경제를 개혁하고, 안보를 지키고 기후 변화로 인해 **황폐**해진 이 지구를 살리기 위해서, 우리는 결국 **유익한** 에너지인 청정에너지와 재생에너지를 만들어야만 합니다. 그래서 저는 이 의회에 요청합니다. 제가 탄소 오염물질 시장을 기반으로 하는 탄소배출권거래제를 제출하고 미국에서 재생에너지를 더 많이 생산하도록 하는 법을 입안해 달라고 말입니다. 그리고 그러한 기술혁신을 지원하기 위해, 우리는 한 해에 150억 달러를 투자할 것입니다. 동력과 태양력과 같은 기술을 개발하기 위해서입니다. 즉 앞선 바이오연료와 청정석탄, 그리고 바로 이 나라에서 만든 고연비 승용차와 트럭 말입니다.

우리의 자동차 산업에 대해 말씀드려 보면, 수년 동안의 잘못된 의사결정(**의사결정의**)과 글로벌 경기 침체가 자동차 제조업자들을 **벼랑 끝**으로 내몰았다는 것을 모든 사람들은 알고 있습니다. 우리는 그렇게 해서는 안 되며, 또 그렇게 하지도 않을 것입니다. 그들 자신의 부당한 관행으로부터 그들을 보호할 것입니다. 하지만 우리는 경쟁력을 갖춰서 성공할 수 있는 자동차 산업이 될 수 있도록 구조조정하고 다시 계획하는 목표에 전념할 것입니다. 수백만 개의 일자리가 여기에 달려 있

automobile cannot **walk away** from it.

None of this will come without cost; nor will it be easy. But this is America. We don't do what's easy. We do what is necessary to move this country forward.

For that same reason, we must also address the **crushing** cost of health care.

This is a cost that now causes a **bankruptcy** in America every 30 seconds. By the end of the year, it could cause 1.5 million Americans to lose their homes. In the last eight years, **premium**s have grown four times faster than wages. And in each of these years, 1 million more Americans have lost their health insurance. It is one of the major reasons why small businesses close their doors and corporations ship jobs overseas. And it's one of the largest and fastest-growing parts of our budget.

Given these facts, we can no longer afford to **put** health care reform **on hold**. We can't afford to do it.

Already, we have done more to **advance** the cause of health care reform in the last 30 days than we have done in the last decade. When it was days old, this Congress passed a law

습니다. 지역사회의 성공은 여기에 달려 있습니다. 그래서 저는 자동차를 발명한 나라가 이것을 피하지(**피하다**) 않을 것임을 믿고 있습니다.

이러한 희생 없이는 이룰 수 없을 것입니다. 쉽지는 않을 것입니다. 하지만 여기는 미국입니다. 우리는 쉬운 것은 하지 않습니다. 우리는 이 나라가 앞으로 나아가기 위해서 필요한 것을 합니다.

이와 같은 이유로, 우리는 또한 건강보험의 **엄청난** 비용을 처리해야만 합니다.

이것은 지금 미국에서는 30초마다 **파산**이 일어나고 있는 데 대한 대가입니다. 연말까지, 150만 국민들이 자신들의 보금자리를 잃을 수 있습니다. 지난 8년 동안 임금보다 **이자**가 4배 더 빠르게 늘었습니다. 이 8년 동안 해마다 1백만이 넘는 국민들이 건강보험을 잃었습니다. 주요 원인 중 하나는 소규모 기업들이 문을 닫았으며, 회사들이 일자리를 해외에서 열었기 때문입니다. 이것이 바로 우리의 예산이 엄청 빠르게 증가하고 늘어가고 있는 요인 중 하나입니다.

이러한 요인들을 감안하면, 우리는 더 이상 건강보험의 개혁을 연기할(**연기되어**) 수 없습니다.

이미 우리는 지난 10년 동안 했던 것보다 지난 30일 동안에 건강보험 개혁 운동을 진척시키기(**진척시키다**) 위해 더 많은 일을 했습니다. 오래전에, 이 의회는 제출한 법안을 통과시켰습니다. 전일제로 일

to provide and protect health insurance for 11 million American children whose parents work full time. Our recovery plan will invest in electronic health records and new technology that will reduce errors, **bring down** costs, ensure privacy, and save lives. It will launch a new effort to conquer a disease that has touched the life of nearly every American including me by seeking a cure for cancer in our time. And it makes the largest investment ever in preventive care, because that is one of the best ways to keep our people healthy and our costs under control.

This budget builds on these reforms. It includes a historic commitment to **comprehensive** health care reform—a **down payment** on the principle that we must have quality, affordable health care for every American. It's a commitment that's paid for **in part** by efficiencies in our system that are long **overdue**. And it's a step we must take if we hope to bring down our deficit in the years to come.

Now, there will be many different opinions and ideas about how to achieve reform, and that is why I'm bringing together businesses and workers, doctors and health care providers, Democrats and Republicans to begin work on this issue next week.

하는 부모들의 1,100만 명 아이들을 보호하는 건강보험료 말입니다. 우리의 경기부양책은 건강 기록을 컴퓨터로 하고 실수를 줄이는 새 기술에 투자할 것입니다. 비용을 절감하고(**하락시키다**), 사생활을 보장하고, 생명을 구하는 기술 말입니다. 이 부양책은 이 시대에 암 치료법을 찾음으로써 거의 모든 국민들이 수명에 영향을 주는 병을 정복할 수 있도록 새로운 노력을 해나갈 것입니다. 또한 예방의료 분야에 전보다 더 많은 투자를 했습니다. 이는 우리 국민의 건강과 우리의 비용을 조절하기 위한 최상의 방법 중 하나이기 때문입니다.

이 예산안은 이러한 개혁들을 바탕으로 작성된 것입니다. 그것은 건강보험을 광범위하게(**광범위한**) 개혁하는 역사적인 단행입니다. 즉 모든 국민에게 동등하고 알맞은 건강보험을 갖추어야 한다는 원칙하에 보험료를 **인하**하는 것입니다. 그것은 예전부터 미뤄왔던(**미불의**) 우리의 시스템을 효율적으로 정비함으로써 보험료의 일정(**얼마간**) 부분을 지불하는 것입니다. 그것은 우리가 앞으로 수년 내에 적자를 줄이기를 원한다면 반드시 취해야 하는 조치입니다.

지금, 이 개혁을 어떻게 달성할 것인지에 대해서는 많은 다른 의견과 생각이 있을 것입니다. 그렇기 때문에 기업가와 근로자, 의사와 보건의료 종사자, 그리고 민주당과 공화당 의원님들이 다음 주에 이 안건을 발효하기 위해 모인 것입니다.

I suffer no **illusion**s that this will be an easy process. It will be hard. But I also know that nearly a century after Teddy Roosevelt first called for reform, the cost of our health care has weighed down our economy and the **conscience** long enough. So let there be no doubt: Health care reform cannot wait, it must not wait, and it will not wait another year.

The third challenge we must address is the urgent need to expand the promise of education in America.

In a global economy where the most valuable skill you can sell is your knowledge, a good education is no longer just a pathway to opportunity—it is a **prerequisite**.

Right now, three-quarters of the fastest-growing occupations require more than a high school diploma. And yet, just over half of our citizens have that level of education. We have one of the highest high school dropout rates of any industrialized nation. And half of the students who begin college never finish.

This is a **prescription** for economic **decline**, because we know the countries that outteach us today will outcompete us tomorrow. That is why it will be the goal of this administration

첫
의
회
연
설

저는 이것이 쉬운 과정이 될 것이라는 생각이 **착각**이 아니라고 여기며 참고 기다리고 있습니다. 이 과정은 힘들 것입니다. 하지만 테디 루스벨트 대통령이 처음 개혁을 언급하고 나서부터 1세기에 달하는 세월 동안 건강보험 비용은 이 나라의 경제와 우리 국민의 **양심**을 충분히 짓눌러 왔습니다. 그렇기에 의심이 있을 수 없습니다. 건강보험 개혁을 기다릴 수 없습니다. 기다리지 말아야 합니다. 또 한 해를 기다리지 않을 것입니다.

우리가 처리해야 하는 과제는 미국의 교육에 대한 희망을 넓히기 위해 절박하게 필요한 것입니다.

세계경제에 여러분들이 팔 수 있는 가장 값비싼 기술은 여러분의 지식입니다. 훌륭한 교육은 더 이상 단지 기회를 잡기 위한 통로가 아닙니다. **필수 요소**입니다.

바로 지금 가장 빠르게 성장하는 직업 중의 4분의 3은 고등학교 졸업 이상을 요구하고 있습니다. 하지만 우리 국민의 절반 이상만이 그 수준의 교육을 받았습니다. 우리는 산업 국가 중 중고등학교 퇴학률이 가장 높은 나라 중의 하나입니다. 또한 학생 중 절반이 대학을 마치지 못했습니다.

이것이 바로 경제 **하락**에 대한 **처방전**입니다. 우리는 오늘 더 가르치는 나라들이 내일 더 경쟁적이라는 사실을 알고 있습니다. 그렇기 때문에 모든 아이들이 태어난 날로부터 직업을 갖는 날까지 완전

to ensure that every child has access to a complete and competitive education—from the day they are born to the day they begin a career.

Already, we have made a historic investment in education through the economic recovery plan. We have dramatically expanded early childhood education and will continue to improve its quality, because we know that the most **formative** learning comes in those first years of life. We have made college affordable for nearly 7 million more students. And we have provided the resources necessary to prevent painful cuts and teacher layoffs that would set **back** our children's progress.

But we know that our schools don't just need more resources. They need more reform. That is why this budget creates new incentives for teacher performance; pathways for advancement, and rewards for success. We'll invest in innovative programs that are already helping schools meet high standards and close achievement gaps. And we will expand our commitment to charter schools.

It is our responsibility as **lawmaker**s and educators to make this system work. But it is the responsibility of every citizen to participate in it. And so tonight, I ask every American

하고 경쟁적인 교육을 받도록 보장하기 위해 이 정부가 목표를 세운 것입니다.

이미 우리는 경기부양책을 통해 교육 분야 역사적인 투자를 했습니다. 우리는 조기교육을 눈에 띄게 확장시켰으며, 질적으로 계속해서 개선해 나갈 것입니다. 가장 많이 **형성되는** 지식이 영아 시절에 이루어진다는 사실을 알고 있기 때문입니다. 우리는 거의 700만이 넘는 학생들이 대학을 갈 수 있도록 했습니다. 또 아이들의 발달을 저해하는 **(방해하다)** 고통스러운 예산삭감과 교사 해고를 방지하기 위해 필요한 자원을 내놓았습니다.

하지만 우리는 학교들이 단지 더 많은 자원만 필요로 하는 것은 아니라는 사실을 알고 있습니다. 학교에는 더 많은 개혁이 필요합니다. 그렇기 때문에 이 법안은 교사들의 성과에 대한 새로운 장려금을 만들고 있습니다. 즉 승진에 대한 길과 성공에 따른 보상금 말입니다. 우리는 높은 수준에 응하고 학력차를 좁혀 나가는 학교를 이미 돕고 있는 혁신적인 프로그램에 투자할 것입니다. 또한 우리는 차터스쿨 확대에 전념할 것입니다.

입법자와 교육자로서의 우리의 책임은 이 시스템이 효과가 있도록 하는 것입니다. 하지만 이것은 여기에 참가하는 모든 국민들의 책임이기도 합니다. 그래서 오늘 밤, 저는 모든 미 국민들에게 적어도 1

to commit to at least one year or more of higher education or career training. This can be community college or a four-year school; vocational training or an **apprenticeship**. But whatever the training may be, every American will need to get more than a high school diploma. And dropping out of high school is no longer an option. It's not just quitting on yourself, it's quitting on your country—and this country needs and **value**s the talents of every American. That is why we will provide the support necessary for you to complete college and meet a new goal: By 2020, America will once again have the highest proportion of college graduates in the world.

I know that the price of **tuition** is higher than ever, which is why if you are willing to volunteer in your neighborhood or give back to your community or serve your country, we will make sure that you can afford a higher education. And to encourage a renewed spirit of national service for this and future generations, I ask this Congress to send me the bipartisan legislation that bears the name of Sen. Orrin Hatch as well as an American who has never stopped asking what he can do for his country—Sen. Edward Kennedy.

These education policies will open the doors of opportunity

년이나 그 이상의 교육 과정, 혹은 직업훈련을 받는 데 전념하라고 부탁드리고 싶습니다. 이것이 초급대학이 될 수도 있으며, 아니면 4년제 대학이 될 수도 있습니다. 다시 말해 직업훈련이나 **도제 제도**를 받을 수도 있습니다. 하지만 그 훈련이 무엇이 되든지, 모든 국민들은 고등학교 졸업장 그 이상을 얻어야만 할 것입니다. 또한 고등학교를 그만두는 것이 이제는 선택이 아닙니다. 이것은 단지 자기 자신을 포기하는 것이 아니라 이 나라를 포기하는 것입니다. 이 나라는 모든 국민들의 재능을 필요로 하며 소중히 여기고 있습니다(**존중하다**). 그렇기 때문에 우리는 여러분이 대학을 마치고 새로운 목표를 충족시키는 데 필요한 지원을 할 것입니다. 2020년이 되면, 미국은 다시 한 번 세계에서 대학 졸업자 비율이 가장 높은 국가가 될 것입니다.

저는 **학비**가 예전보다 더 비싸다는 것을 알고 있습니다. 그래서 여러분이 여러분의 이웃에게 자원봉사한다거나 여러분의 지역사회에 기여하거나 여러분의 조국에 헌신한다면, 우리는 여러분이 더 높은 교육을 받도록 확실하게 할 것입니다. 또한 지금 세대와 미래의 세대를 위해 새로운 군복무 정신을 장려하기 위해서, 저는 이 의회에 요청합니다. 오린 해치 상원의원의 이름으로 양당 입법을 제가 하도록 말입니다. 오린 해치 의원은 또한 자신이 나라를 위해 할 수 있는 것을 요청하기를 결코 멈추지 않았습니다. 에드워드 케네디 상원의원처럼 말입니다.

이러한 교육정책은 우리의 아이들에게 기회의 문을 열어 줄 것입

for our children. But it is up to us to ensure they walk through them. In the end, there is no program or policy that can **substitute for** a mother or father who will attend those parent/teacher conferences, or help with homework after dinner, or turn off the TV, put away the video games, and read to their child. I speak to you not just as a president, but as a father when I say that responsibility for our children's education must begin at home.

There is, of course, another responsibility we have to our children. And that is the responsibility to ensure that we do not pass on to them a debt they cannot pay. With the deficit we inherited, the cost of the crisis we face, and the long-term challenges we must meet, it has never been more important to ensure that as our economy recovers, we do what it **takes to** bring this deficit down.

I'm proud that we passed the recovery plan free of **earmark**s, and I want to pass a budget next year that ensures that each dollar we spend reflects only our most important national priorities.

Yesterday, I held a **fiscal** summit where I pledged to cut the deficit in half by the end of my first term in office. My

니다. 하지만 아이들이 그 문으로 걸어 들어가도록 확실하게 하기 위한 것은 우리에게 달려 있습니다. 결국, 학부모—교사 간담회에 참석하는 부모들을 대신할(대신하다) 수 있는 프로그램이나 정책은 없습니다. 또 저녁식사 후 숙제를 도와준다거나 TV를 끈다거나 비디오 게임기를 없애고 아이들에게 책을 읽어주는 부모를 대신하는 프로그램이나 정책도 없습니다. 여러분께 대통령으로서가 아니라 한 아버지로서 말씀드리는 것입니다. 우리 아이들의 교육은 가정에서부터 시작되어야 한다는 그 책임감 말입니다.

물론 여기에는, 또 다른 책임감이 있습니다. 우리 아이들을 위해서 말입니다. 그것은 아이들이 지불할 수 없는 빚을 그들에게 물려주지 않도록 확실하게 하는 책임입니다. 우리가 물려받은 적자와 우리가 직면하고 있는 경제 위기의 대가, 그리고 우리가 직면하고 있는 이 길고긴 역경 등을 헤쳐나가야 하는 상황에서 그 책임감은 경제를 회복시키는 것만큼이나 중요합니다. 우리는 이 적자를 줄이기 위해 몰두하고 **(몰두하다)** 있습니다.

저는 우리가 이 경기부양책을 별일(**특징**) 없이 자유롭게 통과한 것이 자랑스럽습니다. 또한 다음 연도 예산안이 통과되기를 원합니다. 우리가 지출하는 모든 돈이 우리나라에서 가장 중요한 곳에 반영되기를 확실하게 하면서 말입니다.

어제 저는 재정(**재정의**) 회의를 개최했습니다. 거기서 저는 저의 임기 내에 연방 재정적자를 절반으로 줄이겠다고 약속했습니다. 제가

administration has also begun to go line by line through the federal budget in order to eliminate wasteful and ineffective programs. As you can imagine, this is a process that will take some time. But we're starting with the biggest lines. We have already **identified** $2 trillion in savings over the next decade.

In this budget, we will end education programs that don't work and end direct payments to large **agribusiness**es that don't need them. We'll eliminate the **no-bid contract**s that have wasted billions in Iraq, and reform our defense budget so that we're not paying for Cold War-era weapons systems we don't use. We will root out the waste, fraud and abuse in our Medicare program that doesn't make our seniors any healthier, and we will restore a sense of fairness and balance to our tax code by finally ending the tax breaks for corporations that ship our jobs overseas.

In order to save our children from a future of debt, we will also end the tax breaks for the wealthiest 2 percent of Americans. But let me perfectly clear, because I know you'll hear the same old claims that **roll**ing **back** these tax breaks means a **massive** tax increase on the American people: If your

이끄는 정부는 또한 비경제적이고 비효율적인 프로그램을 없애기 위해 연방 예산안의 한 줄 한 줄을 정확하게 써나가기 시작했습니다. 여러분도 생각하고 있는 것처럼, 이 과정은 상당한 시간이 걸릴 것입니다. 하지만 우리는 가장 큰 방향부터 시작하고 있습니다. 우리는 이미 앞으로 10년간 2조 달러를 비축하는 계획에 관계해 왔습니다(**관계하게 하다**).

　이러한 예산안으로, 우리는 효과가 없는 교육 프로그램은 그만둘 것이며 필요 없는 **농업과 관련된 큰 사업**에 드는 직접적인 지불은 그만둘 것입니다. 우리는 불필요한 수조 원을 이라크에 낭비한 **수의계약** (경쟁이나 입찰을 하지 않고 일방적으로 상대방을 선택하여 맺는 계약 – 옮긴이)을 없앨 것입니다. 또 국방 예산을 개혁하여 우리가 사용하지 않는 냉전시대의 무기 시스템에 대해 경비를 지불하지 않도록 할 것입니다. 우리는 낭비를 뿌리 뽑고, 노인들을 건강하게 하지 않는 의료보장 프로그램의 부정과 남용을 뿌리 뽑을 것입니다. 또한 공정심과 조세법에 대한 균형을 재개할 것입니다. 결국 일자리를 해외로 돌리는 회사에 대한 감세를 폐지하면서 말입니다.

　우리 아이들을 미래의 빚으로부터 구하기 위해, 우리는 또한 미국의 2퍼센트에 속하는 부유층들에게는 세금 감면을 하지 않을 것입니다. 하지만 제가 분명히 말씀드립니다. 세금 감면이 예전 수준으로 **돌아간다는**(**본래 수준으로 돌리다**) 것은 우리 국민에게 있어 **엄청난** 세금 증가를 의미한다는 판에 박은 낡은 주장을 여러분도 들을 것이기

family earns less than $250,000 a year, you will not see your taxes increased a single dime. I repeat: not one single dime. In fact, the recovery plan provides a tax cut—that's right, a tax cut—for 95 percent of working families. And these checks are **on the way**.

To preserve our long-term fiscal health, we must also address the growing costs in Medicare and Social Security. Comprehensive health care reform is the best way to strengthen Medicare for years to come. And we must also begin a conversation on how to do the same for Social Security, while creating **tax-free** universal **savings account**s for all Americans.

Finally, because we're also suffering from a deficit of trust, I am committed to restoring a sense of honesty and accountability to our budget. That is why this budget **looks ahead** 10 years and accounts for spending that was **left out** under the old rules—and for the first time, that includes the full cost of fighting in Iraq and Afghanistan. For seven years, we have been a nation at war. No longer will we hide its price.

We are now carefully **review**ing our policies in both wars, and I will soon announce a way forward in Iraq that leaves Iraq

때문입니다. 여러분의 가족이 1년에 25만 달러도 채 벌지 못한다면, 여러분은 여러분이 낸 세금이 단돈 1원이라도 오르는 것을 보지 않으려고 할 것입니다. 되풀이해서 말씀드리자면, 단돈 1원이 아닙니다. 사실은 경기부양책이 내놓은 것은 세금 감면입니다. 바로 이 세금 감면은 근로 가정 중 95퍼센트에 해당됩니다. 그리고 이러한 기준은 계속 진행되고(**진행하여**) 있습니다.

장기적으로 재정을 건강하게 유지하기 위해서, 우리는 또한 의료보장 제도와 사회보장 제도에서의 증가하는 비용을 처리해야만 합니다. 건강보험의 전면 개정은 앞으로 수년 동안 의료보장을 강화하기 위한 최상의 방법입니다. 우리는 또한 사회보장 제도에 대해서도 어떻게 똑같이 할 것인지 의논해야 하면서, 동시에 모든 국민들이 누구나 하고 있는 **저축예금**에 대해 면세를(**면세의**) 해주어야 합니다.

끝으로, 우리는 또한 신용이 부족하기 때문에, 저는 우리의 예산안에 정직함과 책임감을 재개하는 데 전념하고 있습니다. 그렇기 때문에 이 예산안은 10년 앞을 내다보고(**앞을 보다**) 있으며, 낡은 규제 하에 버려두었던(**내버려 두다**) 지출에 대해 책임을 지고 있습니다. 그리고 처음으로 이라크와 아프가니스탄에서의 전투 비용 전액을 포함시킨 것입니다. 7년 동안 우리는 전시 체제에 있었던 나라입니다. 더 이상 그 비용을 숨기지 않을 것입니다.

우리는 현재 조심스럽게 두 나라에서의 전쟁에 대한 정책을 세밀히 검토하고(**세밀히 조사하다**) 있습니다. 조만간 저는 이라크를 이라크

to its people and responsibly ends this war.

And with our friends and allies, we will **forge** a new and comprehensive strategy for Afghanistan and Pakistan to defeat al-Qaida and combat **extremism**. Because I will not allow terrorists to **plot** against the American people from **safe haven**s half a world away.

As we meet here tonight, our men and women in uniform stand watch abroad and more are readying to **deploy**. To each and every one of them, and to the families who bear the quiet burden of their absence, Americans are united in sending one message: We honor your service, we are inspired by your sacrifice, and you have our unyielding support. To **relieve the strain** on our forces, my budget increases the number of our soldiers and Marines. And to keep our sacred trust with those who serve, we will raise their pay, and give our veterans the expanded health care and benefits that they have earned.

To overcome extremism, we must also be **vigilant** in **uphold**ing the values our troops defend—because there is no force in the world more powerful than the example of America.

첫 의회 연설

국민에게 넘겨주고 전쟁을 책임 있게 종식시키는 방안에 대해 발표할 예정입니다.

또한 우방국과 동맹국과 함께 우리는 알카에다 척결과 **극단주의**와의 전쟁을 위해 아프가니스탄 및 파키스탄과 관련해 새롭고 포괄적인 방안을 마련하겠습니다(서서히 나아가다). 저는 테러리스트들이 멀리 전 세계 절반의 안전한 곳(안전 대피소)에 있는 미 국민들을 대항하여 책략을 꾀하는(도모하다) 것을 용납하지 않을 것입니다.

우리가 오늘 밤 이곳에서 모여 있을 때, 우리 군인들은 한결같은 자세로 해외에서 경계를 하며, 부대를 배치할(배치하다) 준비를 더 하고 있습니다. 그들 모두에게, 그리고 그들이 없는 동안 상당한 짐을 짊어지고 있는 그들의 가족들에게, 우리 국민들은 다음과 같은 메시지를 보내는 데 동참합니다. 여러분들의 복무에 경의를 표한다는 것입니다. 여러분들의 희생과 여러분의 확고한 지지로 인해 우리가 분발되고 있다고 말입니다. 이 나라 군대의 **긴박한 상황**을 줄이기 위해(풀게 하다), 제가 제출한 법안은 이 나라의 군인과 해병대 수를 늘이는 것입니다. 또한 군복무를 하는 사람들과 함께 우리의 신성한 신뢰를 지키기 위해, 그들의 보수를 올릴 것이며, 퇴역 군인들에게 확충된 건강보험과 그들이 당연히 받아야 할 혜택을 줄 것입니다.

극단주의를 물리치기 위해, 우리는 또한 부단히 경계해야(자지 않고 **지키는**) 합니다. 우리 군대를 수호하는 가치를 드높이며(지지하다) 말입니다. 미국의 예보다 더 강력한 힘은 이 세계에 존재하지 않기 때문

That is why I have ordered the closing of the **detention center** at Guantanamo Bay, and will seek swift and certain justice for captured terrorists—because living our values doesn't make us weaker, it makes us safer and it makes us stronger. And that is why I can stand here tonight and say without exception or **equivocation** that the United States of America does not **torture**.

In words and deeds, we are showing the world that a new era of engagement has begun. For we know that America cannot meet the threats of this century alone, but the world cannot meet them without America. We cannot **shun** the negotiating table, nor ignore the **foe**s or forces that could do us harm. We are instead called to move forward with the sense of confidence and **candor** that serious times demand.

To seek progress toward a secure and lasting peace between Israel and her neighbors, we have appointed an **envoy** to **sustain** our effort. To meet the challenges of the 21st century—from terrorism to **nuclear proliferation**; from **pandemic disease** to **cyberthreat**s to crushing poverty—we will strengthen old alliances, forge new ones, and use all elements of our national power.

입니다. 그렇기 때문에 저는 관타나모 만에 있는 **수용소**를 폐쇄하라고 했으며 잡힌 테러리스트들에 대해 빠르고 정확한 재판을 찾을 것입니다. 우리의 가치를 살리는 것이 우리를 더 약하게 만들지 않고 우리를 더 안전하게 하며, 우리를 더 강하게 하기 때문입니다. 그렇기 때문에 저는 오늘 밤 이 자리에 서서, 예외 없이 분명하게(애매함) 말할 수 있습니다. 미합중국은 고문하지(고문하다) 않는다고 말입니다

우리는 말과 행동으로 세계에 보여주어야 합니다. 약속의 새 시대가 시작됐다고 말입니다. 우리가 알기로 미국은 이번 세기만 위협에 맞서 있지 않을 것입니다. 하지만 세계는 미국 없이는 이것들에 맞설 수 없습니다. 우리는 협상 테이블을 피하지(피하다) 않을 것입니다. 우리에게 해를 입히는 **적**이나 군대를 모른 체하지도 않을 것입니다. 대신 우리는 심각한 시대가 요구하는 자신감과 **솔직함**을 갖고 나아갈 것입니다.

이스라엘과 인접 국가들 사이의 확실하고 지속적인 평화를 향한 진전을 찾기 위해, 우리는 노력을 계속하는(계속하다) **사절단**을 약속했습니다. 21세기의 도전과제에 맞서기 위해, 즉 테러리즘에서부터 **핵 확산**에 이르기까지, **전염병**에서부터 **사이버 위협**, 그리고 극심한 빈곤에 이르기까지 말입니다. 우리는 오랜 동맹관계를 강화할 것이며, 새로운 동맹을 서서히 강화해 나갈 것이며, 국력의 모든 요소를 사용할 것입니다.

And to respond to an economic crisis that is global in scope, we are working with the nations of the G-20 to restore confidence in our financial system, avoid the possibility of escalating **protectionism**, and spur demand for American goods in markets across the globe. For the world depends on us to have a strong economy, just as our economy depends on the strength of the world's.

As we stand at this crossroads of history, the eyes of all people in all nations are once again upon us watching to see what we **do with** this moment; waiting for us to lead.

Those of us gathered here tonight have been called to govern in extraordinary times. It is a **tremendous** burden, but also a great privilege —one that has been **entrust**ed to few generations of Americans. For in our hands lies the ability to shape our world for good or for ill. I know that it is easy to **lose sight of** this truth —to become cynical and doubtful; consumed with the petty and the **trivial**.

But in my life, I have also learned that hope is found in unlikely places; that inspiration often comes not from those with the most power or **celebrity**, but from the dreams and

또 세계에 퍼져 있는 경제 위기에 대응하기 위해서, 우리는 G20 국가들과의 협력하며 우리 금융시스템의 신용을 회복시킬 것입니다. **보호무역주의** 상승 가능성을 피하고 전 세계 시장에서 미국 상품의 수요에 박차를 가하면서 말입니다. 이 세계는 우리가 경제적으로 강해지느냐 아니면 약해지느냐에 달려 있습니다. 마치 우리의 경제가 세계에 힘을 갖고 있느냐 없느냐에 달린 것과 마찬가지로 말입니다.

　우리는 역사의 기로에 서 있는 시점에, 모든 국가의 국민들의 눈은 다시 한 번 우리가 어떻게 하는지에 쏠려 있습니다. 우리가 지금 어떻게 처리하는지에(처리하다) 주시하면서 말입니다. 우리가 선도하기를 기다리면서 말입니다.

　오늘 밤 이곳에 모인 우리들은 이 혹독한 시대를 지배해 주기를 요구받아 왔습니다. 이것은 **엄청난** 짐입니다. 하지만 또한 크나큰 특권이기도 합니다. 미 국민들의 세대 중 거의 위임받은(위임하다) 적이 없는 특권 말입니다. 우리의 손 안에 이 세상에 선과 악을 만드는 능력이 있습니다. 저는 이러한 사실을 잊기가(잊다) 쉽다는 것을 알고 있습니다. 냉소적이고 의심을 하면서 말입니다. **사소한** 것으로 소비하면서 말입니다.

　하지만 살면서, 저는 또한 희망은 가망이 없는 곳에서 발견된다는 것을 배웠습니다. 영감은 종종 가장 힘 있고 **유명한** 사람들에 의해서 나오는 것이 아니라 그저 평범한 사람들의 꿈과 **열망**에서 나오는

aspirations of Americans who are anything but ordinary.

I think about Leonard Abess, the bank president from Miami who **reportedly** cashed out of his company, took a $60 million bonus, and **gave** it **out** to all 399 people who worked for him, plus another 72 who used to work for him. He didn't tell anyone, but when the local newspaper found out, he simply said, "I knew some of these people since I was 7 years old. I didn't feel right getting the money myself."

I think about Greensburg, Kansas, a town that was

국회도서관

것입니다.

저는 마이애미 은행장인 레너드 애비스를 생각해 봅니다. **들리는 바에 의하면** 그는 회사의 돈을 현금으로 바꾸어 6천만 달러의 보너스를 받았으며, 그와 함께 일했던 399명 모두에게 돈을 나누어(배포하다) 주었습니다. 또한 예전에 그와 일했던 72명에게도 주었습니다. 그는 누구에게도 말하지 않았습니다. 하지만 지방신문이 폭로했을 때 그는 그저 이렇게 말했습니다. "저는 이 사람들 몇 명은 제가 일곱 살 때부터 알고 지냈습니다. 저는 그 돈을 제가 갖는 것이 옳다고는 생각하지 않았습니다."

저는 캔자스의 한 마을에 있는 그린버그에 대해 생각해 봅니다.

completely destroyed by a tornado but is being rebuilt by its residents as a global example of how clean energy can power an entire community—how it can bring jobs and businesses to a place where piles of bricks and **rubble** once lay. "The tragedy was terrible," said one of the men who helped them rebuild. "But the folks here know that it also provided an incredible opportunity."

And I think about Ty'Sheoma Bethea, the young girl from that school I visited in Dillon, South Carolina—a place where the ceilings **leak**, the paint **peel**s **off** the walls, and they have to stop teaching six times a day because the train **barre**ls by their classroom. She has been told that her school is hopeless, but the other day after class she went to the public library and typed up a letter to the people sitting in this chamber. She even asked her principal for the money to buy a stamp. The letter asks us for help, and says, "We are just students trying to become lawyers, doctors, congressmen like yourself and one day president, so we can make a change to not just the state of South Carolina but also the world. We are not **quitter**s."

토네이도로 완전히 부서진 마을입니다. 하지만 주민들에 의해 다시 복구되고 있습니다. 청정에너지가 모든 지역사회에 어떻게 공급되는지에 대해 세계의 본보기가 되면서 말입니다. 일자리와 사업이 많은 **벽돌 조각**이 예전에 놓여 있는 곳에서 어떻게 생길 수 있는지를 말입니다. 그 마을이 복구되는 것을 돕던 사람들 중 한 명이 "비극은 엄청났다."고 말했습니다. "하지만 여기 있는 사람들은 알고 있습니다. 엄청난 기회가 또한 주어졌다."라고 말했습니다.

저는 또 타이쉐마 베시어에 대해 생각합니다. 그녀는 사우스캐롤라이나의 딜론에 있는 학교에 다니는 어린 여학생입니다. 저는 그 학교를 가봤습니다. 그 학교는 천장이 새고(**새다**) 벽지가 벗겨져 있으며 (**벗겨지다**) 하루에 6번은 가르치는 것을 멈추어야만 합니다. 기차가 그들의 교실 옆을 무서운 속도로 지나가기(**무서운 속도로 달리다**) 때문입니다. 그녀는 학교가 희망이 없다는 말을 들어왔다고 합니다. 하지만 수업이 끝난 어느 날 그 학생은 공공 도서관에 가서 이 방에 앉아 계시는 여러분들께 한 장의 편지를 타이프로 쳐서 보냈다고 합니다. 그 학생은 교장선생님한테 우표 살 돈을 부탁하기까지 했습니다. 그 편지는 우리에게 도움을 요청하면서 다음과 같이 말했습니다. "우리는 여러분들처럼 변호사, 의사, 국회의원 그리고 언젠가는 대통령이 되려고 하는 학생일 뿐입니다. 그래서 우리는 단지 사우스캐롤라이나 주뿐만 아니라 세계를 변화시킬 수 있습니다. 우리는 포기하지(**포기하는 사람**) 않습니다."라고 말입니다.

We are not quitters.

These words and these stories tell us something about the spirit of the people who sent us here. They tell us that even in the most **trying** times, amid the most difficult circumstances, there is a **generosity**, a **resilience**, a **decency**, and a **determination** that **persever**es; a willingness to take responsibility for our future and for **posterity**.

Their resolve must be our inspiration. Their concerns must be our cause. And we must show them and all our people that we are equal to the task before us.

I know that we haven't agreed on every issue **thus far**, and there are surely times in the future when we will part ways. But I also know that every American who is sitting here tonight loves this country and wants it to succeed. That must be the starting point for every debate we have in the coming months, and where we return after those debates are done. That is the foundation on which the American people expect us to build common ground.

And if we do—if we come together and lift this nation from the depths of this crisis; if we put our people back to work and restart the engine of our prosperity; if we confront without

우리는 포기하지 않습니다.

이러한 말과 이러한 이야기들은 우리를 여기로 보낸 사람들의 참뜻에 대해 우리에게 무언가를 말하고 있습니다. 이것들은 우리에게 가장 **힘든** 시대에도, 가장 어려운 환경 속에도, **관용**과 **쾌활함**과 **예절바름**이 있다는 것을 말해줍니다. 그리고 인내하는(인내하다) **결단력**과 우리의 미래와 **자손**들을 위해 책임을 지는 자발성도 말해줍니다.

그들의 결의에 우리는 자극을 받아야 합니다. 그들의 관심사항을 우리는 주장해야 합니다. 우리는 그들과 모든 우리 국민에게 우리 앞에 놓인 과업도 그들과 같다는 사실을 보여주어야 합니다.

저는 우리가 **이제까지는** 모든 안건에 대해 동의하지 않았다는 것을 압니다. 그리고 앞으로 우리가 의견을 달리하는 경우가 확실히 몇 번 있을 것으로 알고 있습니다. 하지만 저는 오늘 밤 여기 계시는 모든 분들이 이 나라를 사랑하고 이 나라가 발전해 나가기를 원하고 있다는 점을 알고 있습니다. 그것이 앞으로 수개월 동안 있을 모든 토론의 출발점이 되어야만 합니다. 또한 그것이 우리가 그 토론을 마친 후에 다시 돌아와야 할 지점이 되어야만 합니다. 이것이 국민들이 우리에게 공동 의견을 세우기를 기대하는 토대인 것입니다.

우리가 실행한다면, 우리가 함께 한다면, 이 나라를 지금의 경제위기의 나락에서 올릴 수 있다면, 우리 국민들이 다시 일터로 돌아와 국가 번영의 엔진을 가동시킨다면, 우리가 두려움 없이 이 시대의 역

fear the challenges of our time and summon that enduring spirit of an America that does not quit, then someday years from now our children can tell their children that this was the time when we performed, in the words that are **carve**d into this very chamber, "something worthy to be remembered." Thank you, God Bless you, and may God Bless the United States of America.

경에 맞서서 멈추지 않는 미국의 인내심을 불러일으킨다면, 그렇게 되면 몇 년 뒤에 우리 아이들이 그들의 자식들에게 '우리가 해낸 시기였다'는 것을 말할 수 있을 것입니다. 다음과 같은 말을 이 의회에 새기면서(새기다) 말입니다. '가치 있는 것은 기억된다'고 말입니다. 감사합니다. 신의 가호가 있기를 기원합니다. 미합중국에 신의 가호가 있기를 기원합니다.

하나의 정부, 하나의 대통령
(2008.11.7. 당선 첫 기자회견 연설)

One Government,
One President

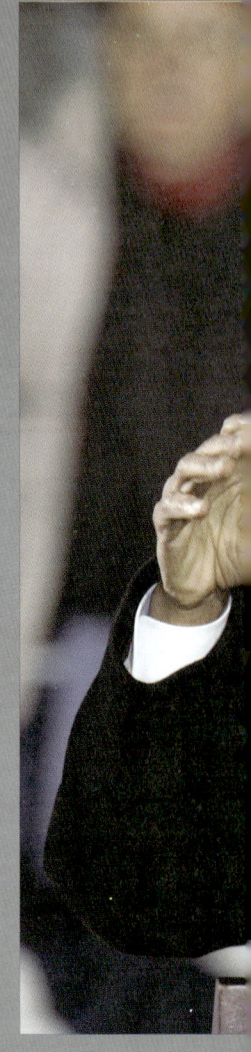

변화를 역설하는 오바마

오바마 특강 | "다섯 번째 강의 텍스트는 2008년 11월 7일 저의 대통령 당선 후 처음 가진 기자회견 연설문으로 하겠습니다. 저는 이 연설에서 중산층 구제, 금융 위기 진정, 금융구제책 재점검, 장기 성장 동력 확보 등의 경제회생 4대 어젠더를 강조했습니다. 이번 강의에는 '위기'(crisis)라는 단어가 여섯 번이나 등장합니다. 위성 등을 통해 영어방송을 열심히 청취하신 분들은 잘 아시겠지만, 작년부터 CNN 등에 가장 많이 등장하는 단어 중의 하나가 바로 '위기'입니다. 그만큼 우리의 경제 위기가 심각하다는 것을 잘 보여주는 현상입니다. 영어를 더욱 열심히 하여, 여러분의 영어실력을 오늘날의 경제 위기를 헤쳐 나가는 강력한 무기로 삼으실 수 있기를 기원합니다."

"We are going to act swiftly to resolve them."

Lecture 5

One Government, One President

This morning, we woke to more **sobering** news about the state of our economy.

The 240,000 jobs lost in October marks the 10th **consecutive** month that our economy has **shed** jobs.

In total, we've lost nearly 1.2 million jobs this year, and more than 10 million Americans are now unemployed. Tens of millions of families are **struggling** to **figure out** how to pay the bills and stay in their homes. Their stories are an **urgent** reminder that we are facing the greatest **economic challenge** of our lifetime, and we are going to act swiftly to **resolve** them.

The United States has only one government and one President, at a time and until January 20th of next year, that government is the **current** Administration. I have spoken to President Bush, and I **appreciate** his **commitment** to **ensuring**

하나의 정부, 하나의 대통령

> 우리는 경제 문제를 해결하기 위한 조치를 신속히 취해야 합니다.

오늘 아침 우리는 경제 상황에 관한 보다 정신이 심각한(**정신이 들게 하는**) 뉴스를 접했습니다.

10월 한 달 동안 24만 개의 일자리가 줄어 우리 경제가 10개월 **연속**(**연속적인**) 일자리 감소(**해고하다**)를 기록했다는 소식입니다.

금년 들어 **총** 120만 개의 일자리가 없어졌으며, 이제 실업자 수는 1천만 명이 넘습니다. 수천만 가정이 대출금을 갚고 집을 유지하는 방법을 찾느라(**해결하다**) 허덕이고(**허덕이다**) 있습니다. 그들의 이야기를 통해 우리는 지금 생애 최대의 **경제적 도전**에 직면해 있으며 이 문제를 해결하기(**해결하다**) 위한 조치를 신속히(**긴급한**) 취해야 한다는 것을 깨닫게 됩니다.

미국에는 오직 하나의 정부와 하나의 대통령이 있을 뿐입니다. 내년 1월 20일까지는 현 정부가 유일한 정부입니다. 저는 부시 대통령과 회담을 가졌으며, **현** 경제정책 팀이 취하는 조치들을 우리에게 충분히(**털어놓다**) 알려주겠다고 확실히(**확실하게 하다**) 약속해 준 데 감사

that his economic policy team keeps us fully informed as developments **unfold**.

Immediately after I become President, I will **confront** this economic crisis **head-on** by taking all necessary steps to ease the **credit crisis**, help **hardworking** families, and restore growth and prosperity.

This morning I met with members of my **Transition Economic Advisory Board**, who are standing behind me, **alongside** my Vice President-elect, Joe Biden. They will help to guide the work of my transition team, working with Rahm Emanuel, my Chief of Staff, in developing a strong set of policies to respond to this crisis. We discussed in the earlier meeting several of the most immediate challenges facing our economy and **key priorities** on which to focus on in the days and weeks ahead

First of all, we need a **rescue plan** for the middle class that invests in immediate efforts to create jobs and provide relief to families that are watching their **paycheck**s **shrink** and their life savings disappear. A particularly urgent priority is a further extension of -- of **unemployment insurance** benefits for workers who cannot find work in the increasingly weak economy. A **fiscal stimulus plan** that will jump-start economic

드립니다(감사드리다).

저는 대통령에 취임하자마자 우리의 경제 위기를 **정면으로** 맞서 **(대응하다)**, **신용위기**를 해소하고 **열심히 일하는** 가정을 돕고 미국이 다시 성장과 번영의 길로 접어들도록 하기 위해 필요한 모든 조치를 강구하겠습니다.

오늘 아침 저는 정권인수팀의 **경제자문위원회** 멤버들을 조 바이든 부통령 당선자**와 함께** 만났습니다. 그들은 저의 비서실장인 램 엠마뉴엘과 긴밀히 협조하며 정권인수팀이 이 경제 위기를 극복하기 위한 일련의 강력한 정책들을 개발하는 데 조언을 해줄 것입니다. 우리는 이미 수차례 회의를 통해 우리 경제가 당면한 시급한 현안과 앞으로 수일간 혹은 수주간 처리해야 할 최우선 과제**(중요한 우선사항)**에 대해 논의했습니다.

첫째, 우리는 중산층 **구제책**을 최우선 과제로 삼고 있습니다. 우리는 일자리를 창출하기 위한 조치를 신속히 취해서 **월급**이 줄어들고 **(줄다)** 평생의 저축이 날아가고 있는 것을 목격하고 있는 미국 가정을 구제할 것입니다. 특히 긴급히 취해야 할 최우선 정책은 점점 악화되는 경제 상황 속에서 일자리를 찾지 못하고 있는 사람들에게 **실업보험** 급여를 확대 실시하는 것입니다. 경제성장을 촉발시킬 수 있는 **경기부양책**을 조속히 실시해야 합니다. 저는 선거유세 **기간인 지난** 몇 개월

growth is long **overdue**. I've talked about it throughout this -- the last few months of the campaign. We should get it done.

Second, we have to **address** the spreading impact of the financial crisis on the other sectors of our economy -- small businesses that are struggling to **meet** their **payroll**s and finance their holiday **inventories**, and state and **municipal government**s facing **devastating** budget cuts and tax increases. We must also remember that the financial crisis is increasingly global and requires a global response.

The news coming out of the auto industry this week reminds us of the **hardship** it faces -- hardship that **go**es **far beyond** individual auto companies to the **countless supplier**s, small businesses, and communities throughout our nation who depend on a **vibrant** American auto industry. The auto industry is the **backbone** of American manufacturing and a **critical** part of our attempt to reduce our **dependence** on foreign oil.

I would like to see the Administration do everything it can to **accelerate** the **retool**ing assistance that Congress has already **enact**ed. In addition, I have made it a high priority for my transition team to work on additional policy options to help the auto industry **adjust, weather** the financial crisis, and succeed

하나의 정부, 하나의 대통령

동안 이를 수차례 강조했습니다. 이제는 실천을 해야 합니다.

둘째, 금융 위기의 충격이 우리 경제의 다른 분야로 확산되는 것을 진정시키겠습니다(**역점을 두어 다루다**). 금융 위기의 확산으로 중소기업은 직원들에게 **급여**를 주고(**지급하다**) 주말 **재고** 자금을 마련하기 위해 분투하고 있으며, 그리고 주 정부 및 **지자체**들은 예산을 삭감하고 세금을 인상해야 하는 **매우 어려운** 상황에 처해 있습니다. 또한 금융 위기가 갈수록 글로벌화하고 있어 국제적인 공조가 필요하다는 점을 명심해야 합니다.

이번 주에 자동차 업계에서 전해진 뉴스를 보면 그들의 **어려움**이 자동차 회사에만 국한되지 않고 미국의 **활발한** 자동차 산업에 의존하고 있는 **수많은 제조업체**와 중소기업, 그리고 미국 전역의 지역사회에 **확산되고 있다**는 것을 알 수 있습니다. 자동차 산업은 미 제조업의 **근간**이며, 해외 원유에 대한 **의존도**를 줄이는 데도 **중요한** 역할을 합니다.

저는 이미 입법화된(**입법화하다**) 시설투자(**설비를 일신하다**) 지원법을 빨리 집행하기 위해(**빨리 하다**) 행정부가 가능한 한 모든 노력을 다해 주기를 바랍니다. 게다가 저는 정권인수팀에게 요청했습니다. 자동차 산업이 시장 상황에 적응하고(**순응하다**) 자금 경색을 헤쳐 나가고(**뚫고 나아가다**) 연비가 높은 차를 미국 내에서 생산하는 데 필요한 추가

in producing fuel-efficient cars here in the United States of America. And I was glad to be joined today by Governor Jennifer Granholm, who obviously has great knowledge and great interest on this issue. I've asked my team to **explore** what we can do under current law and whether **additional legislation** will be needed for this purpose.

Third, we will review the **implementation** of this Administration's financial program to ensure that the government's efforts are achieving their central goal of **stabilizing** financial markets while protecting taxpayers, helping homeowners, and not unduly rewarding the management of financial firms that are receiving government assistance. It is absolutely **critical** that **the Treasury** work closely with the **FDIC**, **HUD**, and other government agencies to use the **substantial** authority that they **already** have to help families **avoid foreclosure** and stay in their homes.

Finally, as we **monitor** and address these immediate economic challenges, we will be moving forward in **lay**ing **out** a set of policies that will grow our middle class and **strengthen** our economy in the long term. We cannot afford to wait on moving forward on the key priorities that I **identified** during

정책들을 우선적으로 개발하라는 것이었습니다. 오늘 이 자리에 제니퍼 그랜홀름 미시건 주지사가 참석해 주셔서 기쁩니다. 이 문제들에 대해 아주 정통하고 지대한 관심을 갖고 계신 분입니다. 또한 현행법의 테두리 안에서 우리가 할 수 있는 게 무엇이고 그에 따른 **추가적인 입법**이 필요한지 검토하도록(찾아내다) 인수팀에 요청했습니다.

셋째, 현 정부의 구제금융 **집행** 과정을 검토하겠습니다. 현 정부가 금융시장 안정이라는(안정시키다) 핵심 목표를 이룰 수 있도록 하겠습니다. 동시에 납세자를 보호하고, 주택 보유자를 지원하며, 공공자금이 투입된 금융기관의 경영진들이 **부당하게** 보수를 받는 일이 없게 하겠습니다. **재무부가 연방예금보험공사, 주택도시개발청**, 그리고 기타 정부기관과 긴밀히 협조하는 것은 정말 중요합니다(중대한). 그들이 담보대출자들의 주택 **차압**을 면하고(피하다) 살던 집에 계속 살 수 있게 하는, **곧바로** 취해야 하는 **실제적인** 권한을 행사하겠습니다.

끝으로, 우리가 당면한 경제 문제를 감시하고(감시하다) 대처하는 한편, 일련의 정책들을 개발하여(세밀하게 계획하다), 중산층을 강화하고(강화하다) 장기적인 경제성장 동력을 확보하겠습니다. 선거기간 동안 제가 확인한(확인하다) 최우선 정책과제들을 마냥 미룰 수는 없습니다. 청정에너지 개발, 건강보험, 교육, 중산층의 세금 감면 등의 과

the campaign, including clean energy, health care, education, and tax relief for middle-class families. My transition team will be working on each of these priorities in the weeks ahead, and I intend to **reconvene** this advisory board to discuss the best ideas for responding to these immediate problems.

Let me close by saying this: I do not **underestimate** the **enormity** of the task that lies ahead. We have taken some major action to date, and we will need further action during this transition America is a strong and **resilient** country. And I know we will succeed if we put aside partisanship and politics and work together as one nation.

제들입니다. 정권인수팀은 향후 수주간 이같은 당면과제들에 대한 구체적인 정책을 개발할 예정입니다. 경제자문위원회도 다시 소집하여 **(다시 모이다)** 이들 당면 문제를 해결하는 최선의 방안을 논의할 것입니다.

다음과 같은 말씀을 드리며 오늘 회견을 마치겠습니다. 저는 우리 앞에 놓여 있는 과업의 중대성을 과소평가하지**(과소평가하다)** 않습니다. 우리는 이미 몇 가지 주요 조치를 취했으며, 정권인수 기간 동안 필요한 추가 조치들을 취할 것입니다. 그러나 미국은 굳건하고 **탄력성 있는** 국가입니다. 따라서 우리가 당파성 정쟁을 접어두고 하나의 국가로서 힘을 합친다면 분명히 성공할 수 있습니다.

우리는 할 수 있다

(2008.11.4. 미국 대통령 당선 연설)

Yes We Can

독일 뒤셀도르프 카니발에 나타난 오바마

오바마 특강 | "우리의 강의가 드디어 대통령 당선이라는 가슴 벅찬 순간을 맞이하게 되었습니다. 2008년 11월 4일 행한 저의 당선 연설을 여섯 번째 텍스트로 삼겠습니다. 이 텍스트는 'Yes We Can'으로 알려져 있습니다. 그렇습니다. 우리는 할 수 있습니다. 저의 특강이 시작되기 전에 제가 어린 시절 비영어권 국가인 인도네시아에 살았다는 소개를 받은 것을 기억하실 겁니다. 비영어권 국가에 계시다고 좌절하지 마십시오! 제가 할 수 있으면, 여러분도 할 수 있습니다! 유창한 영어를 구사하기 위해 오늘도 수고하고 계신 수강생 여러분, 여러분은 할 수 있습니다! 할 수 있다는 강한 신념으로, 저와 함께 영어 특강의 눈부신 깃발을 흔들며, 더욱 멋지게 전진합시다! Yes we can!"

"Our union can be perfected."

Lecture 6

Yes We Can

Hello, Chicago.

If there is anyone out there who still doubts that America is a place where all things are possible; who still wonders if the dream of our **founder**s is alive in our time; who still **question**s the power of our democracy, tonight is your answer.

It's the answer told by lines that stretched around schools and churches in numbers this nation has never seen; by people who waited three hours and four hours, many for the very first time in their lives, because they believed that this time must be different; that their voice could be that difference.

It's the answer spoken by young and old, rich and poor, **Democrat** and **Republican**, black, white, Hispanic, Asian,

우리는 일치단결해서
완벽해질 수 있습니다.

시카고 시민 여러분, 안녕하십니까?

미국이 무한한 가능성의 나라라는 것을 아직도 의심하는 사람이 있다면, 미국을 **건국한 선조**들의 꿈이 우리 시대에도 살아 있다는 것을 아직도 의심하는(**의문으로 여기다**) 사람이 있다면, 그리고 민주주의의 힘을 의심하는 사람이 아직도 있다면, 오늘의 승리가 바로 그 모든 의문에 대한 답입니다.

미국에서 일찍이 유례가 없을 정도로 많은 분들이 학교와 교회 등의 투표소에 길게 줄지어 섰던 행렬도 그에 대한 대답입니다. 투표에 참여하기 위해 서너 시간을 기다렸던 분들이 그에 대한 대답입니다. 그들 중에는 태어나서 처음 투표에 참여한 사람들도 있었습니다. 이번만은 달라져야 한다고 믿었던 분들이며, 자신의 목소리로 변화를 가져올 수 있다고 믿었던 분들입니다.

젊은 사람과 나이 든 사람, 부자와 가난한 자, **민주당원과 공화당원**, 흑인과 백인, 라틴계와 아시아계, 아메리카 인디언, **동성애자와 이**

워싱턴에 나부끼는 성조기

Native American, **gay**, **straight**, **disabled** and not disabled — Americans who sent a message to the world that we have never been a **collection** of **Red States** and **Blue States**: we are, and always will be, the United States of America.

It's the answer that led those who have been told for so long by so many to be **cynical**, and fearful, and doubtful of what we can achieve to put their hands on the arc of history and **bend** it once more **toward** the hope of a better day.

It's been a long time coming, but tonight, because of what

월스트리트 황소상

성애자, 장애인과 비장애인들이 모두 하나 되어 그 의문에 대한 대답을 했습니다. 우리는 결코 **공화당을 지지하는 주**와 **민주당을 지지하는 주**가 합해진(**집합**) 나라가 아닌, 하나의 미국이라는 사실을 전 세계에 알린 바로 그 미국인들입니다. 지금도 그렇고 앞으로도 우리는 하나의 미합중국으로 존재할 것입니다.

    이것은 또한 우리가 역사의 한 획을 그을 수 있고 보다 나은 희망의 시대로 나아갈 수 있다(**걸음을 돌리다**)는 것에 대해 냉소적이고(**냉소적인**) 두려워하고 의심해야 한다는 것을 그토록 오랫동안 귀가 따갑도록 들어온 분들에 의해 선택된 대답이기도 합니다.

    여기까지 오는 데 정말 긴 여정이었습니다. 그러나 오늘 밤, 이

we did on this day, in this election, at this **defining moment**, change has come to America.

I just received a very **gracious** call from **Senator** McCain. He fought long and hard in this campaign, and he's fought even longer and harder for the country he loves. He has endured sacrifices for America that most of us cannot begin to imagine, and we are **better off** for the service **render**ed by this brave and **selfless** leader. I congratulate him and **Governor** Palin for all they have achieved, and I look forward to working with them to renew this nation's promise in the months ahead.

I want to thank my partner in this journey, a man who **campaign**ed from his heart and **spoke for** the men and women he grew up with on the streets of Scranton and **rode** with on that train home to Delaware, **the Vice President-elect** of the United States, Joe Biden.

I would not be standing here tonight without the **unyielding** support of my best friend for the last sixteen years, the **rock** of our family and the love of my life, our nation's next First Lady, Michelle Obama. Sasha and Malia, I love you both so much, and you have earned the new puppy that's coming

결정적인 시기에, 우리가 승리를 거둠으로써, 미국에 변화가 찾아왔습니다.

방금 매케인 **상원**으로부터 아주 **고마운** 전화를 받았습니다. 그는 이번 선거운동에서 오랫동안 열심히 싸워 주셨습니다. 그는 그가 사랑하는 이 나라를 위해 훨씬 더 오래, 더 열심히 싸워 주셨습니다. 그는 국가를 위해 우리 대부분이 감히 상상도 못할 만큼 희생해 왔습니다. 우리는 이렇게 용감하고 **사심 없는** 지도자가 행한(~로 만들다) 봉사 덕분에 **더 나은** 삶을 살고 있습니다. 저는 그와 페일린 **주지사**가 성취한 모든 업적들에 대해 축하의 말씀을 드립니다. 그리고 그분들과 함께 일하며 앞으로 이 나라를 새롭게 만들기 위한 약속을 지켜나가기를 희망합니다.

이번 여정을 함께한 저의 동료에게 고마움을 표시하고 싶습니다. 그는 전심을 다해 선거운동을 하며(선거운동하다) 스크랜턴 거리에서 함께 자라고 델라웨어에 있는 집까지 함께 열차를 타고(타다) 다닌 남성과 여성들을 대변했던(대변하다) 분입니다. 바로 미국의 **부통령 당선인**인 조 바이든입니다.

지난 16년간 저를 굳건하게(굽히지 않는) 지지해준 최고의 친구가 없었더라면 저는 오늘 이 자리에 설 수 없었을 것입니다. 우리 가족의 **반석**이자 제 인생의 반려자, 그리고 미국의 차기 영부인인 미셸 오바마입니다. 사샤와 말리아, 너희를 진심으로 사랑한단다. 너희가 기르게 된 새 **강아지**도 백악관에 같이 데리고 가자구나. 그리고 더 이상

with us to the White House. And while she's no longer with us, I know my grandmother is watching, along with the family that made me who I am. I miss them tonight, and know that my debt to them **is beyond measure**. To my sister Maya, my sister Alma, all my other brothers and sisters — thank you so much for the support that you've given me. I am grateful to them.

To my campaign manager David Plouffe, my **chief strategist** David Axelrod, and the best campaign team ever **assemble**d in the history of politics — you made this happen, and I am forever grateful for what you've sacrificed to get it done.

But above all, I will never forget who this victory truly belongs to — it **belongs to** you.

I was never **the likeliest candidate** for this office. We didn't start with much money or many **endorsement**s. Our campaign was not **hatch**ed in the **hall**s of Washington — it began in the backyards of Des Moines and the living rooms of Concord and the front **porch**es of Charleston.

It was built by working men and women who **dug into** what little savings they had to give five dollars and ten dollars and twenty dollars to this cause. It grew strength from the

우리 곁에 계시지 않지만, 저는 오늘의 저를 만들어준 가족들과 함께 외할머니께서도 지켜보고 계시다는 것을 알고 있습니다. 오늘 밤 저는 그들 모두가 무척 그립습니다. 그들에게 진 빚은 이루 **셀 수조차 없이 많습니다**. 나의 여동생 마야, 알마, 그리고 나의 모든 형제자매들, 그들이 보여준 성원에 진심으로 감사드립니다. 진심으로 감사합니다.

선거운동 본부장인 데이비드 플루프와 **전략담당 수석** 데이비드 액설로드, 그리고 정치 역사상 지금까지 형성된(**짜맞추다**) 팀 가운데 최고의 팀으로 기록될 선거운동 팀원 여러분, 오늘의 승리는 여러분이 이룬 것입니다. 여러분이 보여준 희생에 영원히 감사드리겠습니다.

하지만 무엇보다도, 저는 이 승리가 진정으로 누구의 것인지(**~의 것이다**) 절대 잊지 않겠습니다. 바로 국민 여러분의 승리입니다.

저는 이번 선거에서 당선 **가능성이 가장 높은 후보**가 절대 아니었습니다. 우리는 넉넉한 자금이나 많은 **지지자**를 확보하지 못한 채 이 선거를 시작했습니다. 우리의 선거운동은 워싱턴의 **집회장**에서 시작되지도(**계획을 꾸미다**) 않았습니다. 우리의 선거운동은 디모인의 뒤뜰과 콩고드의 거실, 그리고 찰스턴의 **현관**에서 시작되었습니다.

남녀 근로자들이 선거운동을 완성했습니다. 그분들은 비록 적은 액수지만 주머니를 털어 5달러, 10달러, 그리고 25달러를 **대의를 위해** 기꺼이 기부했습니다(**자금에 손을 대다**). 젊은이들이 선거운동에 힘

young people who rejected the **myth** of their generation's **apathy**; who left their homes and their families for jobs that offered little pay and less sleep; from the not-so-young people who braved the bitter cold and **scorching** heat to knock on the doors of perfect strangers; from the millions of Americans who volunteered, and organized, and proved that more than two centuries later, a government of the people, by the people and for the people has not **perish**ed from this Earth. This is your victory.

I know you didn't do this just to win an election and I know you didn't do it for me. You did it because you understand the **enormity** of the task that lies ahead. For even as we celebrate tonight, we know the challenges that tomorrow will bring are the greatest of our lifetime —two wars, a **planet** in peril, the worst financial crisis in a century. Even as we stand here tonight, we know there are brave Americans waking up in the deserts of Iraq and the mountains of Afghanistan to risk their lives for us. There are mothers and fathers who will lie awake after their children fall asleep and wonder how they'll make the mortgage, or pay their doctor's bills, or save enough

을 실어 주었습니다. 그들은 젊은 세대는 정치에 **무관심**하다는 사회적 편견(**꾸며낸 이야기**)을 거부했습니다. 적은 임금에 잠도 제대로 자지 못한 채 일을 하기 위해 집과 가족을 떠나온 젊은이들입니다. 또한 중장년층이 선거운동에 힘을 실어 주었습니다. 그들은 매서운 추위와 **찌는 듯한** 더위를 감수하며 낯선 집의 문을 용기 있게 두드렸습니다. 아울러 수백만 명의 미국인들이 이 선거운동에 힘을 실어 주었습니다. 그들은 자발적으로 봉하고 조직을 구성했습니다. 그리하여 2세기가 훨씬 지난 지금에도 국민의, 국민에 의한, 국민을 위한 정부가 이 지구상에서 사라지지(**사라지다**) 않고 존재한다는 것을 증명했습니다. 이는 여러분의 승리입니다.

저는 여러분이 단순히 이번 선거에서 이기기 위해, 그리고 저 혼자만을 위해 일하지는 않았다는 것을 알고 있습니다. 여러분은 우리 앞에 놓인 과제가 얼마나 **중대**한지 알고 있었기에 선거운동에 동참했습니다. 오늘 밤 이렇게 축하를 하면서도, 내일부터 닥쳐올 시련들이 우리 생애 가장 혹독할 것이라는 사실을 우리는 알고 있습니다. 즉 두 개의 전쟁, 위험에 빠진 **지구**, 100년 만에 몰아닥친 최악의 금융 위기입니다. 비록 우리는 오늘 밤 이 자리에 서 있지만, 용감한 미국인들이 이라크의 사막과 아프가니스탄의 산악지대를 오르고 있습니다. 그들은 우리를 위해 자신들의 생명을 무릅쓰고 있습니다. 그리고 어머니와 아버지가 있습니다. 그들은 자녀들이 잠든 후에도 잠 못 이루며 고민하고 있습니다. 대출금을 어떻게 갚을지, 병원비를 어떻게 마련할지,

for college. There is new energy to **harness** and new jobs to be created; new schools to build and threats to meet and alliances to **repair**.

The road ahead will be long. Our climb will be **steep**. We may not get there in one year or even one **term**, but America — I have never been more hopeful than I am tonight that we will get there. I promise you — we as a people will get there.

There will be **setback**s and false starts. There are many who won't agree with every decision or policy I make as President, and we know that government can't solve every problem. But I will always be honest with you about the challenges we face. I will listen to you, especially when we **disagree**. And above all, I will ask you join in the work of remaking this nation the only way it's been done in America for two-hundred and twenty-one years — block by block, brick by brick, calloused hand by calloused hand.

What began twenty-one months ago in the depths of winter must not end on this autumn night. This victory alone is not the

우리는 할 수 있다

그리고 아이들 대학 등록금을 어떻게 마련할지를. 새로운 에너지를 동력으로 이용해야(이용하다) 하고, 일자리를 창출해내야 합니다. 학교를 새로 지어야 하고, 위협에 맞서 싸워야 하고, 동맹관계를 새로 구축해야(고치다) 합니다.

우리가 갈 길은 멀 것입니다. 우리가 오르는 길은 가파를(가파른) 것입니다. 아마도 1년, 혹은 심지어 저의 **임기** 내에 그곳에 다다르지 못할지도 모릅니다. 그러나 국민 여러분! 오늘 밤처럼 제가 희망으로 가득한 적은 없었습니다. 우리는 그곳에 다다를 것입니다. 여러분께 약속드립니다. 우리 미국 국민은 목표를 이룰 것입니다.

후퇴도 있을 것이고 잘못된 출발도 있을 것입니다. 대통령으로서 제가 내린 결정이나 정책에 동의하지 않는 분들도 많을 것입니다. 우리는 정부가 모든 문제를 해결해 줄 수는 없다는 사실을 알고 있습니다. 하지만 저는 우리 앞에 닥친 시련에 대해 국민 여러분께 항상 정직하겠다는 것을 약속드립니다. 여러분의 의견에 귀를 기울이겠습니다. 특히 여러분과 의견이 다를 때(의견이 다르다) 그렇게 하겠습니다. 무엇보다도 이 나라를 재건하는 일에 동참해 주실 것을 여러분께 당부드립니다. 그것이 바로 지난 221년 동안 미국을 이룩해온 유일한 방법입니다. 목재 하나하나씩, 벽돌 한 장 한 장씩, 그리고 굳은살이 박힌 손길 하나하나의 힘을 모읍시다.

21개월 전의 한겨울에 시작한 일을 오늘 가을밤에 끝마쳐서는 안됩니다. 오늘의 승리 자체가 우리가 추구하던 변화는 아닙니다. 오늘

change we seek — it is only the chance for us to make that change. And that cannot happen if we go back to the way things were. It cannot happen without you.

So let us **summon** a new spirit of patriotism; of responsibility where each of us resolves to **pitch in** and work harder and look after not only ourselves, but each other. Let us remember that if this financial crisis taught us anything, it's that we cannot have a **thriving** Wall Street while **Main Street suffer**s — in this country, we rise or fall as one nation; as one people.

Let us **resist** the **temptation** to **fall back** on the same **partisanship** and **pettiness** and **immaturity** that has **poison**ed our politics for so long. Let us remember that it was a man from this state who first carried the **banner** of the Republican Party to the White House — a party founded on the values of **self-reliance**, individual liberty, and national unity. Those are values we all share, and while the Democratic Party has won a great victory tonight, we do so with a measure of humility and determination to heal the divides that have held back our progress. As Lincoln said to a nation far more divided than ours, "We are not enemies, but friends... though **passion** may

의 승리는 단지 변화를 만들 수 있는 기회일 뿐입니다. 그리고 우리가 예전의 방식으로 돌아간다면 변화를 이룰 수 없습니다. 여러분 없이는 변화를 이루어낼 수 없습니다.

그러므로 새로운 애국의 정신을 불러일으킵시다(불러일으키다). 우리 각자가 협력하여(협력하다) 더 열심히 일하고 우리 자신뿐만 아니라 서로를 돌봐줄 수 있도록 결심하는 책임감의 정신을 불러일으킵시다. 이번 금융 위기에서 우리가 배운 게 있다면, **실물경제**가 고통에 빠지게(고생하다) 되면 금융경제 또한 번영할(번영하는) 수 없다는 것입니다. 이 나라에서 우리는 같은 국가, 같은 국민으로서 흥망성쇠를 같이 하는 것입니다.

우리의 정시에 오랫동안 해를 끼쳐온(망치다) 예전의 **당파싸움**과 **속 좁음**과 **미성숙**한 상태로 다시 돌아가고자 하는(후퇴하는) **유혹**을 이겨냅시다(저항하다). 공화당의 **기치**를 내걸고 백악관에 처음 입성했던 분은 바로 이 주 출신이었습니다. **자기 신뢰**와 개인의 자유, 그리고 국가의 통합이라는 가치 아래 만들어진 공화당입니다. 그 이념들은 우리 모두가 공유하는 가치입니다. 민주당이 위대한 승리를 거둔 오늘 밤에도 우리는 겸손하고 단호하게 그 가치를 공유할 것입니다. 그리하여 우리의 번영을 가로막았던 분열을 치유할 것입니다. 우리 시대보다 더욱 분열되었던 조국을 향해 링컨은 이렇게 말했습니다. "우리는 적이 아니라 친구입니다… 비록 우리의 **정열**이 사그라질지라도(변형되다), **애정**의 **유대감**이 끊어져서는 안 됩니다." 그리고 아직 저를 지지하지

have **strain**ed it must not break our **bond**s of **affection**." And to those Americans whose support I have yet to earn — I may not have won your vote, but I hear your voices, I need your help, and I will be your President too.

And to all those watching tonight from beyond our **shore**s, from **parliament**s and palaces to those who are **huddle**d around radios in the forgotten corners of our world — our stories are **singular**, but our destiny is shared, and a new **dawn** of American leadership is **at hand**. To those who would tear this world down — we will defeat you. To those who seek peace and security — we support you. And to all those who have wondered if America's **beacon** still burns as bright — tonight we proved once more that the true strength of our nation comes not from our the **might** of our arms or the scale of our wealth, but from the **enduring** power of our ideals: democracy, liberty, opportunity, and **unyielding** hope.

That is the true **genius** of America — that America can change. Our union can be perfected. And what we have already achieved gives us hope for what we can and must achieve tomorrow.

This election had many firsts and many stories that will be

않는 미국인 여러분께 말씀드립니다. 저는 여러분의 표를 얻지 못했습니다. 하지만 저는 여러분의 목소리에 귀 기울이고 있습니다. 저는 여러분의 도움이 필요합니다. 그리고 저는 또한 여러분의 대통령이 되겠습니다.

그리고 **해외**에서, **의회**와 왕궁에서 시청하고 계신 모든 분들과, 세상의 잊혀진 구석에서 라디오 주변에 모여(**몰리다**) 계신 분들께 말씀드립니다. 우리의 이야기는 하나(**유일한**)입니다. 그러나 우리는 운명을 함께하고 있습니다. 미국 리더십의 새로운 **여명**이 **바로 가까이에** 와 있습니다. 세계를 분열시키는 사람들에게 말씀드립니다. 우리는 당신들을 격퇴할 것입니다. 평화와 안전을 추구하는 분들께 말씀드립니다. 우리는 여러분을 지지합니다. 미국의 **횃불**이 여전히 밝게 타오르고 있는지 의심하는 모든 분들께 말씀드립니다. 오늘 밤 우리는 다시 한 번 증명했습니다. 우리 미국의 진정한 힘은 군사**력**이나 부의 규모가 아니라, 우리의 이념이 갖고 있는 **영구적인** 힘에서 비롯됩니다. 즉 민주주의, 자유, 기회, **굳건한** 희망에서 비롯되는 것입니다.

이것이 바로 미국의 참된 **정신**입니다. 즉 미국은 변화할 수 있다는 사실입니다. 우리는 일치단결해서 완벽해질 수 있습니다. 그리고 우리가 지금까지 성취해온 것들이 우리가 할 수 있는 것과 앞으로 해야만 하는 것들에 대한 희망을 우리에게 줍니다.

이번 선거에는 최초로 기록될 사항과 다음 세대에 들려줄 이야깃

told for generations. But one that's on my mind tonight is about a woman who **cast** her **ballot** in Atlanta. She's a lot like the millions of others who stood in line to make their voice heard in this election **except for** one thing—Ann Nixon Cooper is 106 years old.

She was born just a generation past **slavery**; a time when there were no cars on the road or planes in the sky; when someone like her couldn't vote for two reasons—because she was a woman and because of the color of her skin.

And tonight, I think about all that she's seen throughout her century in America—the **heartache** and the hope; the **struggle** and the **progress**; the times we were told that we can't, and the people who pressed on with that American **creed**: Yes we can.

At a time when women's **voices were silenced** and their hopes **dismiss**ed, she lived to see them stand up and **speak out** and reach for the ballot. Yes we can.

When there was **despair** in the **dust bowl** and **depression** across the land, she saw a nation **conquer** fear itself with a New Deal, new jobs and a new sense of common purpose. Yes

거리가 많습니다. 그러나 오늘 밤 제 마음속에 남아 있는 것은 어느 여성에 대한 이야기입니다. 그녀는 애틀란트에서 투표권을 행사했습니다(**투표용지에 투표하다**). 그녀는 이번 선거에서 자신의 목소리를 반영하기 위해 길게 줄을 섰던 수백만의 다른 유권자들과 다를 바 없었습니다. 딱 한 가지만 **빼고** 말입니다. 그녀는 바로 106세 연세의 앤 닉슨 쿠퍼입니다.

그녀는 **노예제**가 폐지된 바로 다음 세대에 태어났습니다. 길에는 자동차도, 하늘에는 비행기도 없던 시절이었습니다. 그 당시 그녀와 같은 사람들은 두 가지 이유로 투표를 할 수 없었습니다. 하나는 여자라는 이유 때문이었고, 다른 하나는 그녀의 피부색 때문이었습니다.

그리고 오늘 밤 저는 한 세기의 생애 동안 미국에서 보았을 모든 일들에 대해 생각해 봅니다. **상심**과 **희망**, **투쟁**과 **진보**, 우리는 할 수 없다는 말을 들었던 시절, 그리고 미국인이라는 **신념** 아래 돌파해 나갔던 사람들에 대해 생각해 봅니다. 그렇습니다. 우리는 할 수 있습니다.

여성들의 목소리가 **침묵을 강요당하고** 그들의 희망이 좌절되었던(**버려버리다**) 시절에 그녀는 그들이 일어나 외치면서(**외치다**) 투표권을 얻는 모습을 보며 살아왔습니다. 그렇습니다. 우리는 할 수 있습니다.

황진지대(黃塵地帶: 1935년 초에 가뭄과 황진으로 황폐해진 미국 중남부에 붙여진 이름 – 옮긴이) 시대와 전국을 휩쓴 **대공황**으로 **절망** 속에 빠져 있을 때, 그녀는 국가가 뉴딜 정책과 새로운 일자리 그리고 공공의 목적이라는 새로

we can.

When the bombs fell on our **harbor** and **tyranny** threatened the world, she was there to **witness** a generation rise to greatness and a democracy was saved. Yes we can.

She was there for the buses in Montgomery, the hoses in Birmingham, a bridge in Selma, and a **preacher** from Atlanta who told a people that "We Shall **Overcome**." Yes we can.

A man touched down on the moon, a wall **came down** in Berlin, a world was connected by our own science and imagination. And this year, in this election, she touched her finger to a screen, and cast her vote, because after 106 years in America, through the best of times and the darkest of hours, she knows how America can change. Yes we can.

America, we have come so far. We have seen so much. But there is so much more to do. So tonight, let us ask ourselves — if our children should live to see the next century; if my daughters should be so lucky to live as long as Ann Nixon Cooper, what change will they see? What progress will we have made?

운 개념으로 두려움을 스스로 정복해(**정복하다**) 나가는 것을 보았습니다. 그렇습니다. 우리는 할 수 있습니다.

폭탄이 진주만에 떨어지고 **군국주의**가 세계를 위협할 때, 그녀는 그곳에서 한 세대가 고귀하게 떨치고 일어나 민주주의를 수호하는 것을 목격했습니다(**목격하다**). 그렇습니다. 우리는 할 수 있습니다.

그녀는 그곳에 있었습니다. 그녀는 몽고메리에서의 버스승차거부 운동, 버밍엄에서 물대포를 발사했던 시위현장, 셀마 다리의 행진, 그리고 애틀랜타 출신의 **목사**가 사람들에게 "우리 극복하리라(**극복하다**)." 하고 외치는 것을 보았습니다. 그렇습니다. 우리는 할 수 있습니다.

인간이 달에 발을 딛고, 베를린 장벽이 무너지고(**무너지다**), 우리의 과학과 상상력을 통해서 세계는 하나로 연결되었습니다. 그리고 올해, 이번 선거에서 그녀는 손가락을 스크린에 대고 투표를 했습니다. 미국에서 106년을 살며 최고의 시간과 가장 어두웠던 순간을 모두 겪었던 그녀는, 미국이 어떻게 변할 수 있는지를 알고 있기 때문입니다. 그렇습니다. 우리는 할 수 있습니다.

국민 여러분, 우리는 이렇게 여기까지 왔습니다. 우리는 너무나 많은 것을 봤습니다. 하지만 해야 할 일들이 여전히 많습니다. 그래서 오늘 밤, 우리 자신에게 질문을 던져봅시다. 우리의 자녀들이 살아서 다음 세기를 보게 된다면, 나의 딸들이 정말 운이 좋아 앤 닉슨 쿠퍼 할머니처럼 오래 산다면, 그들은 어떤 변화들을 보게 될까요? 우리는 어떤 발전을 이룰 수 있을까요?

This is our chance to answer that call. This is our moment. This is our time — to put our people back to work and open doors of opportunity for our kids; to restore prosperity and promote the cause of peace; to **reclaim** the American Dream and **reaffirm** that **fundamental** truth — that out of many, we are one; that while we **breathe**, we hope, and where we are met with cynicism, and doubt, and those who tell us that we can't, we will respond with that timeless creed that **sum**s **up** the spirit of a people:

Yes We Can. Thank you, God bless you, and may God Bless the United States of America.

지금이 바로 우리가 그러한 요구에 응답할 수 있는 기회입니다. 지금이 바로 우리의 순간입니다. 지금이 바로 우리의 때입니다. 지금은 우리 국민들을 일터로 복귀시키고, 우리 아이들에게 기회의 문을 열어줄 때입니다. 번영을 회복하고 평화의 대의를 증진시킬 때입니다. 아메리칸 드림을 되찾고(**되찾다**) **근본적인** 진리를 다시 확인할(**재확인하다**) 때입니다. 그 진리는 그 무엇보다도 우리는 하나라는 사실입니다. 살아 숨 쉬는(**숨을 쉬다**) 동안 우리는 희망을 꿈꾼다는 진리입니다. 냉소주의와 의구심, 그리고 우리가 할 수 없다고 말하는 사람을 만났을 때마다, 우리는 국민의 정신을 하나로 묶는(**응집하다**) 영원불멸의 신념으로 응답할 것이라는 진리입니다.

그렇습니다. 우리는 할 수 있습니다. 감사합니다. 신의 축복이 여러분과 함께하기를, 그리고 미합중국과 함께하기를 기원합니다.

21세기 교육의 비전

(2008.9.9. 데이턴 교육 연설)

Education speech
in Dayton, OH

워싱턴의 대안학교를 방문한 오바마

오바마 특강 | "이번 강의는 2008년 9월 9일 오하이오 주의 데이턴에서 행한 연설로 잡았습니다. 이른바 〈교육 연설〉로 알려져 있는 이번 강의의 내용은 수강생 여러분들에게도 매우 중요한 당면과제 일 수 있습니다. '교육'으로부터 자유로울 수 있는 사람은 거의 존재하지 않기 때문입니다. 여러분들 중에는 학생도 있지만, 자녀들의 학부형도 계십니다. 미혼의 직장인들조차, 소속 기업체나 사설 학원 등을 통해서 끊임없이 교육을 받고 있습니다. 범위를 축소시켜서, 이것 하나만 생각해 보기로 하죠. 그동안 영어교육을 꾸준히 받아온 우리가 아직도 영어를 잘하지 못하는 이유는 무엇일까? 그 해결점 은 무엇일까? 이번 강의를 통해 여러분은 그 해법을 찾을 수 있을 것입니다. 이번 특강은 앞의 강의 보다는 그 난이도가 조금 낮지만 분량은 그와 비슷해서 조금 길게 느껴질 겁니다. 내리막길에 만난 작은 야산이라고 생각하시며 좀 더 분투하시어, 영어교육의 해법을 찾으실 수 있기를 기원합니다!"

"We need a new vision for a 21st century education."

Lecture 7

Education speech in Dayton, OH

Well, it is great to be back. It is wonderful to see all of you.

First of all, I want to say thank you to a wonderful mayor and a great friend, Mayor Ryan McLin. Where's Mayor McLin? There she is, back there. Thank you.

To State **Representative** Clayton Lucky — there he is.

To the **principal** of Stevins High School, Ron Flory.

To Greg — Gregory Tucker. Thank you so much for the wonderful introduction.

And finally, I just want to give a big, **heart-felt** congratulations to all the teachers in the room because — and all the educators in the room, all the **para-professional**s in the room, I thank you for your great work. I think some of you know that my sister's a teacher, so the — I know what you guys

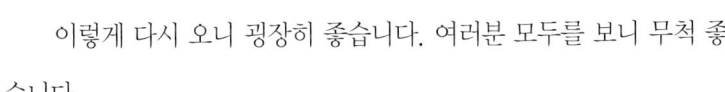

우리는 21세기 교육에 대한
새로운 비전이 필요합니다.

21
세
기

교
육
의

비
전

    이렇게 다시 오니 굉장히 좋습니다. 여러분 모두를 보니 무척 좋습니다.

    먼저, 저는 훌륭한 시장님과 멋진 친구 라이언 맥린 시장님을 모셔온 여러분께 감사드립니다. 맥린 시장님 어디 계시죠? 오셨군요, 저기 뒤에요. 감사합니다.

    클레이튼 러키 주 **하원의원**님... 오셨군요, 감사합니다.

    론 플로리의 스티빈슨 고등학교 **교장선생님**, 감사합니다.

    그레그, 그레고리 터커 씨. 대단히 감사합니다. 훌륭하게 소개해 주셔서요.

    끝으로, 이 교실에 계신 모든 선생님들께 정말 진심으로(**진심에서 우러나오는**) 축하의 말씀을 드리고 싶습니다. 그리고 여기에 계시는 모든 교직원분들과 **예비 교사** 여러분들에게도 훌륭한 일을 하고 계신 것에 감사드립니다. 제 누이가 선생님이라는 것을 몇몇 분은 아시겠지만, 그래서 여러분들이 학기를 준비하기 위한 과정을 어떻게 해나가고

195

have been going through setting up and getting ready for the school year, and we appreciate what you do each and every day because there is no job that is more important.

Yesterday was a special day around my house. It was **back-to-school** day for my girls. We started a little bit late. Sasha started second grade and Malia began fifth grade. I know Malia was really embarrassed when I walked her to the classroom. She had her **locker** with a **combination lock** for the first time and she had gone early to practice, and here her daddy's coming with her to class. but I went anyway because she is daddy's girl and will remain daddy's girl until she's about 30.

So — you know, seeing them back at school was a **reminder** not only that another year had passed and that they're growing up a little faster than I'd sometimes like. I was in Indiana and there was a woman there who raised her hand during a town hall meeting, said she was a fifth-grad teacher. So I said, well, you know, what — can you give me some tips? What's going to happen in fifth grade? And she said, "Boys." And that wasn't the answer I was looking for. So I explained that one of the benefits of running for president is we have **Secret Service** around her at all times and they carry guns with

계시는지 알고 있으며, 이 일보다 중요한 것이 없기에 여러분들이 하는 모든 것에 감사드립니다.

어제는 저희 집에 특별한 날이었습니다. 제 딸들의 새 학기가(신학기의) 시작한 날이었습니다. 저희는 조금 늦게 출발했습니다. 사샤가 2학년이고 말리아가 5학년입니다. 말리아는 제가 교실로 들어가자 무척 당황해 하더군요. 아이는 **번호로 여는 자물쇠**가 달린 **사물함**을 처음 갖게 되어, 연습해 보려고 일찍 갔습니다. 그리고 저는 이곳 교실에 저는 말리아의 아빠로 와 있습니다. 그녀는 아빠의 딸이고, 그녀가 서른살 정도가 될 때까지는 아빠의 딸로 남아 있을 것이기 때문입니다.

여러분도 아시겠지만, 아이들이 학교로 돌아가는 것을 보면, 세월이 흘러 제가 이따금 바라는 것보다는 그들이 좀 더 빠르게 자라고 있음을 상기하게(생각나게 하는 것) 됩니다. 제가 인디애나에 갔을 때, 시민 포럼 중에 손을 들었던 한 여성이 있었습니다. 그녀는 5학년을 맡고 있는 교사라고 했습니다. 저는 제게 조언을 좀 해줄 수 있는지, 5학년 교실에서는 어떤 일이 일어나는지를 그녀에게 물었습니다. 그러자 그녀는 "사내 녀석들이죠."라고 말했습니다. 그것은 제가 얻고자 하는 대답은 아니었습니다. 그래서 제가 대통령 출마의 이점 중의 하나는 그녀 주위에 늘 **비밀경호국**이 있는 것이라고 설명해주었습니다. 그들은 총을 휴대한다고 말입니다. 이것 또한 제가 바라는 것보다는

them. So it was also a reminder that they're growing up a little faster than I'd like. But it was also a reminder of all the other parents who are **drop**ping their children **off** at school and all the other kids who are getting ready for another year of classes.

You know, every four years, we hear candidates talk about the **vital** importance of education; about how improving our schools is key to our future and the future of our country. Every four years, we hear about how, this time, we're going to make it an **urgent** national **priority**. Remember in the 2000 election, when George W. Bush promised to be —I **quote**—the "education president"?

But just as with energy independence and health care, the **urgency** of upgrading public education for the 21st century has been talked **to death** in Washington, but not much has gotten done. And that failure to act has put our nation in **jeopardy**.

I believe the **day of reckoning** is here. Our children and our country can't afford four more years of neglect and **indifference**. At this **defining moment** in our history, America faces few more urgent challenges than preparing our children to compete in a global economy. The decisions our leaders make about education in the coming years will shape our future for

그들이 좀 더 빠르게 나아가고 있음을 상기시킵니다. 하지만, 이것 역시 아이들이 학교에서 퇴학당한(**퇴학당하다**) 모든 부모들의 기억이며, 또 한 해의 수업을 준비하고 있는 모든 아이들의 기억이기도 합니다.

아시다시피, 4년마다, 우리는 대선 후보들로부터 교육의 **결정적 중요성**에 대해 듣습니다. 우리의 미래와 나라의 미래에 중요한 학교가 개선할 점이 무엇인지에 대해서 말입니다. 4년마다 우리는 어떻게 해야 하겠다며, 이번에는 나라의 **시급한 당면 과제**로 다룰 것이라는 말을 듣습니다. 2000년 선거에서 조지 W. 부시 대통령이, 제가 인용해 (**인용하다**) 보면, '교육 대통령'을 공약으로 내세운 거 기억나시죠?

하지만, 이와 마찬가지로 워싱턴 정가에서도 에너지 자립과 건강보험, 그리고 21세기에 공교육을 향상시키기 위한 **긴급함**에 대해 **아주 많이** 언급했지만, 이루어진 것은 많지 않습니다. 그리고 실행을 하지 않아 이 나라를 **위기**로 몰고 갔습니다.

저는 바로 이곳이야말로 **최후의 심판**을 하는 곳이라고 생각합니다. 우리의 아이들과 이 나라는 태만과 **무관심**으로 4년을 더 보낼 여유가 없습니다. 역사적으로 이 **결정적인 시기**에 미국은 세계경제에 경쟁하기 위해 아이들을 준비시키기에 앞서 몇 가지 더 시급한 과제에 직면해 있습니다. 미래의 교육에 대해 결정을 내리는 지도자들은 앞으로 올 세대를 위해 우리의 미래를 만들어 나가야 할 것입니다. 그들은

generations to come. They will help determine not only whether our children have the chance to fulfill their God-given potential or whether our workers have the chance to build a better life for their families, but whether we as a nation will remain in the 21st century the kind of global economic leader that we were in the 20th century.

And the rising importance of education **reflect**s the new **demands** of our new world. In recent decades, revolutions in communications and information technology have **broken down** barriers that once kept countries and markets apart, creating a single, global economy that's more **integrated** and interconnected than ever before. In this economy, companies can plant their jobs wherever there's an Internet connection and someone willing to do the work, meaning that children here in Dayton are growing up competing with children not only in Detroit or Chicago or Los Angeles, but in Beijing and Delhi as well.

What matters, then, isn't what you do or where you live, but what you know. When two-thirds of all new jobs require a higher education or **advanced** training, knowledge is the most **valuable** skill you can sell. It's not only a **pathway** to

아이들이 하나님이 주신 능력을 성취하기 위한 기회를 가지고 있고 근로자들이 그들의 가정을 위해 보다 나은 삶을 만들기 위한 기회를 가질 수 있을지, 우리가 하나의 국가로서 20세기에 세계경제를 주도했던 것처럼 21세기에도 계속 살아남을 수 있을지를 결정하는 데 일조할 것입니다.

점점 더 중요해지는 교육은 새로운 세계에 대한 새로운 **요구 사항**을 반영하고(**반영하다**) 있습니다. 최근 수십 년 동안 통신과 정보 기술의 혁명으로 인해 과거의 국가들과 시장을 갈라놓았던 장벽들이 무너졌으며(**무너지다**), 하나의 단일 경제였던 세계는 예전보다 더 통합되고(**통합된**) 서로 연결되었습니다. 이러한 경제 속에서 기업은 자신의 업무를 계획하여 어느 곳에서든지 인터넷으로 접속할 수 있고 자진해서 일하며, 데이턴에 있는 이곳 아이들이 디트로이트나 시카고 혹은 로스앤젤레스뿐만 아니라 베이징과 델리에 있는 아이들과도 경쟁하며 자라는 것입니다.

이때 중요한 것은, 여러분이 무엇을 하느냐 혹은 어디서 사느냐가 아니라 무엇을 알고 있느냐 하는 것입니다. 우리의 새 직업 중의 3분의 2는 고등 교육을 요하거나 **고도의** 훈련을 요하며, 지식은 여러분이 시장에 내놓을 수 있는 가장 **값비싼** 기술입니다. 이것은 기회를 잡

opportunity, but it's a **prerequisite** for opportunity. Without a good **preschool** education, our children are less likely to keep up with their **peer**s. Without a high school diploma, you're likely to make about three times less than a college graduate. And without a college degree or industry **certification**, it's harder and harder to find a job that can help you support your family and keep up with rising costs.

It's not just that a world-class education is essential for workers to compete and win, it's that an educated **workforce** is essential for America to compete and win. Without a workforce trained in math, science and technology, and the other skills of the 21st century, our companies will innovate less, our economy will grow less, and our nation will be less competitive. If we want to outcompete the world tomorrow, we must out-educate the world today.

Let me be more **specific**. If we want to keep building the cars of the future here in America, then we can't afford to see the number of Ph.D.s in engineering climbing in China, South Korea and Japan even as it's dropped here in the United States. We can't afford a future where our high school students rank near the bottom in math and science among industrialized

는 **통로**일 뿐만 아니라 기회를 준비하기 위해 반드시 **필요한 조건**입니다. 훌륭한 **취학 전의** 교육이 없다면, 우리 아이들은 아마도 **또래**들을 따라가지 못할 것입니다. 고등학교 졸업장이 없다면, 여러분들은 아마 대학졸업을 한 사람보다 세 배는 적게 벌 것입니다. 또 대학 학위나 **자격증**이 없다면, 가족을 부양하고 치솟는 가격에 맞는 직업을 구하기가 더욱더 힘들어질 것입니다.

이것은 세계적 수준의 교육이 직장인들이 경쟁하고 직업을 구하는 데 중요하다는 것이 아니라 교육받은 **노동 인구**가 미국에서 경쟁하고 직업을 구하기 위해서 아주 중요하다는 것입니다. 수학과 과학, 그리고 기술과 21세기에 필요한 또 다른 기술을 교육받은 인력이 없다면, 회사들은 혁신적이지 않으며, 우리 경제는 성장하기 힘들며, 우리나라는 경쟁적이지 못할 것입니다. 우리가 훗날 세계와의 경쟁에서 앞서길 원한다면, 우리는 지금 세계에서 앞선 교육을 해야 합니다.

더 구체적으로(**구체적인**) 말해서, 우리가 이곳 미국에서 미래의 차를 생산하기를 원한다면, 미국에서는 공학박사의 수가 줄어들고 있는데 중국과 한국, 그리고 일본에서는 그 수가 상승하는 것을 보고 감당하기 힘들 것입니다. 우리 고등학교 학생들이 수학과 과학에서 산업국가 중 거의 바닥을 기록하는 한 미래는 없습니다. 그리고 고등학교의 **퇴학률**이 산업국가 중 가장 높은 비율 중의 하나라면 말입니다.

countries, and our high school **drop-out** rate is one of the highest in the industrialized world.

If we want to build a 21st century infrastructure and repair our crumbling roads and bridges, we can't afford a future where a third of all fourth graders and a fifth of all eighth graders can't do basic math, and black and Latino students are even further behind; a world where elementary school kids are only getting an average 25 minutes of science each day when over 80 percent of the fastest-growing jobs require some knowledge in math and science.

If we want to see middle-class incomes rising like they did in the 1990s, we can't afford a future where so many Americans are priced out of college; where only 20 percent of our students are prepared to take college-level English, math and science; where millions of jobs are going **unfilled** because Americans don't have the skills to work them; and where barely one in 10 low-income students will ever get their college degree.

That kind of future is economically **untenable** for America. It is morally unacceptable for our children. And it is not who we are as a nation. And that's one of the reasons I'm

우리가 21세기형 인프라를 구축하고 우리의 무너진 도로와 교량을 고치기를 원한다면, 우리의 4학년 전체 학생 중 3분의 1과 8학년 전체 학생 중 5분의 1이 기초 수학을 하지 않는 한 미래는 주어지지 않을 것입니다. 흑인과 라틴계 학생들이 더 뒤처져 있다면 말입니다. 초등학교 아이들이 매일 평균 25분 과학을 배우는 세상이며, 빠르게 성장하고 있는 직업 중에서 80퍼센트 이상이 과학과 수학의 지식을 필요로 한다는 것입니다.

　　우리가 1990년대처럼 중산층의 수입이 증가하는 것을 보고 싶다면, 많은 미국인들이 대학을 중퇴하는 희생을 치르는 한 미래는 있을 수 없습니다. 우리 학생들의 20퍼센트만이 대학 수준의 영어와 수학, 그리고 과학 수업을 받기 위해 준비한다면 말입니다. 또 수백만의 일자리가 회사에서 요하는 기술을 우리가 갖고 있지 않아 채워지지 않는다면(차지 않은) 말입니다. 그리고 10명의 저소득층 학생들 중 겨우 1명만이 대학 학위를 받는다면 말입니다.

　　그러한 미래는 경제적으로 미국을 지킬 수 없습니다(지킬 수 없는). 그러한 미래는 도덕적으로 우리 아이들을 수용하기 어렵습니다. 한 국가로서 우리는 그런 곳에 있지 않아야 합니다. 그것이 제가 미합

running for president of the United States of America.

We are a nation that's always renewed our system of education to meet the challenges of a new time. There is the last president from Illinois, Lincoln, created the **land grant** colleges to ensure the success of the **union** he was fighting to save. Generations of leaders built **mandatory** public schools to prepare our children for the changing needs of our nation. And Eisenhower doubled federal investment in education after the Soviets **beat** us to space. That's the kind of leadership we must show today.

But that's not the leadership we've been getting from Washington. For decades, **folks** in Washington have been **stuck in** the same tired debates over education that have **cripple**d our progress and left schools and parents to **fend for themselves**. It's been Democrat **versus** Republican, **voucher**s versus **the status quo**, more money versus more reform. There's **partisanship** and there's **bicker**ing, but there's no understanding that both sides have good ideas that we'll need to **implement** if we hope to make the changes our children need. And we've fallen further and further behind as a result.

If we're going to make a real and lasting difference for our

중국의 대통령으로 출마하는 이유 중 하나입니다.

　이 나라는 항상 새 시대의 과제를 충족하기 위해 교육 시스템을 새롭게 해야 합니다. 일리노이 주 출신의 마지막 대통령이었던 링컨은 노예해방 전쟁을 치르면서 **북군의 승리를 확보하기 위해 랜드그랜트 칼리지**(무상불하토지 자금으로 세운 고등교육기관 – 옮긴이)를 만들었습니다. 그 세대의 리더들은 이 나라의 변하는 요구에 부응하여 아이들을 준비시키기 위해 의무적으로(**의무적인**) 공립학교를 세웠습니다. 그리고 아이젠하워 대통령은 소련이 우주에서 앞지르자(**앞지르다**) 교육에 대한 연방 정부의 투자를 두 배로 늘렸습니다. 그렇게 리더십은 바로 이런 것이라는 것을 우리는 지금 보여줘야 합니다.

　리더십은 워싱턴 정가에서 나오는 것이 아닙니다. 수십년간, 워싱턴 정가에 있는 **사람들**은 교육에 대해 똑같은 진부한 토론을 붙들고 늘어졌으며(**매달리다**) 우리의 진보를 막고(**힘을 없애다**) 학교와 부모가 혼자 힘으로 꾸려가도록(**자활하다**) 했습니다. 그것은 민주당 **대** 공화당의 대결이었으며, **바우처**(부모의 선택에 따라 자녀를 학군 밖의 사립학교에 보낼 수 있는 제도 – 옮긴이) 대 **현상유지**의 대결이었으며, 더 많은 영수증 대 더 많은 개혁의 대결이었습니다. **당파심**과 **말다툼**만 존재했으며, 우리 아이들이 필요한 변화를 만들고자 한다면 반드시 실행해야(**실행하다**) 하는 좋은 생각에 대한 양당은 어떤 이해도 없었습니다. 그 결과 우리는 더욱더 후퇴했던 것입니다.

　우리가 우리의 미래에 대해 현실적이며 지속적인 차이를 만들고

future, we have to be willing to move beyond the old arguments of left and right and take meaningful, practical steps to build an education system worthy of our children and our future. We have to.

In the past few weeks, my **opponent**, John McCain, has **taken to** talking about the need for change and reform in Washington where he has been part of the scene for about three decades. And — this is important to understand — in those three decades, he has not done one thing to truly improve the quality of public education in our country. Not one real **proposal** or law or **initiative**. Nothing.

Instead, he marched with the **ideologue**s in his party in opposing efforts to hire more teachers and expand **Head Start** and make college more affordable. You don't reform our schools by opposing efforts to fully fund No Child Left Behind. And you certainly don't reform our education system by calling to close the Department of Education which would just make it harder for us to **give out** financial aid, harder for us to **keep track of** how our schools are doing, and lead to widening **inequality** in who gets a college degree.

That's not my idea of reform. That's not my idea of

싶다면 우리는 기꺼이 나아가 좌파와 우파에 대한 낡은 논쟁을 뛰어넘어 우리 아이들과 우리의 미래에 대한 가치 있는 교육 시스템을 구축하기 위해 뜻있고 실용적인 조처를 취해야 합니다. 우리는 그렇게 해야만 합니다.

지난 몇 주 동안, 저의 **상대** 후보 매케인은 변화와 워싱턴 정가의 개혁의 필요성에 대한 토론에 몰두했습니다(**몰두하다**). 워싱턴에서 그는 30년 정도 그 현장에 있었던 당사자였습니다. 그가 30년 동안이나 있었다는 사실을 아는 것은 중요합니다. 그는 이 나라 공교육의 질을 진정으로 개선하기 위해 한 게 아무것도 없습니다. 진정한 **안건**이나 법 혹은 의안을 제출한(**의안 제출**) 것도 없습니다. 전혀 없습니다.

대신 그는 더 많은 교사들을 채용하고 **헤드 스타트**(경제적·사회적으로 불리한 입장에 있는 미취학 아동을 지원하는 프로그램 – 옮긴이)를 신장하고 대학을 좀 더 안정적으로 하는 데 반대하는 공화당의 **이론가**들과 함께 했습니다. 그는 '낙오학생방지법' 기금에 전적으로 반대함으로써 학교를 개혁하지 않았습니다. 그는 교육부를 폐쇄하려 함으로써 우리의 교육 시스템을 확실히 개혁하지 않았습니다. 그렇게 함으로써, 우리가 금융 지원을 할당하기(**할당하다**) 힘들게 하였고, 우리가 학교의 현실을 따라잡기(**놓치지 않고 따라가다**) 힘들게 해서, 결국은 대학 졸업장을 받은 사람들과의 **격차**가 벌어지게 만들었습니다.

그것은 제가 하려는 개혁이 아닙니다. 그것은 제가 하려는 변화

change. That is not a plan to help your kids compete with those kids in China and India.

After three decades of indifference on education, do you really believe that John McCain is going to suddenly **make a difference** now?

John McCain doesn't get it. He doesn't understand that our success as a nation depends on our success in education and our success in public education. That's something I do understand.

We need a full-throated **commitment** to public education. And that's why, last November, I proposed an education **agenda** that moves beyond party and ideology, and focuses instead on what will make the most difference in a child's life.

My plan calls for giving every child a world-class education from the day they're born until the day they graduate from college. It's a plan that starts with investing in early childhood education because we know that children in these programs are more likely to score higher in reading and math, and because they start school prepared they are able to keep up. They don't **fall behind**. They are more likely to graduate high school and attend college. They're more likely to hold a job and earn more in that job. So that's a key **component** of the plan:

는 아닙니다. 그것은 중국과 인도의 아이들과 경쟁하려는 여러분의 아이들을 돕는 계획이 아닙니다.

30년 동안 교육에 대해 무관심했는데, 정말 매케인이 지금 갑자기 달라지리라고(차이가 생기다) 생각하십니까?

존 매케인은 하지 못합니다. 그는 한 국가의 성공이 교육에 달려 있고 우리의 성공이 공교육에 달려 있다는 사실을 이해하지 못하고 있습니다. 그것이 제가 정말 알고 있는 것입니다.

우리는 공교육에 최대한 **몰두**해야 합니다. 이것이 바로 지난달 11월에 제가 당과 이데올로기를 넘어서서 교육 **안건**을 제안하고, 그리고 아이들의 삶 속에서 가장 차별이 없는 것이 무엇인지에 집중한 것입니다.

저의 계획은 모든 아이들이 태어나는 그 날부터 대학을 졸업할 때까지 세계적 수준으로 교육하는 것입니다. 이 계획은 조기교육의 투자로부터 시작됩니다. 우리는 이 프로그램을 받은 아이들이 읽기와 수학에서 높은 점수를 받을 것이라는 것을 알기 때문입니다. 그들이 따라갈 수 있게 준비된 학교에서 시작하기 때문입니다. 그런 아이들은 뒤처지지 않습니다(뒤지다). 그런 아이들은 고등학교를 졸업하고 대학에 들어갈 것입니다. 그런 아이들은 직업을 얻고 더 많은 봉급을 받을 것입니다. 그것이 이 계획의 중요한 **요소**입니다. 조기 교육에 투자함으로써 **학력차**를 줄이는 것입니다. 이것은 대학 학위를 원하는 사람은

closing the **achievement gap** by investing in early childhood education. It's also a plan that will finally put a college degree within reach for anyone who wants one by providing a $4,000 **tax credit** to any middle-class student who's willing to serve their community or their country. We have to make sure that every young person can afford to go to a public college or a university if they've got the will, if they've got the grades.

Now, part of the plan also calls for **fix**ing the broken promises of No Child Left Behind. I've said this before. I believe that the goals of this law were the right ones. We all want high standards. We all want a world-class education. We all want highly qualified teachers in the classroom. Making a promise to educate every child with an excellent teacher is right. Closing the achievement gap that exists in too many cities and rural areas is right. More accountability is right. Higher standards are right.

But I'll tell you what's wrong with No Child Left Behind: forcing our teachers, our principals and our schools to accomplish all of this without the resources they need is wrong. Promising high-quality teachers in every classroom and then leaving the support and the pay for those teachers behind is

누구나 받을 수 있게 하는 계획이기도 합니다. 중산층 학생들에게 4천 달러의 **세금공제** 혜택을 제공함으로써 말입니다. 그들은 기꺼이 지역사회와 나라에 공헌할 것입니다. 모든 젊은이가 의지만 있다면, 그들이 점수만 된다면, 공립대학이나 대학에 진학할 수 있도록 확실히 도와줘야 합니다.

 이 계획의 일부는 또한 '낙오학생방지법' 의 지켜지지 않은 약속이 해결될 수(고치다) 있기를 요구하는 것입니다. 제가 앞에서도 말씀드렸듯이, 저는 이 법안의 목적이 옳았다고 생각합니다. 우리는 모두 높은 수준을 원합니다. 우리는 모두 세계적인 수준을 원합니다. 우리는 모두 교실에서 상당한 자격을 갖춘 교사들을 원합니다. 모든 아이들이 우수한 교사와 함께 교육받도록 약속하는 것이 옳습니다. 너무도 많은 도시와 시골 지역에 존재하는 학력차를 좁히는 것은 옳습니다. 더 많은 책임을 지는 것이 옳습니다. 더 높은 수준을 갖추는 것이 옳습니다.

 하지만 '낙오학생방지법' 에 무엇이 잘못되었는지 말씀드리겠습니다. 우리가 필요한 자원도 없이 이 모든 것을 성취하기 위해 교사들과 교장선생님들에게 집중하는 것은 잘못된 것입니다. 모든 교실에서 질 높은 교사들을 기대하면서 지원을 방치하고 교사들의 월급 지불을 미루는 것은 잘못된 것입니다. 학교와 학생들을 어느 날 실패했다고

wrong. Labeling a school and its students as failures one day and then throwing your hands up and walking away from them the next is wrong.

And don't tell us that **the only** way to teach a child is to spend most of the year preparing him to fill in a few bubbles on a standardized test. I don't want teachers to the test. I don't want them **uninspire**d and I don't want our students **uninsp**ired. So what I've said is we will measure and hold accountable **performance**, but let's help our teachers and our principals develop a curriculum and **assessment**s that teach our childrens to become not just good test-takers. We need assessments that can improve achievement by including the kinds of research and scientific investigation and problem-solving that our children will need to compete in a 21st century knowledge economy. And we have to make sure that subjects like art and music are not being **crowd**ed **out** of the curriculum. And that's what we will do when I'm president of the United States.

So we must fix the failures of No Child Left Behind. We must provide the funding that **school district**s were promised, and give our states the resources they need to finally meet their commitment to special education. But Democrats — I'm

낙인찍어 놓고서는 손길을 끊고서는 그들 곁에서 사라지는 것은 잘못된 것입니다.

아이들을 가르치는 **최상의** 길이 규격화된 시험에 거품을 약간 채워 그들을 준비시키며 대부분의 세월을 보내는 것이라고 말하지 마십시오. 저는 교사들이 시험에 나오는 것을 가르치기 바라지 않습니다. 교사들이 독창적이지 않는 것을 원치 않으며, 학생들이 **독창적이지 않는** 것을 바라지 않습니다. 제가 말하고자 하는 것은 우리는 **평가**하고 **성과**에 책임을 질 것이지만, 교사와 교장선생님들이 아이들이 단지 좋은 성적을 받는 사람이 아닌 사람으로 가르치는 교과과정과 평가를 개발하도록 돕는 것입니다. 21세기 지식 경제에서 겨루어야만 하는 아이들이 연구와 과학적 조사와 문제를 해결하는 것들을 포함한, 학업이 향상될 수 있는 평가서가 필요합니다. 확실히 미술과 음악 같은 과목이 교과과정에서 내쫓기는(**내쫓다**) 일이 없어야겠습니다. 그것이 바로 제가 미합중국의 대통령이 되면 하려고 하는 일입니다.

우리는 '낙오학생방지법'이 실패한 점을 개선해야만 합니다. 우리는 **학군**에 약속하는 기금을 내놓아야 하며, 주는 학교가 결국에는 특수교육에 헌신할 수 있도록 하는 자원을 내놓아야 합니다. 하지만 이번에는 민주당에 말씀드리겠습니다. 민주당은 '낙오학생방지법' 개

speaking to Democrats now — have to realize that fixing No Child Left Behind by itself is not enough to prepare our children for a global economy. Being against No Child Left Behind is not an education policy.

We need a new vision for a 21st century education — one where we aren't just supporting existing schools, but **spur**ring innovation; where we're not just investing more money, but demanding more reform; where parents take responsibility for their children's success; where our schools and our government are accountable for results; where we're recruiting, **retain**ing and rewarding an **army of** new teachers; and where students are excited to learn because they're attending schools of the future; where we expect all our children not only to graduate from high school, but to graduate college and get a good-paying job. So that's the vision that we have to work towards.

And it's time to ask ourselves why other countries are **outperforming** us in education, because it's not that their kids are smarter than ours; it's that they're being smarter about how to educate their kids. They're spending less time teaching things that don't matter and more time teaching things that do. Their students — hear me, now — are spending more time in

선 그 자체만으로는 아이들이 글로벌 경제를 준비하는 데 충분치 않다는 것을 알아야 합니다. '낙오학생방지법'에 반대하는 것은 교육정책이 아니기 때문입니다.

우리는 21세기 교육에 대한 새로운 비전이 필요합니다. 단지 기존의 학교에 지원하는 게 아니라 개혁에 박차를 가하는(**박차를 가하다**) 학교에 지원하는 교육 말입니다. 단지 더 많은 돈을 투자하는 게 아니라 더 많은 개혁을 요하는 교육 말입니다. 부모들이 자신의 아이들의 성공에 대해 책임을 지는 교육 말입니다. 학교와 정부가 그 결과에 책임지는 교육 말입니다. 많은(**무리**) 새로운 교사들을 채용하고 확보하고(**확보하다**) 보상하는 교육 말입니다. 그리고 학생들이 미래의 학교에 다녀서 배우는 게 신나는 교육 말입니다. 모든 아이들이 고등학교를 졸업할 뿐만 아니라 대학을 졸업하여 좋은 보수를 받는 직업을 갖는 교육 말입니다. 그것은 우리가 열심히 추구해야 할 비전입니다.

이제 다른 나라들이 교육면에서 우리보다 기량이 왜 뛰어난지를 (**~보다 기량이 뛰어나다**) 우리 스스로에게 물어보아야 할 때입니다. 그들의 아이들이 우리 아이들보다 뛰어나서가 아닙니다. 아이들에게 하는 그들의 교육 방법이 더 현명하기 때문입니다. 그들은 중요하지 않는 것을 가르치는 데 시간을 덜 소비하며 중요한 것을 가르치는 데 시간을 더 많이 소비합니다. 보십시오. 지금 그들의 아이들은 학교에 더

school and they're setting higher **expectation**s. That's what we need to be doing, because America isn't a country that accepts second place. We don't accept second place or third place or 19th place.

When I'm president, we'll fight to make sure we're once again first in the world when it comes to high school graduation rates. We're going to push our children to study harder and aim higher. I've worked with Republican Senator Jim DeMint on a bill that would challenge high school students to take college-level courses and make sure low-income neighborhoods and rural communities have access to those courses, and I'll make it **the law of the land** when I'm president. And we're also going to set a goal of increasing the number of high school students taking college-level or **AP course**s by 50 percent in the coming years because I believe that when we challenge our kids to succeed, they will succeed.

You know, a while back, I was talking to a close friend of mine, Arne Duncan, who runs the Chicago public school system, and he was explaining how he'd managed to increase the number of kids taking and passing AP courses in Chicago over the last few years. And I asked him, how did he do it?

많은 시간을 들이며 그들은 더 높은 **가능성**을 준비하고 있습니다. 이것이 우리가 해야 하는 것입니다. 미국은 2등을 허용하는 나라가 아니기 때문입니다. 우리는 2등이나 3등, 아니 19등을 허용하는 나라가 아닙니다.

제가 대통령이 되면, 우리의 고등학교 졸업률이 세계에서 1위가 되기 위해 다시 한 번 확실하게 싸울 것입니다. 우리는 우리의 아이들이 더 열심히 공부하고 더 높은 목표를 갖도록 끌어주어야 합니다. 저는 공화당 상원의원인 짐 드민트와 함께 고등학교 학생들이 대학 수준의 수업을 들을 수 있고 저임금을 받는 지역과 시골 지역 사회가 그 수업을 이용할 수 있도록 하는 법안에 동참했습니다. 제가 대통령이 되면 그것을 **국법**으로 통과시킬 것입니다. 또한 우리는 고등학교 학생들이 대학 수준이나 수년 내에 **AP 코스**(대학수준의 수업으로 AP 시험에 합격하면 대학에서 학점을 인정받을 수 있음. 명문대학은 입학시 AP 코스를 많이 택한 학생들을 선호함 – 옮긴이)를 50퍼센트까지 들을 수 있도록 그 수를 늘이기 위한 목표를 정할 것입니다. 아이들이 성공할 때까지 우리가 도전한다면, 그들이 성공할 것이라고 믿기 때문입니다.

여러분도 아시겠지만, 얼마 전 제 친한 친구 안 덩컨과 대화를 나눴는데, 그는 시카고의 교육기관에서 일하고 있습니다(시카고 교육감으로 일하던 안 덩컨은 오바마 내각에 교육부장관으로 발탁된다 – 옮긴이). 그는 아이들이 지난 몇 년 동안 시카고에서 AP 코스를 듣고 합격하는 수가 어떻게 늘었는지에 대해 설명해 주었습니다. 제가 그 친구에게 어떻게 했는지를 물

What he said was, our kids aren't smarter than they were three years ago; it's just our expectations for them are just higher. Well, I think it's time we raised expectations for our kids all across this country, and that's what we'll do when I'm president of the United States of America, raise expectations and give schools the resources to meet them.

Second thing we need to do is to make sure that we're preparing our kids for the 21st century economy by bringing our school system into the 21st century. Part of what that means is **foster**ing the kinds of schools that will help prepare our children, which is why I'm calling for the creation of **innovative** — an Innovative Schools Fund. An Innovative Schools Fund. This fund will invest in schools like the Austin Polytechnical Institute, which is located in a part of Chicago that's been hard hit by the decline in manufacturing over the past few decades. And thanks to a partnership with a number of companies, a curriculum that prepares students for a career in engineering, and a requirement that students graduate with at least two industry certifications, Austin Polytech is bringing hope back to the community. That's the kind of model we'll **replicate** across the country when I'm president of the United States.

었습니다. 그의 대답은 그 아이들이 3년 전에 비해 머리가 좋아진 건 아니라는 것이었습니다. 그렇습니다. 이 나라 전역의 모든 아이들에 대한 기대감을 높일 때입니다. 그것이 제가 미합중국의 대통령이 되면 할 일입니다. 기대를 높이고 그것을 충족시킬 학교와 자원을 지원해 주는 것 말입니다.

두 번째로 우리가 해야 할 일은 우리 아이들을 21세기 경제에 맞추어 확실히 준비시키는 것입니다. 학교 시스템을 21세기로 만들어서 말입니다. 그것이 일정 부분 의미하는 것은, 우리 아이들을 준비시키는 다양한 학교를 육성하는(**육성하다**) 것입니다. 그렇기 때문에 **혁신적인 창설**, 즉 교육개혁기금을 요구하는 것입니다. 교육개혁기금 말입니다. 이 기금은 오스틴공과대학 같은 학교에 투자할 것입니다. 이곳은 시카고 지역에 위치해 있는데 지난 몇십 년 동안 제조업 감소로 힘들었던 곳입니다. 그리고 많은 회사들과 공학을 직업으로 하는 학생들을 준비하는 교과과정, 그리고 적어도 두 가지 자격증을 따야 하는 졸업 요건 덕분에, 오스틴 공대는 지역사회에 다시 희망을 가져다주고 있습니다. 이 학교는 제가 미합중국 대통령이 되면 전국적으로 따라해야 할(**복제하다**) 모델입니다.

Now, giving our parents real choices about where to send their kids to school also means showing the same kind of leadership at the national level that I did in Illinois, when I passed a law to double the number of public **charter school**s in Chicago. Keep in mind that John McCain will say he's arguing for choice by allowing money and students to drain out of the public schools. I believe in public schools. But I also believe in fostering competition within the public schools. And that's why, as president, I'll double the funding for responsible charter schools.

But I also know you've had a tough time with for-profit charter schools here in Ohio, and that is why I'll work with Governor Strickland to hold for-profit charter schools accountable, and I'll work with all our nation's governors to hold all our charter schools accountable. Charter schools that are successful will get the support they need to grow; charters that aren't will get shut down. I want experimentation, but I also want accountability. And we'll help ensure that more of our kids have access to quality after-school and summer school and extended school days for students who need it, because if they can do that in China, then we can do that right here in the

이제 우리 부모님들에게 아이들을 어느 학교에 보낼지에 대한 현실적 선택권을 주는 것은 또한 제가 일리노이 주에서 행했던 똑같은 리더십을 국가적 차원으로 보여주는 것을 의미합니다. 그 당시 저는 시카고에 있는 공립 **차터스쿨**(기존의 교육과는 차별화된 대안 학교의 일종. 일반 공립학교에 비해 자율성을 보장받음 – 옮긴이)의 수를 두 배로 하는 법안을 통과시켰습니다. 이 점을 유념하십시오. 존 매케인이 공립학교를 배출시키기 위해 돈과 학생들을 허가하는 선택권에 대해 논의하고 있다고 말하는 것에 말입니다. 저는 또한 공립학교들을 믿습니다. 그렇기 때문에 제가 대통령이 되면, 책임 있는 차터스쿨들에 대한 기금을 두 배로 늘릴 것입니다.

하지만 여러분은 이곳 오하이오에서 영리추구를 목적으로 하는 차터스쿨들로 인해 힘들었을 것입니다. 그래서 저는 영리추구를 목적으로 하는 차터스쿨들이 책임을 갖도록 하기 위해 스트릭랜드 주지사와 함께 일할 것이며, 우리 나라 모든 차터스쿨들이 책임을 갖도록 하기 위해 주지사들과 함께 일할 것입니다. 성공하고 있는 차터스쿨들은 성장할 수 있도록 지원할 것이며 그러지 못한 학교들은 폐쇄될 것입니다. 그리고 더 많은 아이들이 질적인 방과후 프로그램과 여름학교를 이용하도록 할 것이며, 필요한 학생들에게는 수업 수를 늘릴 것입니다. 중국에서도 할 수 있는 것이라면 바로 이곳 미합중국에서도 할 수 있습니다.

United States of America.

As we bring our school system into the 21st century, we also have to bring our schools into the 21st century, because while technology has transformed just about every aspect of our lives — from the way we travel to the way we communicate to the way we look after our health — one of the places where we've failed to seize its full potential is in the classroom.

Imagine a future where our children are more motivated because they aren't just learning on blackboards, but on new whiteboards with digital touch screens; where every student in a classroom has a laptop at their desk; where they don't just do book reports but design PowerPoint presentations; where they don't just write papers, but they build websites; where research isn't done just by taking a book out of the library, but by e-mailing experts in the field; and where teachers are less a source of knowledge than a coach for how best to use it and obtain knowledge. By fostering innovation, we can help make sure every school in America is a school of the future.

And that's what we're going to do when I'm president. We will help schools **integrate** technology into their curriculum so we can make sure public school students are **fluent** in the

21세기 교육의 비전

　우리의 학교 시스템을 21세기로 이끌면서, 우리는 또한 우리의 학교를 21세기로 이끌어야 합니다. 기술이 우리의 모든 직업을 바꾸어놓았기 때문입니다. 우리가 이동하는 방식부터 우리가 이야기 나누는 방식과 우리의 건강을 돌보는 방식까지 말입니다. 우리가 충분한 가능성을 이해하지 못한 곳 중의 하나가 교실입니다.

　아이들이 단지 칠판에서 배울 뿐만 아니라 디지털 접촉식 화면을 통해 새로운 전자 화이트보드에서 공부함으로써 더 많은 동기부여가 되는 미래를 그려봅니다. 교실에 있는 모든 학생들이 책상에 노트북을 갖추게 되는 미래 말입니다. 아이들이 단지 종이로 리포트를 작성할 뿐만 아니라 파워포인트로 발표하는 미래 말입니다. 아이들이 숙제를 단지 쓸 뿐만 아니라 웹사이트로 작성하는 미래 말입니다. 도서관에서 단지 책을 빌릴 뿐만 아니라 현장 전문가로부터 이메일로 받는 미래 말입니다. 그리고 교사들이 지식의 공급원이 아니라 지식을 이용하고 얻는 최상의 코치가 되는 미래 말입니다. 개혁을 촉진함으로써, 우리는 미국의 모든 학교가 미래의 학교가 되도록 확실하게 도울 것입니다.

　이것이 바로 제가 대통령이 되면 할 일입니다. 우리는 학교가 교과과정을 과학기술로 통합하도록(**통합된**) 할 것입니다. 그래서 공립학교 학생들이 21세기 경제의 디지털 언어를 거침없이(**거침없는**) 구사할

digital language of the 21st century economy. We'll teach our students not only math and science, but teamwork and critical thinking and communication skills, because that's how we'll make sure they're prepared for today's workplace.

But no matter how many choices we're giving our parents or how much technology we're using in our schools or how tough our classes are, none of it will make much difference if we don't also recruit, prepare and retain **outstanding** teachers. Because from the moment a child enters a school, the most important factor in their success is the person standing at the front of the classroom.

And that's why I proposed last year a new Service Scholarship program that will **recruit** top talent into the profession, and place these new teachers in **overcrowded** districts and struggling rural towns, or hard-to-staff subjects like special education, in schools across the nation. To prepare these new teachers, I'll create more Teacher **Residency** Programs that will **build on** a law I recently passed and train 30,000 high-quality teachers a year, especially in math and science. To support our teachers, we'll expand mentoring programs that pair experienced, successful teachers with new

수 있도록 할 것입니다. 우리는 학생들에게 단순히 수학과 과학만 가르치는 게 아니라 협동작업과 비판적 사고, 그리고 의사소통 기술을 가르칠 것입니다. 그렇게 하는 것이 아이들이 시대가 요구하는 직장을 확실하게 준비하게 하는 방법이기 때문입니다.

하지만 부모들에게 주는 선택권이 많고 학교에서 사용하는 기술이 많거나 수업이 힘들지라도, 우리가 **우수한** 교사들을 채용하거나 준비하고 보유하지 못한다면, 달라지는 게 별로 없을 것입니다. 아이들이 학교에 들어가는 순간부터 성공의 가장 중요한 요인은 교실 앞에서 계시는 분이기 때문입니다.

그렇기 때문에 저는 지난해 새 공공장학 프로그램을 제안했던 것입니다. 그것은 최고의 능력을 지닌 전문직 종사자들을 채용하여(**채용하다**) **인구가 밀집되어 있는** 지역과 오지에 새 교사들을 배치하는 것입니다. 또한 전국의 학교에 특수 교육과 같은 힘든 과목들을 개설하는 것입니다. 이와 같은 새 교사들을 준비하기 위해, 저는 교사**연수** 프로그램을 더 많이 개설할 것입니다. 그 프로그램은 제가 최근에 통과시킨 법안에 바탕을 둔(**바탕으로 하다**) 것인데, 특히 수학과 과학 과목에서 1년 동안 3만 명의 질 높은 교사들을 연수시키는 것입니다. 교사들을 지원하기 위해 우리는 신규 채용 교사와 경험이 많고 성공한 교사를 둘로 묶는 멘토링 프로그램을 늘여나갈 것입니다.

recruits.

And when our teachers succeed in making a real difference in our children's lives, we should reward them for it by finding new ways to increase teachers' pay that are developed with teachers, not imposed on them. We can do this. From Prince George's County in Maryland to Denver, Colorado, we're seeing teachers and school boards coming together to design performance pay plans.

So yes, we must give every teacher the tools they need to be successful. But we also need to give every child the **assurance** that they'll have the teacher they need to be successful. And that means setting a firm standard not based on a single, **high-stakes standardized** test, but based on **assessment**s developed with teachers and **educator**s so that teachers have confidence that they are being judged effectively based on their own tools that they put together with their peers.

Now, one of the things that we're going to have to do — and this is something that I know sometimes is difficult — but teachers who are doing a poor job, they've got to get extra support. But if they don't improve, then they have to be replaced — because as good teachers **are the first to** tell you, if

그리고 우리 교사들이 아이들의 삶에서 실제 효과를 보는 데 성공할 때, 우리는 교사들에게 그에 따른 보상을 해줄 것입니다. 그들에게 임의로 지급하는 게 아니라, 교사들과 함께 상의하여 발전시킨 새 방식을 찾아서 그들의 봉급을 인상해 주는 식으로 말입니다. 메릴랜드의 프린스 조지 카운티에서 덴버와 콜로라도까지, 우리는 교사와 교육위원들을 만나서 성과급 계획을 함께 설계해 나갈 것입니다.

그렇습니다. 우리는 모든 교사들에게 성공에 필요한 도구들을 주어야 합니다. 하지만 우리는 또한 모든 아이들에게 성공에 필요한 교사들을 만날 **확신**을 심어주어야 합니다. 그것은 오로지 단 하나의, **이것 아니면 저것 식의** 틀에 박힌 **정형화된** 시험에 의한 것이 아니라 교사와 **교육 전문가**가 함께 개발한 **평가**에 의한 엄격한 기준을 마련하는 것을 의미합니다. 그렇게 하면 교사들은 동료들과 함께 개발한 그들만의 도구에 의해 효과적으로 평가받고 있다는 자신감을 갖게 될 것입니다.

이제 우리가 해야 할 일들 중의 하나는 그것이 힘들다는 것을 제가 종종 깨닫곤 하는 것입니다. 하지만 실력이 부족한 교사들은 별도의 지원을 받아야만 합니다. 그들이 개선되지 않는다면, 교체해야만 합니다. 훌륭한 교사들을 먼저 말씀드려야 하기(먼저 ~하다) 때문에, 우리가 최고의 교사들을 채용하면(끌어들이다), 교직을 감당해내지 못

we're going to **attract** the best teachers to the profession, then we can't **settle for** schools filled with teachers that aren't up to the job. That is just something that we're going to have to — we have to **embrace**.

Now, I know this sounds like a lot, but we can do it all. We can increase the number of students taking college-level courses. We can expand innovation and school choice. We can invest in the schools of tomorrow. And we can put a quality teacher in every classroom. And you know what? We can do all of this for the cost of just a few days in Iraq. We can do it. We'll pay for that cost by carefully **wind**ing **down** the war in Iraq, by ending no-bid contracts, by **eliminating** wasteful spending. So we'll make these investments, but we'll do it without **mortgaging** our children's future on an even larger amount of debt. We'll do it responsibly.

This leads me to my final point. As president, I will lead a new era of accountability in education. But see, I don't just want to hold our teachers accountable; I want to hold our government accountable. I want you to hold me accountable. And that's why every year I'm president, I will report back to you on the progress our schools are making because it's time to

하는 교사들로 채워진 학교를 마지못해 받아들이는(**마지못해 받아들이다**) 일은 없을 것입니다. 이것이 바로 우리가 해야 하는 일이며, 채택해야만(**채택하다**) 하는 일입니다.

이제, 이 일들이 많게 느껴지지만, 우리는 모두 해낼 수 있습니다. 우리는 대학 수준의 수업을 받는 학생 수를 늘릴 것입니다. 우리는 개혁과 학교 선택권을 확대할 것입니다. 우리는 내일의 학교들에 투자할 것입니다. 그리고 우리는 교실마다 질 높은 교사들을 둘 것입니다. 그리고 여러분 이거 아십니까? 우리는 이라크에 단지 2, 3일 들어가는 비용이면 이 모든 것을 할 수 있다는 것을요. 우리는 할 수 있습니다. 우리는 이라크의 전쟁을 단계적으로 축소하고(**단계적으로 축소하다**) 조건 없이 종결짓고 낭비했던 비용을 줄임으로써(**제거하다**) 그렇게 할 것입니다. 우리는 그렇게 투자할 것입니다. 하지만, 우리는 엄청난 빚이 들어갈지라도 아이들의 미래를 담보로 하지는(**저당 잡히다**) 않을 것입니다. 우리는 책임 있게 해나갈 것입니다.

이것이 저를 최종 지점으로 이끌고 있습니다. 대통령이 되면, 저는 책임감 있는 새로운 교육의 시대로 이끌 것입니다. 하지만 아시다시피, 단지 교사들에게만 책임질 것을 원치 않습니다. 정부가 책임을 지기를 원합니다. 저는 여러분이 제게 책임을 져 달라고 하기를 원합니다. 이것이 대통령이 되는 이유이며, 저는 여러분께 우리의 학교들이 진보하고 있는 과정을 다시 보고할 것입니다. 교육에 대한 책임을 전가

stop passing the buck on education and start accepting responsibility. And that's the kind of example I'll set as president of the United States.

Accountability in Washington starts by making sure that every tax dollar spent by the Department of Education is being spent wisely. When I'm president, programs that work will get more money. Programs that don't work or just create more **bureaucracy** and **paperwork** and administrative **gridlock** will get less money. We will send a team to fix bad programs by replacing bad managers because your tax dollars should only be **fund**ing programs and **grant**s that actually make a difference — a **measurable** difference — in a child's education.

In the end, responsibility for our children's success doesn't start in Washington, it starts in our homes. It starts in our families. Because no education policy can replace a parent who's involved in their child's education from day one — who makes sure their children are in school on time, helps them with their homework after dinner, and attends those parent-teacher **conference**s. No government program can turn off the TV set or put away the video games or read to your children.

But we can help parents do a better job. That's why I'll

시키는(**책임을 전가하다**) 것을 그만둘 때입니다. 이것이 바로 제가 미합중국의 대통령으로서 보이게 될 모범(**모범을 보이다**) 중 하나입니다.

워싱턴의 책임은 교육부에서 지출되는 모든 세금이 현명하게 소비되고 있는지 확실히 함으로써 시작되는 것입니다. 제가 대통령이 되면, 진행하는 프로그램에 더 많은 돈이 책정될 것입니다. 진행되지 않거나 많은 **관료주의**와 **문서 작업**, 행정적 **마비**를 일으키는 프로그램들에는 돈이 덜 책정될 것입니다. 우리는 팀을 보내 바람직하지 않은 프로그램들은 서투른 책임자들을 교체함으로써 정리할 것입니다. 여러분이 낸 세금이 오직 아이들의 교육에서 효과가 있는, 즉 **중요한** 효과를 내는 프로그램과 **보조금**에 투자되어야 하기(**투자하다**) 때문입니다.

결국에는 우리 아이들의 성공에 대한 책임은 워싱턴 정가에서 출발하지 않습니다. 가정에서 출발합니다. 어떤 교육정책도 자기 자신의 아이들의 교육에 참여하고 있는 부모를 대신할 수 없기 때문입니다. 자기 아이들이 학교에 제시간에 있는지 확인하며, 아이들의 숙제를 저녁식사 후에 도와주고 부모와 교사 **간담회**에 참석하는 부모와 말입니다. 어떤 정부 프로그램도 TV를 끄거나 비디오 게임기를 없애거나 아이들에게 책을 읽도록 할 수는 없습니다.

하지만 우리는 부모들을 도와 보다 나은 일을 할 것입니다. 그렇

create a parents report card that will show you whether your kid is on the path to college. We'll help schools post student progress reports online so you can get a regular update on what kind of grades your child is getting on tests and quizzes from week to week. If your child is falling behind or **play**ing **hooky**, or isn't on track to go to college or compete for that good-paying job, it will be up to you to do something about it.

So yes, we need to hold our government accountable. Yes, we have to hold our schools accountable. But we also have to hold ourselves accountable.

You know, when I **drop**ped my daughters **off** at school yesterday, I couldn't help but think about all America had done over the years to give me and my family a good education. This is a country that **put** my grandfather **through** college on the **GI Bill** after he left Patton's army in World War II. This is a country that drew my father — like so many immigrants — across an ocean in search of a college degree. And this is a country that let the child of a teenage mom and an absent father reach for his dreams.

You see, I wasn't born with a lot of advantages, but I was given love and support, and an education that put me on a

기 때문에 저는 학부모 성적표를 만들어 자녀가 대학에 갈 수 있는지를 여러분께 보여드릴 것입니다. 우리는 학교를 도와 학생들의 진도표를 온라인으로 보내서 아이들이 매주 테스트와 퀴즈시험에서 어떤 점수를 얻어야 하는지에 대한 최신 정보를 정규적으로 얻도록 할 것입니다. 아이들이 점수가 떨어지거나 학교를 빼먹거나(**빼먹다**) 대학에 가는 궤도에 오르지 못하거나 좋은 보수의 직업을 얻기 위해 겨루지 못한다면, 그것은 여러분이 어떻게 하느냐에 달려 있을 것입니다.

그렇습니다. 정부는 책임을 져야 합니다. 네, 우리는 학교가 책임을 지게 할 것입니다. 하지만 우리 스스로도 책임을 져야 합니다.

아시다시피, 어제 저의 딸들을 학교에 데려다주었을(**차에서 내려주다**) 때, 저는 지난 수년 동안 미국이 저와 제 가족에게 좋은 교육을 제공해 준 것에 대한 생각을 하지 않을 수 없었습니다. 2차 세계대전 때 패튼 군대에서 제대한 저의 할아버지를 **제대군인원호법** 덕분으로 대학에 합격시켜(**합격시키다**) 준 나라입니다. 대학 학위를 얻으려고 대양을 건너온 많은 이민자들처럼 제 아버지를 이끈 나라입니다. 그리고 이것이 십대 아기엄마의 아이와 아버지가 없는 아이에게 손을 내민 나라입니다.

아시다시피, 저는 많은 이점이 있는 환경에서 태어나지는 않았습니다. 하지만 저는 사랑과 지원을 받았으며, 그리고 저를 성공으로

pathway to success. The same was true for Michelle. You know, she — my wife came from a blue-collar family on the south side of Chicago. Even though her father had **multiple sclerosis**, he went to work every day at the local water **filtration plant** to support his family. And Michelle and her brother were able to go to excellent schools in Chicago, they were able to get a great college education, and they were able to reach a little further for their dreams.

So I know that the only reason Michelle and I are where we are today is because this country we love gave us the chance at an education. And the reason I'm running for president is to give every single American that same chance; to give the young sisters out there born with a gift for invention the chance to become the next Orville and Wilbur Wright; to give the young boy out there who wants to create a life-saving cure the chance to become the next Jonas Salk; and to give the child out there whose imagination has been sparked by the wonders of the Internet the chance to become the next Bill Gates. Our future depends on it.

When the story of our time is told, I don't want it to be said that China seized this moment to reform its education system,

이르는 길로 이끌어 준 교육을 받았습니다. 미셸도 마찬가지입니다. 아시다시피 제 아내는 시카고 남부 지역의 노동자 집안 출신입니다 그녀의 아버지는 비록 **다발성 경화증**에 걸렸지만, 그는 가족을 부양하기 위해 매일 시 **정수장**에 매일 출근했습니다. 미셸과 그녀의 오빠는 시카고의 좋은 학교에 다닐 수 있었습니다. 그들은 훌륭한 대학 교육을 받을 수 있었으며, 그들의 꿈을 좀 더 먼 곳에 이르게 할 수 있었습니다.

미셸과 제가 오늘 여기에 있게 된 단 한 가지 이유는 우리가 사랑하는 이 나라가 우리에게 교육의 기회를 주었기 때문입니다. 그리고 제가 대통령에 출마하게 된 이유는 미국인 한 사람 한 사람에게 똑같은 기회를 주기 위해서입니다. 저기 바깥에서 발명의 재능을 갖고 있는 어린 소녀에게 미래의 오빌 라이트와 윌버 라이트(라이트 형제 – 옮긴이)가 될 가능성을 주기 위해서입니다. 저기 바깥에서 생명을 구하는 치료법을 만들고자 하는 어린 소년들에게 미래의 조나스 소크(소아마비 백신을 발명한 의학자 – 옮긴이)가 될 기회를 주기 위해서입니다. 그리고 인터넷의 경이로움으로 번득이는 상상력을 갖고 있는 저기 밖에 있는 아이에게 미래의 빌 게이츠가 될 기회를 주기 위해서 말입니다. 우리의 미래는 거기에 달려 있습니다.

우리 시대의 이야기를 들을 때면, 저는 중국이 현재 교육 시스템을 개혁하는 기회를 잡고 있다는 말을 듣기보다는, 미국이 기회를 포

but the United States did not. I don't want it to be said that India **led the way** on innovation, but the United States did not. I want it to be said that we rose to meet this challenge and educated our people to become the most highly-skilled workers in the world, just like we've always have been.

Because I know that if we can just bring our education system into the 21st century, if we're looking forward and not back, not only will our children be able to fulfill their God-given potential and our families be able to live out their dreams; not only will our schools out-educate the world and our workers outcompete the world; not only will our companies innovate more and our economy grow more; but at this defining moment, we will do what previous generations of Americans have done, and **unleash** the promise of our people, **unlock** the promise of our country, and make sure that America remains a **beacon** of opportunity and prosperity for all the world.

Thank you so much, everybody. God bless you.

착하고 있다는 말을 듣길 원합니다. 저는 인도가 기술혁신의 선두를 달리고(**선두를 달리다**) 있다는 말을 듣기보다는 미국이 선두를 달리고 있다는 말을 듣기를 원합니다. 저는 우리가 이 도전을 맞서기 위해 일어나, 우리가 늘 그래왔던 것처럼 세계에서 가장 고도로 숙련된 근로자로 만들기 위해 우리 국민을 교육시켰다는 말을 듣고 싶습니다.

    우리의 교육 시스템을 21세기로 이끄는 게 가능하다면, 우리가 앞으로 나아가고 뒤로 가지 않는다면, 우리의 아이들이 하나님이 주신 능력을 성취할 수 있을 뿐만 아니라 우리의 가정은 우리의 꿈을 끝까지 갖고 살 수 있을 것입니다. 그리고 우리의 학교들이 세계에서 앞선 교육을 할 수 있을 뿐만 아니라, 근로자들이 세계와의 경쟁에서 앞설 것입니다. 우리의 기업들이 더 많이 혁신할 뿐만 아니라 우리 경제가 더 성장할 것입니다. 하지만 지금 이 결정적인 시기에, 우리는 미국의 이전 세대들이 한 것들을 해나갈 것입니다. 그리고 국민들의 희망을 속박하지 않을(**풀어주다**) 것입니다. 이 나라의 희망을 닫아버리지 않을(**열다**) 것입니다. 그리고 미국이 세계 모두를 위해 여전히 기회와 번영의 **횃불**로 타오르기를 다짐합니다.

    여러분, 대단히 감사합니다. 여러분 모두에게 신의 가호가 있기를 빕니다.

변화의 정치
(2007.2.10. 민주당 대선 입후보 연설)

Politics of Change;
I want to win that
next battle

힐러리와 함께 유세 중인 오바마

오바마 특강 | "여덟 번째 강의는 2007년 2월 10일 일리노이 주의 스프링필드에서 제가 대선 출마를 선언한 연설을 텍스트로 삼았습니다. 추운 겨울날 한파를 무릅쓰고 광장을 가득 메운 분들의 열기가 지금도 생생하게 전해집니다. 그날 이후 저는 그분들의 열정에 힘입어 대권도전의 스피드를 낼 수 있었습니다. 이번 강의부터는 수강생 여러분도 스피드를 낼 수 있을 것입니다. 난이도가 조금 높은 일곱 번째 고지를 무사히 넘고, 다시 평정을 되찾을 수 있을 것이기 때문입니다. 이처럼 영어 공부에는 한 차례 고비가 있을 수 있습니다. 그 고비를 잘 넘기면, 곧장 내리막길을 만나게 됩니다. 아무래도 산을 올라가는 것보다는 내려오는 게 훨씬 쉽죠. 이번 강의부터는 편한 마음으로, 하산의 기쁨을 맛보실 수 있기를 기원합니다!"

"I want to win that next battle - for justice and opportunity."

Let me begin by saying thanks to all of you who've traveled, from far and wide, to brave the cold today.

We all made this journey for a reason. It's humbling, but **in my heart** I know you didn't come here just for me, you came here because you believe in what this country can be. In the face of war, you believe there can be peace. **In the face of** despair, you believe there can be hope. In the face of a politics that's **shut** you **out**, that's told you to **settle**, that's divided us for too long, you believe we can be one people, **reach**ing for what's possible, building that more perfect union.

That's the journey we're on today. But let me tell you how I came to be here. As most of you know, I am not a **native** of

변화의 정치

> 저는 이번 전투에서 승리하길 원합니다.
> 정의와 기회를 위해서입니다.

먼저, 오늘 추운 날씨에도 불구하고(**대수로이 여기지 않다**) 멀리 도처에서 오신 모든 분들께 감사의 말씀을 드립니다.

우리 모두 한 가지 이유로 이곳에 모였습니다. 송구스럽습니다. 하지만 **실제로** 저는 여러분이 단지 저 때문에 이곳에 오신 것이 아니라, 미국의 가능성을 믿고 있기 때문에 오신 것이라는 것을 알고 있습니다. 전쟁**에도 아랑곳하지 않고** 여러분은 평화가 존재한다는 것을 믿고 있습니다. 절망에도 아랑곳하지 않고 여러분은 희망이 존재한다는 것을 믿고 있습니다. 여러분을 배제해온(**배제하다**) 정치, 여러분에게 침묵하고 있으라고 한(**침묵시키다**) 정치, 그토록 오랫동안 우리를 분열시켜온 정치에도 아랑곳하지 않고, 여러분은 우리가 하나가 되어, 가능한 것을 잡으려고 손을 내밀고(**내밀다**), 보다 완벽한 통합을 이룰 수 있다고 믿습니다.

그것이 오늘 우리가 여기에 모인 여정의 목적입니다. 그런데 제가 어떻게 이곳에 오게 되었는지 말씀드리고자 합니다. 여러분도 아시

this great state. I moved to Illinois over two **decade**s ago. I was a young man then, just a year out of college; I knew no one in Chicago, was without money or family connections. But a group of churches had **offer**ed me a job as a community organizer for $13,000 a year. And I accepted the job, **sight unseen**, **motivate**d then by a single, simple, powerful idea — that I might play a small part in building a better America.

My work took me to some of Chicago's poorest neighborhoods. I joined with pastors and **lay-people** to **deal** with communities that had been **ravage**d by **plant** closings. I saw that the problems people faced weren't simply local **in nature** — that the decision to close a steel mill was made by distant executives; that the lack of textbooks and computers in schools could be **trace**d to the **skew**ed priorities of politicians a thousand miles away; and that when a child turns to violence, there's a hole in his heart no government alone can fill.

It was in these neighborhoods that I received the best education I ever had, and where I learned the true meaning of

다시피, 저는 이곳 위대한 주에서 태어나지(**토박이**) 않았습니다. 저는 20년(**10년간**) 전에 일리노이 주로 이사 왔습니다. 그때 저는 젊었고, 대학을 졸업한 지 1년밖에 되지 않았습니다. 저는 시카고에 아는 사람이 한 명도 없었고, 돈도 일가친척도 없었습니다. 하지만 어느 교회 단체가 저에게 연봉 1만3천 달러를 받는 지역사회 활동가 자리를 제안했습니다(**제안하다**). 그래서 저는 **즉석에서** 그 일을 받아들였습니다. 그때 한결같고, 순전하고 강력한 하나의 생각, 즉 보다 나은 미국을 건설하는 데 제가 작은 역할을 할 수 있으리란 생각에 이끌렸던(**움직이다**) 것입니다.

이 일을 하면서 저는 시카고에서 가장 가난한 이웃들을 알게 되었습니다. 저는 목사님 및 **평신도**들과 함께 지역사회의 문제들을 다루었습니다(**다루다**). **공장**이 폐쇄되어 황폐해진(**황폐하게 하다**) 지역이었습니다. 저는 주민들이 직면해 있는 문제들이 단지 지역사회에만 **현존하는** 문제가 아니라는 사실을 알게 되었습니다. 멀리 떨어져 있는 경영진들이 강철 공장을 폐쇄하기로 결정을 내린 것이었습니다. 학교에서 교과서와 컴퓨터가 부족한 원인은 수천 마일 떨어져 있는 정치인들이 당면과제를 왜곡되게 정한 데서(**왜곡하다**) 기인했다고(**기인하다**) 할 수 있었습니다. 그리고 아이들이 폭력에 눈을 돌릴 때, 그들의 가슴에는 그 어떤 정부도 혼자서는 채워줄 수 없는 구멍이 뚫립니다.

이 이웃들을 통해 저는 지난날에는 받지 못했던 최고의 교육을 받았습니다. 그리고 그곳에서 기독교 신앙의 진정한 의미를 깨닫게 되

my Christian faith.

After three years of this work, I went to law school, because I wanted to understand how the law should work for those in need. I became a civil rights lawyer, and taught **constitutional law**, and after a time, I came to understand that our **cherished** rights of liberty and equality depend on the **active participation** of an **awakened electorate**. It was with these ideas in mind that I arrived in this **capital** city as a state Senator.

It was here, in Springfield, where I saw all that is America **converge** — farmers and teachers, businessmen and laborers, all of them with a story to tell, all of them seeking a seat at the table, all of them **clamor**ing to be heard. I made **lasting** friendships here — friends that I see in the **audience** today.

It was here we learned to **disagree** without being **disagreeable** — that it's possible to **compromise** so long as you know those **principle**s that can never be compromised; and that so long as we're willing to listen to each other, we can **assume** the best in people instead of the worst.

That's why we were able to **reform** a **death penalty**

었습니다.

　이 일을 3년 동안 하고 나서, 저는 로스쿨에 진학했습니다. 도움이 필요한 사람들에게 법이 어떻게 작용해야 하는가를 자세히 알고 싶었기 때문입니다. 저는 인권 변호사가 되었으며, **헌법**을 가르쳤습니다. 그리고 얼마 후, 우리의 **소중한** 권리인 자유와 평등은 **깨어 있는 유권자들의 적극적인 참여**에 달려 있다는 것을 알게 되었습니다. 제가 주 상원의원으로 이 **훌륭한** 도시에 온 것은 저의 마음속에 이런 생각들이 새겨져 있었기 때문입니다.

　이곳 스프링필드에서 저는 미국의 모든 것이 한데 모여 있는(**한데 모아지다**) 것을 보았습니다. 농부와 교사, 사업가와 노동자, 이들 모두에게는 말하고 싶은 사연이 있습니다. 이들 모두는 토론을 벌일(**시끄럽게 말하다**) 테이블의 자리를 찾고 있습니다. 이들 모두는 자신의 주장을 들어달라고 와글와글 고함치고 있습니다. 저는 이곳에서 **영원한** 우정을 쌓았습니다. 오늘 **청중**석에 앉아 있는 친구들입니다.

　이곳에서 저는 상대를 불쾌하게 하지(**불유쾌한**) 않으면서도 반대하는(**반대하다**) 법을 배웠습니다. 결코 타협하지 않는 그 **원칙**들에 관해 제가 알고 있는 한 타협하는 것은(**타협하다**) 가능합니다. 우리가 서로의 이야기를 경청하는 한, 우리는 사람들로부터 나쁜 점 대신에 좋은 점을 취할(**취하다**) 수 있습니다.

　그렇게 했기 때문에 우리는 무너진 **사형**제도를 개혁할(**개혁하다**)

system that was broken. That's why we were able to give health insurance to children in need. That's why we made the tax system more fair and just for working families, and that's why we passed ethics reforms that the cynics said could never, ever be passed.

It was here, in Springfield, where North, South, East and West come together that I was **remind**ed of the **essential decency** of the American people — where I came to believe that through this decency, we can build a more hopeful America.

And that is why, **in the shadow** of the Old State **Capitol**, where Lincoln once called on a divided house to stand together, where common hopes and common dreams still, I stand before you today to announce my candidacy for President of the United States.

I recognize there is a **certain presumptuousness** — a certain **audacity** — to this **announcement**. I know I haven't spent a lot of time learning the ways of Washington. But I've been there long enough to know that the ways of Washington must change.

The **genius** of our founders is that they designed a system of government that can be changed. And we should **take heart**,

수 있었습니다. 그렇게 했기 때문에 우리는 도움이 필요한 아이들에게 건강보험을 제공할 수 있었습니다. 근로 가정을 위한 조세제도를 보다 공평하고 공정하게 개혁할 수 있었습니다. 냉소주의자들이 절대 통과시킬 수 없을 거라고 말했던 윤리 개혁안을 통과시켰습니다.

　북부와 남부, 동부와 서부가 함께 모인 이곳 스프링필드에서 저는 미국 국민들이 본질적으로(본질적인) 갖고 있는 **관대함**을 깨닫게 되었습니다(깨닫게 하다). 이곳에서 저는 이러한 관대함을 통해 우리가 보다 희망찬 미국을 건설할 수 있다는 것을 믿게 되었습니다.
　그런 이유로, 링컨이 예전에 함께하기 위해서 '분열된 집'이라고 불렀던 옛 **주의회 의사당** 건물 **인근에서**, 공동의 희망과 공동의 꿈이 여전히 살아 숨 쉬는 이곳에서, 저는 오늘 여러분 앞에서 미합중국 대통령 선거 출마를 선언합니다.

　저의 출마선언(발표)이 **다소 무모**하고 **다소 대담**하다는 것을 저는 잘 알고 있습니다. 저는 워싱턴의 정치 방식을 배우는 데 그리 많은 시간을 보내지 않았다는 것을 알고 있습니다. 하지만 저는 워싱턴의 정치가 반드시 바뀌어야 한다는 것을 알 만큼은 충분히 그곳에 있었습니다.

　건국 조상들의 **우수성**은 변화가 가능한 정부시스템을 고안했다는 점입니다. 그래서 우리는 용기를 내야(용기를 내다) 합니다. 우리가

because we've changed this country before. In the face of tyranny, a band of patriots brought an Empire to its knees. In the face of **secession**, we unified a nation and **set the captives free**. In the face of **Depression**, we put people back to work and lifted millions out of **poverty**. We welcomed immigrants to our shores, we opened **railroad**s to the west, we landed a man on the moon, and we heard a King's call to let justice **roll** down like water, and **righteousness** like a mighty **stream**.

Each and every time, a new generation has risen up and done what's needed to be done. Today we are called once more — and it is time for our generation to answer that call. For that is our unyielding faith — that in the face of impossible **odd**s, people who love their country can change it.

That's what Abraham Lincoln understood. He had his doubts. He had his defeats. He had his **setback**s. But through his will and his words, he moved a nation and helped free a people. It is because of the millions who **rallied** to his cause that we are no longer divided, North and South, slave and free. It is because

이 나라를 전에도 바꾼 적이 있기 때문입니다. 폭정에 맞서, 애국자들이 대영제국을 굴복시켰습니다. 남부 11개 주의 **연방탈퇴**에도 불구하고, 우리는 국가를 하나로 통일하여(통일하다) 노예를 해방시켰습니다 **(포로를 석방하다)**. 대공황에도 불구하고, 우리는 국민을 일터로 복귀시켰으며, 수백만 명의 사람들을 **가난**으로부터 벗어나게 했습니다. 우리는 바다 건너온 이민자들을 반갑게 맞이했습니다. 우리는 서부까지 **철도**를 깔았습니다. 우리는 인간이 달에 발을 내딛게 했습니다. 그리고 우리는 킹 목사님의 "오직 정의를 물같이, **공의**를 마르지 않는 강(개울)같이 흐르게(굽이치다) 할지어다"(구약 아모스 5장 24절 – 옮긴이)라는 말씀을 들었습니다.

　매번 늘, 새로운 세대가 일어나 해야 할 일을 해냈습니다. 오늘 우리는 다시 한 번 소명을 받았습니다. 우리 세대가 그 소명에 응해야 할 때입니다. 그것이 우리의 확고한 믿음입니다. 실현하기 힘든 **가능성**에도 불구하고, 자기 나라를 사랑하는 국민들은 국가를 변화시킬 수 있다는 믿음입니다.

　바로 그 점을 링컨 대통령은 알고 있었습니다. 그는 의심하기도 했습니다. 그는 패배하기도 했습니다. 그는 **좌절**하기도 했습니다. 하지만 그는 자신의 의지와 연설을 통해, 국가를 움직였습니다. 국민을 자유롭게 하는 데 일조했습니다. 그의 대의를 좇아 결집한(결집하다) 수백만 명의 국민들 덕분에 우리는 더 이상 북과 남으로, 노예와 자유

men and women of every race, from every **walk of life**, continued to march for freedom long after Lincoln **was laid to rest**, that today we have the chance to face the challenges of this **millennium** together, as one people — as Americans.

All of us know what those challenges are today — a war with no end, a dependence on oil that threatens our future, schools where too many children aren't learning, and families struggling paycheck to **paycheck** despite working as hard as they can. We know the challenges. We've heard them. We've talked about them for years.

What's stopped us from meeting these challenges is not the **absence** of sound policies and **sensible** plans. What's stopped us is the failure of leadership, the smallness of our politics — the ease with which we're **distract**ed by the **petty** and **trivial**, our **chronic avoidance** of tough decisions, our **preference** for **scoring** cheap political points instead of rolling up our sleeves and building a working **consensus** to **tackle** big problems.

For the last six years we've been told that our **mounting** debts don't matter, we've been told that the anxiety Americans feel about rising health care costs and **stagnant** wages are an

인으로 분열되지 않은 것입니다. 모든 인종, 모든 **직업**의 사람들이 링컨이 잠든(**죽다**) 뒤에도 오랫동안 자유를 향한 행진을 계속했기 때문에 오늘날 우리는 하나의 국민, 미국인으로서 이 밀레니엄(**천년기**)의 과제들에 맞서는 기회를 갖게 된 것입니다.

우리 모두는 이러한 도전이 무엇인지 오늘날 잘 알고 있습니다. 전쟁은 끝이 보이지 않습니다. 석유 의존은 우리의 미래를 위협하고 있습니다. 학교들은 너무 많은 아이에게 배움의 기회를 제공하지 못하고 있습니다. 가족들은 최선을 다해 열심히 일해도 매월 다음 **봉급**을 기다리며 근근이 살아가고 있습니다. 우리는 그 과제들을 알고 있습니다. 우리는 그 과제들을 이미 얘기 들었습니다. 우리는 몇 년째 그 과제들에 대해 얘기 나눠 왔습니다.

우리가 이 과제를 해결하는 것을 가로막는 것은 건전한 정책과 **현명한** 계획의 **부재**가 아닙니다. 우리를 가로막는 것은 지도력의 실패, 우리 정치의 빈약함입니다. 즉, 사소하고(**사소한**) **하찮은** 것에 한눈을 파는(**한눈을 팔다**) 안일함 때문입니다. 어려운 결정을 고질적으로(**고질적인**) **기피**하는 현상, 큰 문제와 맞서 싸우기(**맞서 싸우다**) 위해 소매를 걷어붙이고 **합의**를 이끌어내는 대신 값싼 정치적 점수를 얻는(**득점하다**) 것을 더 좋아하는(**더 좋아함**) 우리의 정치 때문입니다.

지난 6년 동안 우리는 **늘어가는** 부채가 아무 문제될 게 없다는 말을 들어왔습니다. 건강보험료의 인상과 임금 동결(**정체된**)에 대해 느끼는 미국인의 불안은 **착각**일 뿐이라는 말을 들어왔습니다. 기후변화

illusion, we've been told that climate change is a **hoax**, and that tough talk and an **ill-conceived** war can **replace** diplomacy, and **strategy**, and **foresight**. And when all else fails, when Katrina happens, or the **death toll** in Iraq mounts, we've been told that our crises are somebody else's fault. We're distracted from our real failures, and told to blame the other party, or gay people, or immigrants.

And as people have **look**ed **away** in **disillusionment** and **frustration**, we know what's filled **the void**. The cynics, and the lobbyists, and the special interests who've turned our government into a game only they can afford to play. They write the checks and you get stuck with the bills, they get the access while you get to write a letter, they think they own this government, but we're here today to take it back. The time for that politics is over. It's time to turn the page.

We've made some progress already. I was proud to help lead the fight in Congress that led to the most **sweeping** ethics reform since Watergate.

But Washington has a long way to go. And it won't be easy. That's why we'll have to set priorities. We'll have to make hard choices. And although government will play a

변화의 정치

는 **날조**에 불과하고, 강경한 발언과 **발상이 잘못된** 전쟁이 외교력과 **전략**, 그리고 **통찰력**을 대신할(대신하다) 수 있다는 얘기를 들어왔습니다. 그리고 그 모든 것이 실패할 때마다, 카트리나 피해가 발생했을 때, 이라크 전쟁의 **전사자 수**가 증가했을 때, 우리의 실패는 다른 누군가의 잘못 때문이라는 말을 들어왔습니다. 우리는 우리의 진정한 실패에 집중하지 않았습니다. 그리고 우리는 다른 정당이나 동성애자, 이민자들을 비난하는 소리를 들었습니다.

그리고 국민들이 **환멸**과 **좌절** 속에서 시선을 돌릴(시선을 돌리다) 때, 우리는 무엇으로 이 **공허**를 채워야 할지 알고 있습니다. 냉소주의자와 로비스트, 그리고 특수이익 단체들, 이들은 우리의 정부를 오직 자신들만이 역할을 할 수 있는 게임의 무대로 바꿔 놓았습니다. 그들이 수표를 쓰면 여러분이 그 청구서를 떠맡습니다. 그들은 권력층에 쉽게 접근하지만, 우리는 편지를 써야 합니다. 그들은 이 정부를 소유하고 있다고 생각하지만, 우리는 정부를 되찾기 위해 오늘 여기에 모였습니다. 그런 정치의 시대는 끝났습니다. 페이지를 넘길 때입니다.

우리는 이미 몇몇 진전을 이루었습니다. 저는 워터게이트 사건 이후 가장 **광범위한** 윤리 개혁을 가져온 의회에서의 투쟁을 이끄는 데 일조한 것에 자부심을 느낍니다.

하지만 워싱턴은 아직 가야 할 길이 멉니다. 그리고 그 길은 쉽지 않을 것입니다. 그렇기 때문에 우리는 우선순위를 정해야 합니다. 우리는 어려운 선택을 해야만 합니다. 그리고 비록 정부가 우리가 원하

crucial role in bringing about the changes we need, more money and programs alone will not get us where we need to go. Each of us, in our own lives, will have to accept responsibility —for **instill**ing an ethic of achievement in our children, for **adapt**ing **to** a more competitive economy, for strengthening our communities, and sharing **some measure** of sacrifice. So let us begin. Let us begin this hard work together. Let us **transform** this nation.

Let us be the generation that reshapes our economy to **compete** in the digital age. Let's set high standards for our schools and give them the **resources** they need to succeed. Let's recruit a new army of teachers, and give them better pay and more support **in exchange for** more **accountability**. Let's make college more **affordable**, and let's invest in scientific research, and let's **lay down** broadband lines through the heart of inner cities and rural towns all across America.

And as our economy changes, let's be the generation that ensures our nation's workers are sharing in our prosperity. Let's protect the **hard-earned** benefits their companies have promised. Let's make it possible for hardworking Americans to save for **retirement**. And let's allow our **union**s and their

는 변화를 가져오는 **중대한** 역할을 맡겠지만, 더 많은 돈과 프로그램만으로는 우리가 가야 할 곳에 도달하지 못할 것입니다. 우리 각자가 자신의 삶 속에서, 책임감을 받아들여야 할 것입니다. 우리 아이들에게 성취의 윤리를 심어주어야(**심어주다**) 합니다. 보다 경쟁력 있는 경제 시스템에 적응해야(**적응하다**) 합니다. 우리의 지역사회를 튼튼하게 만들어야 합니다. 희생을 **조금씩** 분담해야 합니다. 그렇게 시작합시다. 이 어려운 일을 함께 시작합시다. 이 나라를 개혁합시다(**개혁하다**).

디지털 시대에 경쟁하기(**경쟁하다**) 위해 우리의 경제를 새로 바꾸는 세대가 됩시다. 우리의 학교들을 위해 높은 기준을 세우고, 학교가 성공하는 데 필요한 **자원**을 제공합시다. 새로운 교사진을 채용하여, 그들에게 큰 **책임**을 부여하는 **대가**로 더 나은 보수와 더 나은 지원을 제공합시다. 대학 등록금을 보다 낮추고(**알맞은**) 과학 연구에 투자합시다. 미국 전역의 도시 심장부와 농촌 마을을 관통하는 광대역 통신망을 개설합시다(**개설하다**).

그리고 우리의 경제가 변화하여, 우리나라의 근로자들이 우리의 번영을 함께 나눌 수 있도록 보장하는 세대가 됩시다. 그들의 회사가 약속한 **힘들게 얻은** 혜택들을 보호합시다. 열심히 일하는 미국인들이 **은퇴**를 대비해 저축하는 게 가능하게 합시다. 그리고 **노동조합**과 그 **조직원**들이 이 나라의 중산층으로 다시 올라설 수 있게 합시다.

organizers to lift up this country's middle-class again.

Let's be the generation that ends poverty in America. Every **single** person willing to work should be able to get job training that leads to a job, and earn a **living wage** that can pay the bills, and afford child care so their kids have a safe place to go when they work. Let's do this.

Let's be the generation that finally tackles our health care crisis. We can control costs by focusing on **prevention**, by providing better **treatment** to the chronically ill, and using technology to cut the **bureaucracy**. Let's be the generation that says right here, right now, that we will have universal health care in America by the end of the next president's first term.

Let's be the generation that finally frees America from the tyranny of oil. We can **harness homegrown**, alternative fuels like ethanol and **spur** the production of more fuel-efficient cars. We can **set up** a system for **cap**ping greenhouse gases. We can turn this crisis of global warming into a moment of opportunity for innovation, and job creation, and an **incentive** for businesses that will serve as a model for the world. Let's be the generation that makes future generations proud of what we did here.

　미국에서 빈곤을 없애버린 세대가 됩시다. 일하고 싶어 하는 모든 **성실한** 사람들이 취업을 할 수 있는 직업훈련을 받을 수 있게 합시다. 그래서 청구서를 낼 수 있는 **최저임금**을 벌 수 있게 합시다. 그리고 그들이 일하는 동안 아이들에게 보살핌을 제공함으로써 아이들이 안전한 육아시설에 있게 합시다. 이를 실행합시다.

　건강보험의 위기를 마침내 해결하는 세대가 됩시다. 우리는 비용을 조절할 수 있습니다. **예방**에 주력해야 합니다. 만성 질환에 보다 나은 **치료법**을 제공해야 합니다. 과학기술을 이용해 **관료주의** 절차를 줄여야 합니다. 바로 이곳에서, 바로 지금, 차기 대통령의 첫 임기 중에 미국 국민 모두가 건강보험을 갖게 될 것이라고 말하는 세대가 됩시다.

　미국을 석유의 횡포로부터 마침내 벗어나게 하는 세대가 됩시다. 우리는 에탄올과 같은 **국내산** 대체연료를 이용하고(이용하다) 고연비 자동차 생산에 박차를 가할(박차를 가하다) 수 있습니다. 우리는 온실가스를 제한하는(상한을 정하다) 시스템을 새로 만들(새로 만들다) 수 있습니다. 우리는 이 지구 온난화의 위기를 혁신과 일자리 창출을 위한 기회의 순간으로 삼을 수 있습니다. 그리고 사업을 할 수 있는 **동기**로 삼을 수 있습니다. 그것은 전 세계의 모델이 될 수 있을 것입니다. 미래의 세대들이 우리가 여기서 이룬 것들을 자랑스럽게 여기게 하는 세대가 됩시다.

Most of all, let's be the generation that never forgets what happened on that September day and **confront** the terrorists with everything we've got. Politics doesn't have to divide us on this anymore — we can work together to keep our country safe. I've worked with Republican Senator Dick Lugar to pass a law that will secure and destroy some of the world's deadliest, **unguarded** weapons. We can work together to **track** terrorists **down** with a stronger military, we can **tighten** the net around their finances, and we can improve our **intelligence** capabilities. But let us also understand that ultimate victory against our enemies will come only by rebuilding our alliances and exporting those ideals that bring hope and opportunity to millions around the globe.

But all of this cannot come to pass until we bring an end to this war in Iraq. Most of you know I **oppose**d this war from the start. I thought it was a tragic mistake. Today we **grieve for** the families who have lost loved ones, the hearts that have been broken, and the young lives that could have been. America, it's time to start bringing our troops home. It's time to admit that no amount of American lives can resolve the political **disagreement** that lies at the heart of someone else's civil war.

무엇보다도, 그해 9월에 일어난 일을 결코 잊지 않고 우리가 갖고 있는 모든 수단을 동원해 테러리스트에 맞서는(맞서다) 세대가 됩시다. 정치는 이 문제에 대해 더 이상 우리를 분열시켜서는 안 됩니다. 우리는 함께 협력하여 우리나라를 안전하게 지킬 수 있습니다. 저는 공화당 상원의원인 딕 루카와 한 법안을 통과시키기 위해 함께 일해 왔습니다. 세계에서 가장 치명적이고 **무방비 상태에 놓인** 무기의 일부를 안전하게 지키고 파괴하는 법안입니다. 우리는 보다 강력한 군대로 테러리스트들을 추적하기 위해(추적하다) 함께 일할 수 있습니다. 우리는 그들의 자금망을 바짝 죌 수(죄다) 있습니다. 그리고 우리의 **정보수집** 능력을 향상시킬 수 있습니다. 하지만 동맹관계를 재구축하고 희망과 기회를 가져다주는 이상을 전 세계 수백만 명의 사람들에게 전달해야만 우리의 적들로부터 궁극적인 승리를 거둘 수 있다는 사실 또한 알아야 합니다.

하지만 이 모든 것이 우리가 이라크 전쟁에 종지부를 찍어야만 가능합니다. 여러분 대다수가 알고 있듯이, 저는 이라크 전쟁을 처음부터 반대했습니다(반대하다). 저는 이 전쟁을 비극적인 잘못이라고 생각합니다. 오늘날 우리는 사랑하는 사람을 잃어버린 가족을 애도합니다(애도하다). 무너진 가슴과, 살아 있어야 하지만 숨진 젊은 생명을 애도합니다. 미국은 이제 군대를 철수시킬 때가 되었습니다. 미국인의 목숨을 아무리 많이 희생해도 다른 나라의 내전 한복판에 있는 정치적 **불화**를 해결할 수는 없다는 사실을 인정해야 할 때입니다. 그렇기 때

That's why I have a plan that will bring our **combat troops** home by March of 2008. Letting the Iraqis know that we will not be there forever is our last, best hope to pressure the Sunni and Shia to come to the table and find peace.

Finally, there is one other thing that is not too late to **get** right about this war — and that is the homecoming of the men and women — our **veteran**s — who have sacrificed the most. Let us honor their **courage** by providing the care they need and **rebuild**ing the military they love. Let us be the generation that begins this work.

I know there are those who don't believe we can do all these things. I understand the **skepticism**. After all, every four years, candidates from both parties make similar promises, and I expect this year will be no different. All of us running for president will travel around the country offering **ten-point plan**s and making grand speeches; all of us will **trumpet** those **qualities** we believe make us **uniquely qualified** to lead the country. But too many times, after the election is over, and the **confetti** is **swept away**, all those promises **fade** from memory, and the lobbyists and the special interests move in, and people

문에 저는 2008년 3월까지 우리의 **전투 병력**을 철수시키는 계획을 갖고 있습니다. 우리가 그곳에 영원히 있지는 않을 것이라는 사실을 이라크 인들에게 알리는 것이 수니파와 시아파가 협상 테이블에 앉아 평화를 모색하도록 압력을 가할 수 있는 우리의 마지막이자 최선의 희망입니다.

끝으로, 지금이라도 이 전쟁을 올바르게 이해해야(**이해하다**) 할 사항이 하나 더 있습니다. 그것은 가장 큰 희생을 치른 남녀 **참전용사들**의 귀향 문제입니다. 그들의 **용기**에 경의를 표합시다. 그들에게 필요한 원호대책을 제공합시다. 그들이 사랑하는 군대를 재건합시다(**재건하다**). 이 일을 시작하는 세대가 됩시다.

우리가 이 모든 일을 할 수 있다는 것을 믿지 않는 사람들이 있다는 사실을 저는 알고 있습니다. 저는 **회의론**을 이해합니다. 결국, 4년마다, 양당의 후보자들은 비슷한 공약을 내세우고 있습니다. 올해도 다르지 않을 것이라고 생각됩니다. 대통령에 입후보한 우리 모두는 전국을 돌아다니며 **10점짜리 선거공약**을 할 것이고, 멋진 연설을 할 것입니다. 우리 모두는 각자의 **자질**을 알리며 돌아다닐(**알리며 돌아다니다**) 것입니다. 이 나라를 이끌어갈 독특한(**독특하게**) 자질을 갖추고(**자격 있는**) 있다고 믿으며 말입니다. 하지만 너무 자주, 선거가 끝나고, **색종이 조각**이 휩쓸고 지나가면(**휩쓸어가다**), 그 모든 공약은 기억 속에서 멀어져 갑니다(**사라져가다**). 그러면 로비스트와 특수이익 단체들이 움

turn away, disappointed **as before**, left to struggle on their own.

That is why this campaign can't only be about me. It must be about us — it must be about what we can do together. This campaign must be the **occasion**, the **vehicle**, of your hopes, and your dreams. It will take your time, your energy, and your advice — to push us forward when we're doing right, and to let us know when we're not. This campaign has to be about **reclaim**ing the meaning of citizenship, restoring our sense of common purpose, and realizing that few **obstacle**s can **withstand** the power of millions of voices calling for change.

By ourselves, this change will not happen. Divided, we are **bound** to fail. But the life of a tall, **gangly**, **self-made** Springfield lawyer tells us that a different future is possible.

He tells us that there is power in words.

He tells us that there is power in conviction.

That beneath all the differences of race and region, faith and **station**, we are one people.

He tells us that there is power in hope.

직이고, 국민들은 등을 돌리고 **(외면하다) 예전처럼** 실망해서, 각자 먹고사는 문제와 싸우게 됩니다.

그렇기 때문에 이번 선거운동은 단지 저 혼자만을 위한 게 아닙니다. 우리 모두를 위한 선거운동이 되어야 합니다. 우리가 함께할 수 있는 선거운동이 되어야 합니다. 이번 선거운동은 우리의 희망과 꿈의 **기회**이자 **전달수단**이 되어야 합니다. 여러분의 시간과 힘, 그리고 충고가 필요합니다. 그것들은 우리가 올바로 하고 있을 때 우리를 앞으로 밀어줍니다. 우리가 잘못하고 있을 때 우리를 깨우쳐 줍니다. 이번 선거운동은 시민권의 의미를 되찾기**(되찾다)** 위한 것입니다. 공동의 목적의식을 회복하기 위한 것입니다. 그 어떤 **장애물**도 변화를 요구하는 수백만의 목소리를 가로막지**(가로막다)** 못한다는 것을 깨닫기 위한 것입니다.

우리만으로는 이 변화가 일어나지 않습니다. 분열하면 우리는 실패하게 됩니다**(~하게 되어 있는)**. 하지만 키가 크고 호리호리하며**(호리호리한) 자수성가한** 스프링필드 출신의 변호사(링컨을 말함 - 옮긴이)는 우리에게 다른 미래가 가능하다고 말합니다.

그는 우리에게 말에는 힘이 있다고 말합니다.

그는 우리에게 신념 속에 힘이 있다고 말합니다.

인종과 종교, 종교와 **신분**의 차이 아래에서도, 우리는 한 국민입니다.

그는 희망 속에 힘이 있다고 우리에게 말합니다.

As Lincoln organized the forces **array**ed against slavery, he was heard to say: "Of strange, **discordant**, and even **hostile element**s, we gathered **from the four winds**, and formed and fought to battle through."

That is our purpose here today. That's why I'm in this race.

Not just to **hold an office**, but to gather with you to transform a nation. I want to win that next battle — for justice and opportunity. I want to win that next battle — for better schools, and better jobs, and health care for all. I want us to **take up** the unfinished business of perfecting our union, and building a better America.

And if you will join me in this **improbable quest**, if you feel destiny calling, and see as I see, a future of endless possibility stretching before us; if you sense, as I sense, that the time is now to **shake off** our **slumber**, and **slough off** our fear, and **make good** on the debt we owe past and future generations, then I'm ready to take up the cause, and march with you, and work with you. Together, starting today, let us finish the work that needs to be done, and **usher in** a new birth of freedom on this Earth.

링컨 대통령은 노예제도를 없애기 위해 배치되는(**배치시키다**) 군대를 조직하며 이렇게 말했습니다. "낯설고, 각기 다르고(**각기 다른**), 심지어 **적대적인 요소로** 구성된 우리가 **사방에서** 모여들어, 편대를 구성하여, 전투에서 끝까지 싸웠다."

　그것이 바로 우리가 오늘 여기에 모인 목적입니다. 그것이 바로 제가 이번 대선에 출마하는 이유입니다. 단지 대통령직을 얻기(**직책을 맡다**) 위해서가 아닙니다. 여러분과 함께 이 나라를 변화시키기 위해 모인 것입니다. 저는 이번 전투에서 승리하길 원합니다. 정의와 기회를 위해서입니다. 저는 이번 전투에서 승리하길 원합니다. 더 좋은 학교와 더 좋은 일자리, 그리고 모두가 누릴 수 있는 건강보험을 위해서입니다. 저는 우리가 완벽한 통합을 이루어 보다 나은 미국을 건설하는 미완의 과제에 착수하기를(**착수하다**) 원합니다.

　여러분이 **불가능해 보이는** 이 여정(**탐색 여행**)을 저와 함께 하신다면, 여러분이 운명의 부름을 느끼고, 제가 본 것처럼 우리 앞에 펼쳐진 끝없는 가능성의 미래를 보신다면, 여러분이 제가 느낀 것처럼, 지금은 **잠에서 깨어날(쫓아버리다)** 때라고, 두려움을 버릴(**버리다**) 때라고, 우리가 과거와 미래 세대에 진 빚을 갚아야(**갚다**) 할 때라고 느끼신다면, 저는 그 대의에 동참하여, 여러분과 함께 행진하며, 여러분과 함께 함께 일할 준비가 되어 있습니다. 다 함께, 오늘부터 시작하여, 해야만 하는 과제들을 완수합시다. 이 지구상에 새로운 자유의 탄생이 도래했음을 알립시다(**도착을 알리다**).

담대한 희망
(2004.7.27. 미국 민주당 전당대회 기조연설)

The Audacity of Hope;
A star is born

워싱턴의 청소년 쉼터에서 페인트 칠을 하고 있는 오바마

오바마 특강 | 이번 강의는 2004년 7월 27일 보스턴에서 열린 민주당 전당대회에서 당시 존 케리 대선 후보를 지지했던 기조연설을 텍스트로 삼았습니다. 〈담대한 희망〉이라고 알려져 있는 그 연설을 수강생 여러분도 잘 아실 것입니다. 그 연설로 인해 저는 전국적인 인지도를 얻게 되었고, 4개월 후 저는 7퍼센트라는 경이적인 득표율을 기록하며 흑인으로서는 유일하게 연방 상원의원에 당선되게 됩니다. 그 무엇이 대중들의 마음을 움직였을까요? 수강생 여러분도 이번 강의를 통해서, 그 비결을 배울 수 있기를 기원합니다. 또한 수강생 여러분도 이번 강의를 통해서, 담대한 희망을 가질 수 있기를 기원합니다! 힘내세요! Cheer up!"

> "I believe that as we stand on the crossroads of history, we can make the right choices."

On behalf of the great state of Illinois, **crossroad**s of a nation, land of Lincoln, let me express my deep gratitude for the **privilege** of addressing this **convention**. Tonight is a particular honor for me because, let's face it, my presence on this stage is pretty **unlikely**. My father was a foreign student, born and raised in a small village in Kenya. He grew up **herd**ing goats, went to school in a **tin-roof shack**. His father, my grandfather, was a cook, a domestic servant.

But my grandfather had larger dreams for his son. Through hard work and **perseverance** my father got a scholarship to study in a magical place: America, which stood as a beacon of freedom and opportunity to so many who had come before. While studying here, my father met my mother. She was born

담대한 희망

> 저는 우리가 역사의 기로에 서 있지만,
> 올바른 선택을 할 수 있다고
> 생각합니다.

    미국의 **중심지**이며 링컨의 고향인 일리노이 주를 **대표하여** 이 **전당대회**에서 특별히(**특권**) 연설을 하게 해주신 데 대해 깊은 감사를 드립니다. 제게는 오늘 밤 이 자리가 특히 영광스럽습니다. 사실은 이 자리에 서는 것이 거의 **있을 수 없는** 일이기 때문입니다. 저의 아버지는 케냐의 조그마한 마을에서 태어나고 자란 유학생이었습니다. 아버지는 염소를 치며(**무리를 짓게 하다**) 자라셨고 **양철지붕이 있는 판잣집** 학교에 다니셨습니다. 아버지의 아버지인 제 친할아버지는 요리사이자 하인이셨습니다.

    하지만 할아버지는 당신의 아들을 위해 더 큰 꿈을 갖고 계셨습니다. 열심히 일하고 **인내**한 결과, 아버지는 마법의 나라에서 공부할 수 있는 장학금을 받게 됐습니다. 아버지보다 먼저 온 수많은 이들에게 자유와 기회의 등불이었던 미국에서 말입니다. 이곳에서 공부하는 동안 아버지는 어머니를 만나셨습니다. 어머니는 아버지의 고향 반대

271

하버드대학교

in a town on the other side of the world, in Kansas. Her father worked on oil rigs and farms through most of the Depression. The day after Pearl Harbor my grandfather signed up for duty, joined Patton's army and marched across Europe. Back home, my grandmother raised their baby and went to work on a bomber **assembly line**. After the war, they studied on the GI Bill, bought a house through **FHA**, and moved west in search of opportunity.

And they, too, had big dreams for their daughter, a common

예일대학교

편에 있는 캔자스의 한 마을에서 태어나셨습니다. 어머니의 아버지는 대공황 시절 대부분을 석유 굴착장과 농장에서 일하셨습니다. 진주만 공격 바로 다음날, 외할아버지는 자원입대하여 패튼 부대에 들어가 유럽을 행진했습니다. 고향으로 돌아온 외할머니는 아이를 키우며 폭격기 **조립 라인**에서 일하셨습니다. 전쟁이 끝나자, 그들은 제대군인 원호법의 지원으로 공부를 했고, **연방 주택 관리국**을 통해 집을 장만하고 기회를 찾아 서부로 이주하셨습니다.

그리고 그들 역시 딸을 위해 큰 꿈을 가지고 계셨습니다. 두 **대륙**

dream, born of two **continent**s. My parents shared not only an improbable love; they shared an **abiding** faith in the possibilities of this nation. They would give me an African name, Barack, or "blessed," believing that in a **tolerant** America your name is no **barrier** to success. They imagined me going to the best schools in the land, even though they weren't rich, because in a generous America you don't have to be rich to achieve your potential. They are both **passed away** now. Yet, I know that, on this night, they look down on me with pride.

I stand here today, grateful for the **diversity** of my heritage, aware that my parents' dreams live on in my precious daughters. I stand here knowing that my story is part of the larger American story, that I **owe** a debt to all of those who came before me, and that, in no other country on earth, is my story even possible. Tonight, we gather to **affirm** the greatness of our nation, not because of the height of our **skyscraper**s, or the power of our military, or the size of our economy. Our pride is based on a very simple **premise, sum**med up in a **declaration made over** two hundred years ago, "We hold these truths to he **self-evident**, that all men are created equal. That they are

에서 태어난 아이들을 위한 공통의 꿈이었습니다. 제 부모님은 불가능할 것 같은 사랑을 나누었을 뿐 아니라 이 나라의 가능성에 대한 **영원한** 믿음도 나누셨습니다. 부모님은 제게 Barack이라는 즉, '축복받은'이라는 뜻의 아프리카 이름을 지어 주셨습니다. 이런 **관대한** 미국 땅에서는 제 이름이 성공하는 데 아무런 **장애**가 없을 거라 믿으시면서 말입니다. 비록 두 분은 부자는 아니었지만, 이 땅에서 제가 가장 좋은 학교를 다닐 수 있으리라고 생각하셨습니다. 관대한 미국 땅에서는 부자가 아니더라도 자신의 능력을 발휘할 수 있기 때문입니다. 지금은 두 분 모두 돌아가셨지만(죽다), 저는 오늘 밤 저의 부모님이 저를 자랑스러워하며 내려다보고 계신다는 것을 알고 있습니다.

오늘 제가 받은 **다양성**에 감사하며 이 자리에 선 저는, 부모님의 꿈이 제 소중한 딸들에게도 계속 이어져 나가고 있음을 알고 있습니다. 저는 제 이야기가 이 커다란 나라 이야기의 일부이며, 저보다 먼저 이 땅에 오신 모든 분들께 빚을 지고(빚을 지다) 있으며, 또 지구상 다른 어떤 나라에서도 제 이야기가 가능하지 않다는 사실을 알고 이 자리에 서 있습니다. 오늘 밤 우리는 우리나라의 위대함을 확인하기(확인하다) 위해 함께 모였지, 우리의 **고층건물**의 높이나 군사력이나 경제적 규모 때문에 모인 것이 아닙니다. 우리의 자긍심은 바로 200여 년 전 만들어진(고쳐 만들다) **선언서**에 요약되어(요약하다) 있는 아주 단순한 **전제**를 기반으로 하고 있습니다. "우리, 모든 인간은 평등하게 태어났으며, 창조주에 의해 몇 가지 **양도할 수 없는** 권리를 부여받았고, 그중에 생명

endowed by their Creator with certain **inalienable** rights. That among these are life, liberty and the **pursuit** of happiness."

That is **the** true **genius** of America, a faith in the simple dreams of its people, the **insistence** on small miracles. That we can tuck in our children at night and know they are fed and clothed and safe from harm. That we can say what we think, write what we think, without hearing a sudden knock on the door. That we can have an idea and start our own business without paying a **bribe** or hiring somebody's son. That we can participate in the political process without fear of **retribution**, and that our votes will be counted — or at least, most of the time.

This year, in this election, we are called to reaffirm our values and **commitment**s, to hold them against a hard reality and see how we are measuring up, to the legacy of our forbearers, and the **promise** of future generations. And fellow Americans — Democrats, Republicans, Independents — I say to you tonight: we have more work to do. More to do for the workers I met in Galesburg, Illinois, who are losing their union jobs at the Maytag plant that's moving to Mexico, and now are having to compete with their own children for jobs that pay seven **buck**s an hour. More to do for the father I met who was

담대한 희망

과 자유, 행복의 **추구**권이 있다는 것을 **자명한** 진리로 믿는다."

이처럼 국민들의 단순한 꿈들에 대한 믿음과 작은 기적들에 대한 **역설**이야말로 진정한 미국의 **정신**입니다. 이것은 우리가 밤에 아이들에게 이불을 덮어 줄 수 있으며, 아이들을 먹이고 입히며, 위협으로부터 안전하다고 믿을 수 있는 것입니다. 이것은 갑작스럽게 문을 두드리는 소리도 없이 우리의 생각을 말할 수 있고, 우리가 생각을 쓸 수 있는 것입니다. 아이디어가 생기면 **뇌물**을 주거나 누군가의 아들을 고용하지 않고도 사업을 시작할 수 있는 것입니다. **보복**의 두려움 없이 정치 활동에 참여할 수 있고, 적어도 대부분의 경우 우리의 표가 제대로 세어질 거라는 것입니다.

올해 치러지는 선거에서, 우리는 우리의 가치관과 **공약**한 것들을 다시 확인해보고, 어려운 현실에 맞서 이것들을 지켜내며, 우리의 선조들이 남긴 유산과 미래 세대의 **희망**에 어떻게 적용시켜 나갈지 살피는 것이 요구됩니다. 그리고 국민 여러분, 민주당, 공화당, 무소속 여러분들께 오늘 밤 말씀드립니다. 우리는 해야 할 일이 많습니다. 제가 일리노이 주 게일즈버그에서 만난 노동자들, 메이택 공장이 멕시코로 이전하는 바람에 실직하고 이제는 시간당 **7달러**짜리 일자리를 놓고 자기 자식과 경쟁해야 하는 그들을 위해 우리는 해야 할 일이 많습니다. 제가 만난 한 아버지는 실직을 당하고서 **의지할 만한** 의료 혜택 없이 한 달에 4천 5백 달러나 되는 아들의 약값을 어떻게 감당해야 할지

losing his job and **choking** back tears, wondering how he would pay $4,500 a month for the drugs his son needs without the health benefits he **count**ed **on**. More to do for the young woman in East St. Louis, and thousands more like her, who has **the grades**, has the **drive**, has the will, but doesn't have the money to go to college.

Don't get me wrong. The people I meet in small towns and big cities, in diners and office parks, they don't expect government to solve all their problems. They know they have to work hard to **get ahead** and they want to. Go into the collar counties around Chicago, and people will tell you they don't want their tax money wasted by a welfare agency or the Pentagon. Go into any **inner city** neighborhood, and folks will tell you that government alone can't teach kids to learn. They know that parents have to **parent**, that children can't achieve unless we raise their expectations and turn off the television sets and **eradicate** the **slander** that says a black youth with a book is acting white. No, people don't expect government to solve all their problems. But they sense, deep in their bones, that with just a change in priorities, we can make sure that every child in America has a **decent shot** at life, and that the

걱정되어 눈물을 삼켜야(**억누르다**) 했습니다. 그를 위해 해야 할 일이 많습니다. 이스트 세인트 루이스에서 만난 젊은 여성은 **성적**도 우수하고 **의욕**과 의지도 있지만, 대학에 들어갈 학비가 없습니다. 그녀와 같은 처지에 있는 수많은 이들을 위해 해야 할 일이 많습니다.

　오해하지 마십시오. 제가 작은 마을과 대도시에서 만나고, 식당과 상업 지구에서 만난 그 사람들은 정부가 그들의 문제를 모두 해결해 주리라고 기대하지 않습니다. 그들은 잘되기(**성공하다**) 위해서는 열심히 일해야 한다는 것을 알고 있으며, 또 그것을 원합니다. 시카고 주변에 있는 컬러 카운티 지역에 가보면, 사람들은 복지기관이나 국방부가 자신들의 세금을 낭비하는 것을 원치 않는다고 말할 것입니다. **빈민 지역**에 가보면, 사람들은 정부 혼자로는 아이들을 가르칠 수 없다고 말할 것입니다. 그들은 부모가 아이를 책임지고 길러야(**아이를 기르다**) 하며, 우리가 아이들의 가능성을 길러 주고, TV를 끄고, 책을 들고 있는 흑인 아이에게 백인처럼 행동한다고 비아냥거리지(**비방**) 말아야(**근절하다**) 아이들이 목표 달성을 할 수 있다는 것을 압니다. 그렇습니다. 사람들은 정부가 자신들의 문제를 모두 해결해 주리라고 기대하지 않습니다. 하지만 그들은 뼛속 깊이 느끼고 있습니다. 우선순위에 약간의 변화만 주어도 이 나라의 모든 아이들이 **더할 나위 없는 즐거움**을 누릴 수 있으며, 그래서 기회의 문이 모두에게 열릴 수 있다는 확신

doors of opportunity remain open to all. They know we can do better. And they want that choice.

In this election, we offer that choice. Our party has chosen a man to lead us who **embodies** the best this country has to offer. That man is John Kerry. John Kerry understands the ideals of community, faith, and sacrifice, because they've defined his life. From his heroic service in Vietnam to his years as **prosecutor** and **lieutenant governor**, through two decades in the United States Senate, he has **devote**d himself to this country. Again and again, we've seen him make tough choices when easier ones were available. His values and his record affirm what is best in us.

John Kerry believes in an America where hard work is rewarded. So instead of offering tax breaks to companies shipping jobs **overseas**, he'll offer them to companies creating jobs here at home. John Kerry believes in an America where all Americans can afford the same health coverage our politicians in Washington have for themselves. John Kerry believes in energy **independence**, so we **aren't held hostage** to the profits of oil companies or the **sabotage** of foreign oil fields. John Kerry believes in the constitutional freedoms that have made

말입니다. 그들은 우리가 더 잘 해낼 수 있다는 것을 알고 있습니다. 그리고 그들은 그런 선택을 원합니다.

이번 선거에서 우리는 그런 선택의 기회를 제공합니다. 민주당은 이 나라가 제공해야 하는 최고의 것을 구현하도록(**구현하다**) 우리를 이끌어 줄 사람을 선택했습니다. 바로 존 케리 후보입니다. 존 케리 후보는 공동체, 믿음, 그리고 헌신의 이상을 알고 있습니다. 이것들이 그의 삶을 정의해 왔기 때문입니다. 베트남에서의 영웅적인 봉사에서부터 다년간의 **검사**와 **부지사**로서, 그리고 20여 년에 걸친 상원의원으로서 그는 자기 자신을 이 나라에 바쳤습니다(**바치다**). 우리는 여러 번 그가 어려운 결정을 하는 것을 보았습니다. 보다 쉬운 선택이 있었음에도 말입니다. 그의 가치관과 경력은 우리에게 가장 좋은 것이 무엇인지 확인시켜 주고 있습니다.

존 케리 후보는 미국이 열심히 일한다면 보상해주는 나라라고 생각합니다. 그래서 **해외**로 일자리를 옮기는 회사들에게 세금을 감면해주는 대신, 국내에서 일자리를 창출하는 회사에 세금 감면을 제공하는 것입니다. 존 케리 후보는 미국이 워싱턴의 정치인들과 동일한 건강보험 적용을 모든 미국인들도 누릴 수 있는 나라임을 생각합니다. 존 케리 후보는 에너지 **자립**으로 인해 우리가 석유 회사들의 이익이나 외국 유전의 **방해** 행위로부터 자유로워진다(**인질로 잡히지 않다**)는 것을 알고 있습니다. 존 케리 후보는 세계가 부러워하는 미국의 헌법의 자유를 믿으며, 우리의 기본권을 희생시키지도 않을 것이며, 종교를 빌미

our country the envy of the world, and he will never sacrifice our basic liberties nor use faith as a **wedge** to divide us. And John Kerry believes that in a dangerous world, war must be an option, but it should never be the first option.

A while back, I met a young man named Shamus at the **VFW** Hall in East Moline, Illinois. He was a good-looking kid, six-two or six-three, clear-eyed, with an easy smile. He told me he'd joined **the Marines** and was heading to Iraq the following week. As I listened to him explain why he'd **enlist**ed, his **absolute** faith in our country and its leaders, his **devotion** to duty and service, I thought this young man was all any of us might hope for in a child. But then I asked myself: Are we serving Shamus as well as he was serving us? I thought of more than 900 **service men** and women, sons and daughters, husbands and wives, friends and neighbors, who will not be returning to their hometowns.

I thought of families I had met who were struggling to **get by** without a loved one's **full income**, or whose loved ones had returned with a **limb** missing or with **nerve**s **shatter**ed, but who still lacked long-term health benefits because they were **reservist**s. When we send our young men and women into

(사이를 떼는 곳)로 삼아 국민을 분열시키는 일도 없을 것입니다. 또한 존 케리 후보는 위험한 세상에서 전쟁이 선택될 수 있으나 첫 번째 선택 사항이 되어서는 안 된다는 것을 믿고 있습니다.

얼마 전, 저는 일리노이 주 이스트 몰린의 **해외전쟁 참전용사** 홀에서 셰이머스라는 한 청년을 만났습니다. 키가 188 내지는 190센티미터 정도 되는 그는, 맑은 눈과 편안한 미소를 가진 잘생긴 친구였습니다. 그는 **해병대**에 입대했으며, 다음 주에 이라크로 떠난다고 합니다. 그가 입대하는(**입대하다**) 이유는, 이 나라와 이 나라 지도자들에 대한 **절대적인** 믿음 때문이라고 했습니다. 그의 임무와 봉사에 대한 **헌신**의 내용을 들으면서, 저는 이 청년이 우리 모두가 자녀들에게 바라는 것이라는 생각이 들었습니다. 하지만 저는 이렇게 자문했습니다. 셰이머스가 우리를 위해 봉사하는 만큼 우리도 봉사하고 있는가? 이제 다시는 고향으로 돌아가지 못할 900명이 넘는 **군인**들과, 우리의 아들딸들, 남편과 아내들, 친구와 이웃들이 떠올랐습니다.

사랑하는 사람들의 **수입** 없이 힘겹게 살아가는(**겨우 꾸려가다**) 사람들, 또 사랑하는 사람이 **수족**을 잃거나 **정신**이 이상해(**부서지다**) 돌아왔지만 **예비역**이라는 이유로 장기 의료 혜택조차 받지 못하는 이들이 떠올랐습니다. 젊은이들을 위험 속으로 보낼 때 우리는 숫자를 조작하거나(**조작하다**) 파병 이유에 대한 진실을 감추지(**흐리게 하다**) 말아

harm's way, we have a **solemn obligation** not to **fudge** the numbers or **shade** the truth about why they're going, to care for their families while they're gone, to **tend** to the soldiers upon their return, and to never ever go to war without enough troops to win the war, secure the peace, and earn the respect of the world.

Now let me be clear. We have real enemies in the world. These enemies must be found. They must be **pursue**d and they must be defeated. John Kerry knows this. And just as **Lieutenant** Kerry did not hesitate to risk his life to protect the men who served with him in Vietnam, President Kerry will not hesitate one moment to use our military might to keep America safe and secure. John Kerry believes in America. And he knows it's not enough for just some of us to prosper. For alongside our famous individualism, there's another **ingredient** in the American **saga**.

A belief that we are connected as one people. If there's a child on the south side of Chicago who can't read, that matters to me, even if it's not my child. If there's a senior citizen somewhere who can't pay for her **prescription** and has to choose between medicine and the rent, that makes my life poorer, even if it's not my grandmother. If there's an Arab

담대한 희망

야 하며, 또 그들이 없는 동안에 가족을 돌봐주어야 하며, 돌아온 군인들을 보살펴(돌보다) 주어야 합니다. 또 전쟁에 이겨 평화를 확보하고 세계로부터 존경의 대상이 될 만한 병력이 없다면 선불리 출전하지 말아야 할 **엄중한 의무**를 갖고 있습니다.

이제 확실히 해두어야겠습니다. 이 세상에는 실제로 싸워야 할 적이 있습니다. 이런 적들은 꼭 색출해서(색출하다) 무찔러야 합니다. 존 케리 후보는 이것을 알고 있습니다. 케리 **중위**로서 그는 베트남에서 함께 복무한 사람들을 지키기 위해 목숨을 거는 데 주저하지 않았습니다. 케리 대통령 후보는 미국의 안전을 위해 군사력을 사용하는 데 있어서 한시도 망설이지 않을 것입니다. 존 케리 후보는 미국을 믿습니다. 그리고 그는 몇몇 사람들만으로는 번영이 충분치 않다는 것을 알고 있습니다. 잘 알려진 우리의 개인주의에는 미국 신화(**무용담**)의 또 다른 **요소**가 있기 때문입니다.

우리는 하나의 국민으로 연결돼 있다는 믿음이 있습니다. 시카고 남부에 사는 한 아이가 글을 읽지 못한다면 그것은 제게 중요한 문제입니다. 제 아이가 아니더라도 말입니다. 어디엔가 **처방약**을 살 돈이 없고 약값과 월세 중 하나를 선택해야 하는 노인이 계시다면, 제 삶은 더 비참해질 것입니다. 그분이 제 할머니가 아니더라도 말입니다. 어느 아랍계 미국인 가족이 **변호사**나 **정당한** 법 절차 없이 끌려간다면

285

American family being **round**ed **up** without benefit of an **attorney** or **due** process, that **threaten**s my civil liberties. It's that fundamental belief — I am my brother's keeper, I am my sister's keeper — that makes this country work. It's what allows us to pursue our individual dreams, yet still come together as a single American family. "**E pluribus unum**." Out of many, one.

Yet even as we speak, there are those who are preparing to divide us, the spin masters and negative ad **peddler**s who **embrace** the politics of anything goes. Well, I say to them tonight, there's not a **liberal** America and a **conservative** America — there's the United States of America. There's not a black America and white America and Latino America and Asian America; there's the United States of America.

The **pundit**s like to **slice-and-dice** our country into Red States and Blue States; Red States for Republicans, Blue States for Democrats. But I've got news for them, too. We worship an **awesome** God in the Blue States, and we don't like federal agents **poking around** our libraries in the Red States. We coach **Little League** in the Blue States and have gay friends in the Red States. There are patriots who opposed the war in Iraq and

(체포하다), 그것은 저의 인권을 위협하는(위협하다) 것입니다. 이것이 바로 근본적인 믿음입니다. 나의 형제와 자매를 지킨다는 믿음이 바로 이 나라를 지탱하는 믿음인 것입니다. 그것은 바로 우리가 각자의 꿈을 추구하면서 이 나라의 하나의 가족으로 화합할 수 있게 해주는 것입니다. **여럿으로 이루어진 하나** 말입니다.

하지만 지금 우리기 얘기하고 있는 동안에도 우리를 갈라놓으려는 자들이 있습니다. 여론을 조작하고 부정적인 소문을 **퍼뜨리는 사람**들은 무슨 짓을 해도 괜찮다는 식의 정치를 기꺼이 받아들이고(껴안다) 있습니다. 오늘 밤 그들에게 말해주고 싶습니다. 민주당의(진보적인) 미국과 공화당의(보수적인) 미국이 따로 있는 게 아니라 미합중국만이 있을 뿐이라고 말입니다. 흑인의 미국, 백인의 미국, 라틴계의 미국, 아시아계의 미국이 따로 있는 게 아니라고 말입니다. 오로지 미합중국만이 존재할 뿐이라고 말입니다.

정치꾼들은 우리나라를 붉은 주와 푸른 주로 조각내기를(난도질하다) 좋아합니다. 붉은 주는 공화당, 푸른 주는 민주당으로 말입니다. 그러나 그들에게 또 전해 줄 말이 있습니다. 푸른 주에서도 **경외하는** 하나님을 숭배하며, 붉은 주에서도 연방 요원이 도서관 이곳저곳을 뒤지고(여기저기 뒤지다) 다니는 것을 원치 않는다고 말입니다. 푸른 주에서도 **소년 야구 리그**를 지도하며, 붉은 주에서도 동성애자들과 친구가 됩니다. 이라크 전쟁을 반대하는 애국자도 있고, 옹호하는 애국자도

patriots who supported it. We are one people, all of us **pledging allegiance** to the stars and stripes, all of us defending the United States of America.

In the end, that's what this election is about. Do we participate in a politics of cynicism or a politics of hope? John Kerry calls on us to hope. John Edwards calls on us to hope. I'm not talking about **blind optimism** here — the almost **willful** ignorance that thinks unemployment will **go away** if we just don't talk about it, or the health care crisis will solve itself if we just ignore it. No, I'm talking about something more **substantial**. It's the hope of slaves sitting around a fire singing freedom songs; the hope of immigrants setting out for distant shores; the hope of a young naval lieutenant bravely **patrolling** the Mekong Delta; the hope of a millworker's son who dares to **defy** the odds; the hope of a **skinny** kid with a funny name who believes that America has a place for him, too. The audacity of hope!

In the end, that is God's greatest gift to us, the **bedrock** of this nation; the belief in things not seen; the belief that there are better days ahead. I believe we can give our middle class relief and provide working families with a road to opportunity. I believe we can provide jobs to the jobless, homes to the

있습니다. 우리는 하나의 국민입니다. 우리 모두 **성조기**를 향해 **충성**을 맹세하고(맹세하다), 우리 모두 미합중국을 지키고 있습니다.

결국 이번 선거의 쟁점은 바로 이것입니다. 여러분은 냉소주의의 정치에 참여하고 있습니까, 아니면 희망의 정치에 참여하고 있습니까? 존 케리 후보는 우리에게 희망을 요구합니다. 제가 **맹목적인 낙관주의**를 얘기하고 있는 게 아닙니다. 그것은 우리가 그저 입을 다물고 있으면 실업 문제가 사라지고(사라지다), 무시해 버리면 건강보험의 위기가 저절로 해결되리라고 믿는, 거의 **고의적인** 무지를 말하는 게 아닙니다. 그렇습니다. 제가 얘기하는 것은 보다 **근본적인** 것입니다. 그것은 모닥불에 둘러앉아 자유의 노래를 부르는 노예들의 희망, 머나먼 나라를 향해 떠나던 사람들의 희망, 메콩 강 삼각주를 용감하게 순찰하고(순찰하다) 있는 젊은 해군 대위의 희망, 용감하게 가능성에 도전하는(도전하다) 공장 노동자 아들의 희망, 미국에도 그가 설 자리가 있다고 믿는 우스꽝스러운 이름의 **바싹 마른** 소년의 희망이기도 합니다. 담대한 희망입니다!

결국 이런 희망이 신이 우리에게 주신 가장 위대한 선물이며, 이 나라의 **기반**입니다. 보이지 않는 것에 대한 믿음, 앞으로 보다 좋은 날이 올 거라는 믿음 말입니다. 저는 우리가 중산층에게 위안을 주고 노동자 가정에 기회의 길을 열어 줄 수 있다고 믿습니다. 저는 실업자들에게 일자리를, 집이 없는 자들에게 집을 줄 수 있고, 미국 전역의 도

homeless, and reclaim young people in cities across America from violence and despair. I believe that as we stand on the crossroads of history, we can make the right choices, and meet the challenges that face us. America!

Tonight, if you feel the same energy I do, the same urgency I do, the same passion I do, the same hopefulness I do — if we do what we must do, then I have no doubt that all across the country, from Florida to Oregon, from Washington to Maine, the people will rise up in November, and John Kerry will be sworn in as president, and John Edwards will be **sworn** in as vice president, and this country will reclaim its promise, and out of this long political darkness a brighter day will come. Thank you and God bless you.

시에 있는 젊은이들에게 폭력과 절망에서 빠져나올 수 있을 것이라고 믿습니다. 저는 우리가 역사의 기로에 서 있지만, 올바른 선택을 하여 직면하고 있는 도전에 맞설 수 있다고 믿습니다. 미국입니다!

    오늘 밤, 여러분이 저와 같은 에너지를 느끼신다면, 저와 같은 절박함을 느끼신다면, 저와 같은 열정을 느끼신다면, 저와 같은 희망을 느끼신다면, 우리가 꼭 해야 할 일을 한다면, 저는 플로리다에서 오리건 주까지, 워싱턴에서 메인 주까지 11월에 미국의 온 국민이 일어나리라고 믿어 의심치 않습니다. 그리고 존 케리 의원을 대통령으로, 존 에드워드를 부통령으로 선서하게**(맹세하다)** 되리라는 것, 그리고 이 나라가 약속을 재생시키고 기나긴 정치적 어둠에서 벗어나 보다 밝은 날을 보게 될 것이라는 사실을 믿어 의심치 않습니다. 감사합니다. 여러분에게 신의 축복이 있기를 기원합니다.

마땅히 되어야만 하는 세상
(2008.8.25. 미셸 오바마 DNC 기조연설)

Michelle Obama Keynote Address at DNC

오바마 특강 | "드디어 마지막 강의입니다. 이번엔 제 아내인 미셸 오바마가 특별 출연해 특강을 맡아서 진행하게 됩니다. 2008년 8월 25일 콜로라도 주 덴버에서 열린 민주당 전당대회에서 저에게 힘을 실어준 미셸 오바마의 기조연설을 마지막 강의의 텍스트로 삼은 것입니다. 그녀의 영어는 저보다 더 명쾌하고, 그녀의 발음은 저보다 더 분명합니다. 그녀는 '지금 그대로의 세상'과 '마땅히 되어야만 하는 세상'에 대해 강의할 것입니다. 수강생 여러분이 꿈꾸는, '마땅히 되어야만 하는 세상'은 어떤 세상인가요? 영어를 더욱 열심히 하셔서, 여러분의 영어가 여러분이 꿈꾸는 '마땅히 되어야만 하는 세상'의 건설에 기여할 수 있기를 기원합니다! 수강생 여러분의 앞날에 따뜻한 햇살과 밝은 웃음이 언제나 함께하시길……!"

할리우드 배우 뺨치는 영부인 미셸 오바마

"We have an obligation to fight for the world as it should be."

Michelle Obama Keynote Address at DNC

As you might imagine, for Barack, running for president is nothing compared to that first game of basketball with my brother Craig.

I can't tell you how much it means to have Craig and my mom here tonight. Like Craig, I can feel my dad looking down on us, just as I've felt his presence in every grace-filled moment of my life.

At six-foot-six, I've often felt like Craig was looking down on me too — **literally**. But the truth is, both when we were kids and today, he wasn't looking down on me — he was **watch**ing **over** me.

And he's been there for me every step of the way since that clear day February 19 months ago, when — with little more than our faith in each other and a hunger for change — we

우리는 마땅히 되어야만 하는 세상을 위해
싸워야 하는 의무를 갖고 있습니다.

마땅히 되어야만 하는 세상

여러분들이 생각하듯이, 버락에게는 대선에 출마한 것이 제 오빠 크레이그(오리건주립대 농구팀 수석코치임 - 옮긴이)와 첫 농구 게임을 한 것과는 비교할 수 없습니다.

크레이그와 제 어머니와 오늘 밤 이 자리에서 함께 한다는 것이 얼마나 큰 의미가 있는 것인지 말로 다 표현할 수 없습니다. 크레이그처럼, 아버지가 우리를 내려다보시는 걸 느낄 수 있습니다. 제 삶이 은혜로 충만할 때마다 아버지의 존재를 느껴온 것처럼 말입니다.

저는 크레이그가 6피트 6인치의 키(198센티미터 정도 - 옮긴이)로 저를 **말 그대로** '내려다보고 있다'는 생각이 들었습니다. 하지만 사실은, 우리가 아이였을 때도 그리고 오늘도, 오빠는 저를 내려다보지 않았습니다. 오빠는 저를 보살폈습니다(**돌보다**).

그리고 오빠는 제가 가는 길마다 저를 위해서 그곳에 있었습니다. 19개월 전인 그 청명했던 2월 어느 날, 서로에 대한 믿음과 변화에 대한 갈망만으로 제 남편의 여정에 합류했을 때 이후로 말입니다. 우

joined my husband, Barack Obama, on the improbable journey that's brought us to this moment.

But each of us also comes here tonight **by way of** our own **improbable** journey.

I come here tonight as a sister, blessed with a brother who is my mentor, my protector and my lifelong friend.

And I come here as a wife who loves my husband and believes he will be an extraordinary president.

And I come here as a Mom whose girls are the heart of my heart and the center of my world — they're the first thing I think about when I wake up in the morning, and the last thing I think about when I go to bed at night. Their future — and all our children's future — is my **stake** in this election.

And I come here as a daughter — raised on the South Side of Chicago by a father who was a blue collar city worker, and a mother who stayed at home with my brother and me. My mother's love has always been a **sustaining** force for our family, and one of my greatest joys is seeing her **integrity**, her **compassion**, and her intelligence reflected in my own daughters.

My dad was our rock. Although he was **diagnose**d with

리를 이 순간에 이르게 한 거짓말 같은 여정이었습니다.

하지만 우리 각자는 오늘 밤 자신의 **믿기지 않는** 여정을 따라서 **(경유하여)** 오늘 밤 이곳에 왔습니다.

제 조언자이자 보호자이며 일생의 친구인 제 오빠의 축복을 받은 여동생으로 저는 오늘 밤 이곳에 왔습니다.

저는 남편을 사랑하고 그가 아주 뛰어난 대통령이 될 거라고 확신하는 아내로 이곳에 왔습니다.

그리고 딸들을 그 무엇보다도 소중히 여기고 세상의 중심이라고 여기는 어머니로 이곳에 왔습니다. 이 아이들은 제가 아침에 일어나서 제일 먼저 생각하고 잠자리에 들 때 제일 마지막으로 생각하는 사람입니다. 그들의 미래는, 그리고 우리 모든 어린이들의 미래는, 이번 선거에서 저의 **주요 관심사**입니다.

저는 시카고 남부(흑인 집단거주 지역 - 옮긴이)에서 시청의 현장직 노동자였던 아버지와, 집에서 오빠와 저와 함께하신 어머니가 키운 딸로 이곳에 왔습니다. 어머니의 사랑은 늘 저의 가족을 **떠받치는** 힘이 되었습니다. 그리고 저의 가장 큰 기쁨 중의 하나는 어머니의 **성실함과** 어머니의 **자비로운 마음**, 그리고 어머니의 지혜가 제 딸들에게 나타나는 것을 보고 있는 것입니다.

아버지는 우리의 반석이었습니다. 30대 초반에 다발성 경화증 진

multiple sclerosis in his early thirties, he was our provider, our champion, our hero. As he got sicker, it got harder for him to walk, it took him longer to get dressed in the morning. But if he was in pain, he never **let on**. He never stopped smiling and laughing — even while struggling to button his shirt, even while using two **cane**s to get himself across the room to give my Mom a kiss. He just woke up a little earlier, and worked a little harder.

He and my mom poured everything they had into me and Craig. It was the greatest gift a child could receive: never doubting for a single minute that you're loved, and cherished, and **have a place** in this world. And thanks to their faith and hard work, we both were able to go on to college. So I know **firsthand** from their lives — and mine — that the American dream endures.

And you know, what struck me when I first met Barack was that even though he had this funny name, even though he'd grown up all the way across the continent in Hawaii, his family was so much like mine. He was raised by grandparents who were working class folks just like my parents, and by a single mother who struggled to pay the bills just like we did. Like my

단을 받으셨지만(**진단하다**), 아버지는 우리를 부양하셨고 우리의 챔피언이자 영웅이셨습니다. 병세가 악화되면서 아버지는 걸어다니기 힘들게 되었고, 아침에 옷을 입는 데 시간이 많이 걸리셨습니다. 하지만, 아버지는 고통스러워도, 결코 내색하지 않으셨습니다(**입 밖에 내다**). 아버지는 결코 미소와 웃음을 멈추지 않으셨습니다. 셔츠에 단추를 힘들게 끼울 때도, 어머니에게 입맞춤을 하러 방을 가로질러 가기 위해 두 **지팡이**를 사용하실 때에도 그러셨습니다. 아버지는 다만 조금 더 일찍 일어나셨고, 조금 더 열심히 일하셨을 뿐입니다.

아버지와 어머니는 그분들이 갖고 있는 모든 것을 저와 크레이그에게 쏟으셨습니다. 그것은 한 아이가 받을 수 있는 가장 큰 선물이었습니다. 다시 말해 여러분이 사랑을 받고 소중하게 여겨졌기에 이 세상에 **존재한다**는 것을 단 한 순간도 의심할 수 없다는 것입니다. 그들의 믿음과 근면 덕분에, 우리 둘은 대학에 진학할 수 있었습니다. 그리고 미국의 꿈이 지속되고 있다는 것을 부모님의 삶으로부터, 그리고 제 삶으로부터 **직접** 알게 되었습니다.

아시다시피, 처음 버락을 만났을 때 제 머리에 떠오른 것은, 그가 이처럼 우스꽝스러운 이름을 가졌지만, 그가 대륙에서 멀리 떨어진 하와이에서 자랐지만, 그의 가족이 저의 가족과 아주 많이 닮았다는 점이었습니다. 외할아버지 외할머니가 남편을 키웠는데 그분들은 부모님들처럼 노동자 계층이었습니다. 그리고 홀어머니가 남편을 키웠는데 그분은 저희 가족이 그랬던 것처럼 생활비를 벌기 위해 애쓰셨습니

family, they **scrimp**ed and saved so that he could have opportunities they never had themselves. And Barack and I were raised with so many of the same values: that you work hard for what you want in life; that your word is your bond and you do what you say you're going to do; that you treat people with dignity and respect, even if you don't know them, and even if you don't agree with them.

And Barack and I set out to build lives guided by these values, and pass them on to the next generation. Because we want our children — and all children in this nation — to know that the only limit to the **height** of your achievements is the **reach** of your dreams and your **willingness** to work hard for them.

And as our friendship grew, and I learned more about Barack, he introduced me to the work he'd done when he first moved to Chicago after college. Instead of **head**ing to Wall Street, Barack had gone to work in neighborhoods **devastated** when steel plants shut down, and jobs **dried up**. And he'd been invited back to speak to people from those neighborhoods about how to rebuild their community.

The people gathered together that day were ordinary folks

다. 저희 가족처럼 그분들은 절약하고**(절약하다)** 저축하셨습니다. 그렇게 해서 남편은 그분들이 자신들이 결코 갖지 못했던 기회들을 가질 수 있었습니다. 그리고 남편과 저는 아주 많은 동일한 가치관으로 키워졌습니다. 이를테면, 인생에서 원하는 것을 얻기 위해 당신은 더 열심히 일해야 한다, 말은 그 사람의 보증수표이니 당신은 당신이 하겠다고 말한 것을 해야 한다, 그 사람을 모르고 심지어 의견이 다르더라도 당신은 그들을 기품과 존경으로 대해야 한다, 같은 것입니다.

그래서 남편과 저는 그런 가치관이 이끈 삶을 살아가고자 출발했으며, 그 가치관들을 다음 세대에 물려주는 일에 착수했습니다. 우리 아이들이, 그리고 세상의 모든 아이들이 알기를 바라고 있기 때문입니다. 여러분이 이루고자 하는 성취의 **최고 한계점**은 바로 여러분이 갖고 있는 꿈의 **범위**와, 그 꿈을 이루기 위한 여러분의 **자발적 의지**에 따라 달라진다는 것을.

우리의 우정이 싹트면서, 저는 남편을 더욱 알게 되었습니다. 남편은 대학 졸업 후 처음 시카고로 왔을 때 했던 일을 저에게 소개해 주었습니다. 월스트리트로 가는**(향하다)** 대신 남편은 **황폐해진** 지역에서 일했습니다. 철강 공장들이 폐쇄되어 일자리가 사라져버렸을**(바닥나다)** 때입니다. 그리고 그는 그 지역사회로부터 다시 초대를 받아서 그들의 공동체를 재건하는 방법에 대해서 연설했습니다.

그날 모인 분들은 훌륭한 삶을 일구기 위해 최선을 다하는 보통

doing the best they could to build a good life. They were parents living paycheck to paycheck; grandparents trying to get by on a **fixed income**; men **frustrated** that they couldn't support their families after their jobs **disappear**ed. Those **folks** weren't asking for a **handout** or a **shortcut**. They were ready to work — they wanted to contribute. They believed — like you and I believe — that America should be a place where you can make it if you try.

Barack stood up that day, and spoke words that have **stay**ed **with** me ever since. He talked about "The world as it is" and "The world as it should be." And he said that all too often, we accept the **distance** between the two, and settle for the world as it is — even when it doesn't reflect our values and **aspiration**s. But he reminded us that we know what our world should look like. We know what **fairness** and justice and opportunity look like. And he urged us to believe in ourselves — to find the strength within ourselves to strive for the world as it should be. And isn't that the great American story?

It's the story of men and women gathered in churches and union halls, in town squares and high school gyms — people

사람들이었습니다. 그들은 한 달 월급으로 근근이 살아가는 부모들이었습니다. 그들은 **고정수입**으로 애써 꾸려가는 할아버지 할머니들이었습니다. 직장을 잃은 후 그들의 가족을 부양할 수 없어 좌절하는(**좌절된**) 자들이었습니다. 그들은 **자선**이나 **손쉬운 방법**을 얻으려고 하지 않았습니다. 그 **사람들**은 언제든지 일할 준비가 되어 있었으며, 사회에 기여하기를 원했습니다. 그들은 생각하고 있었습니다. 여러분과 제가 생각하는 것처럼, 미국은 우리가 노력하면 그것을 이룰 수 있는 곳이어야 한다고 말입니다.

남편은 그날 위에 서서, 전에 저와 함께 계속 나누었던(**계속 나누다**) 얘기들을 연설했습니다. 그는 '지금 그대로의 세상' 과 '마땅히 되어야만 하는 세상' 에 대해 말했습니다. 그리고 그는 너무도 우리가 그 둘 사이의 **간극**을 용인하며, 지금 그대로의 세상에 안주하고 있다고 말했습니다. 심지어 지금 그대로의 세상이 우리의 가치관과 **소망**을 반영하지 않더라도 말입니다. 하지만 그는 세상이 어떻게 되어야만 하는지를 우리가 알고 있다고 일깨워주었습니다. 우리는 **공평함**과 정의와 기회가 어떤 것인지 알고 있습니다. 그리고 그는 우리 자신을 믿을 것을 촉구했습니다. 마땅히 되어야만 하는 세상을 만들기 위해 우리 내부에서 힘을 찾을 것을 요구했습니다. 이것이야말로 위대한 미국의 이야기가 아닙니까?

이것은 교회와 노동조합실과, 도심지 광장과 고등학교 체육관에 모여 있는 사람들의 이야기입니다. 그들은 일어서 행진하며, 그들이

who stood up and marched and risked everything they had — refusing to settle, determined to **mold** our future into the shape of our ideals.

It is because of their will and determination that this week, we celebrate two anniversaries: the 88th anniversary of women winning the right to vote, and the 45th anniversary of that hot summer day when Dr. King lifted our sights and our hearts with his dream for our nation.

I stand here today at the **crosscurrent**s of that history — knowing that my piece of the American dream is a blessing hard won by those who came before me. All of them driven by the same conviction that drove my dad to get up an hour early each day to **painstakingly** dress himself for work. The same conviction that drives the men and women I've met all across this country:

People who work the **day shift**, kiss their kids goodnight, and head out for the night shift — without disappointment, without regret — that goodnight kiss a reminder of everything they're working for.

The military families who say **grace** each night with an empty seat at the table. The servicemen and women who love this

갖고 있는 모든 것을 내걸었습니다. 안주하기를 거부하고, 우리의 미래를 우리가 지닌 이상의 형태로 만들어(틀에 넣어 만들다) 나가자고 결심하며 말입니다.

그분들의 의지와 결단 덕분으로, 이번 주에 우리는 두 기념일을 기립니다. 여성들이 참정권을 쟁취한 88주년 기념, 그리고, 그 뜨거운 여름날, 킹 목사님이 우리나라에 대한 자신의 꿈으로 우리의 시야와 마음을 고양시킨 45주년 기념일입니다.

저는 그 역사가 **역류**하는 흐름 속에서, 오늘 이 자리에 섰습니다. 미국인들의 꿈 중에서 제가 갖고 있는 것은 저보다 앞서 살아간 분들이 힘들게 얻어낸 축복이라는 것을 알고 있기 때문입니다. 그 모든 분들이 저의 아버지가 매일 아침 한 시간 일찍 일어나 출근하기 위해 혼자서 옷을 **힘겹게** 입으신 것과 똑같은 신념으로 부지런히 움직이셨습니다. 똑같은 신념으로 제가 이 나라 방방곡곡에서 만난 모든 분들이 부지런히 움직이십니다.

주간 근무를 한 사람들이, 밤에 아이들에게 잘 자라는 키스를 하고 나서, 야간근무를 하러 밖으로 나갑니다. 실망도 후회도 없이 말입니다. 그 잘 자라는 키스는 그분들이 무엇을 위해 일하고 있는지를 전부 일깨워줍니다.

군인 가족들은 매일 밤 식탁에 빈자리를 둔 채 **감사기도**를 드립니다. 이 나라를 무척 사랑하는 남녀 군인들은 나라를 지키기 위해 그

country so much, they leave those they love most to defend it.

The young people across America serving our communities — teaching children, cleaning up neighborhoods, caring for the least among us each and every day.

People like Hillary Clinton, who put those 18 million **crack**s in the **glass ceiling**, so that our daughters — and sons — can dream a little bigger and aim a little higher.

People like Joe Biden, who's never forgotten where he came from, and never stopped fighting for folks who work long hours and face long odds and need someone on their side again.

All of us driven by a simple belief that the world as it is just won't do — that we have an obligation to fight for the world as it should be.

That is the **thread** that connects our hearts. That is the thread that runs through my journey and Barack's journey and so many other improbable journeys that have brought us here tonight, where the current of history meets this new tide of hope.

That is why I love this country.

들이 제일 사랑하는 가족들을 남겨두고 떠난 것입니다.

미국 전역에 지역사회를 위해 봉사하는 젊은이들이 있습니다. 그들은 아이들을 가르치고, 동네를 청소하고, 하루도 빠뜨리지 않고 가장 불우한 이웃들을 돌보고 있습니다.

사람들은 힐러리 클린턴을 좋아합니다. 그분은 여성 차별(갈라진 금)의 1800만 개 유리천장(**승진의 최상한선**)을 깨뜨렸습니다(힐러리는 미국 민주당 경선에서 1800만 표의 지지를 이끌어냈음 – 옮긴이). 그래서 우리의 딸들, 그리고 아들들이 좀 더 큰 꿈을 갖고 좀 더 높은 목표를 지향할 수 있습니다.

사람들은 조 바이든을 좋아합니다. 그는 자신이 어디서 왔는지를 결코 잊지 않았습니다. 장시간 일하고 오랜 세월 불평등을 겪고 다시금 곁에서 누군가가 도와줄 필요가 있는 사람들을 위한 싸움을 그는 결코 멈추지 않았습니다.

우리 모두는 지금 그대로의 세상으로는 충분하지 않다는 단순한 신념으로 움직이고 있습니다. 즉 우리는 마땅히 되어야만 하는 세상을 위해 싸워야 하는 의무를 갖고 있습니다.

그것은 우리의 마음을 잇는 **실**입니다. 그것은 저의 여정과 남편의 여정, 그리고 오늘 밤 우리를 이곳에 데려온 다른 많은 불가능해 보이는 여정을 잇는 실입니다. 역사의 흐름이 희망이라는 오늘의 새 물결을 만나는 이곳 말입니다.

그렇기 때문에 저는 이 나라를 사랑합니다.

And in my own life, in my own small way, I've tried to give back to this country that has given me so much. That's why I left a job at a law firm for a career in public service, working to **empower** young people to volunteer in their communities. Because I believe that each of us — no matter what our age or background or walk of life — each of us has something to contribute to the life of this nation.

It's a belief Barack shares — a belief at the heart of his life's work.

It's what he did all those years ago, on the streets of Chicago, setting up job training to get people back to work and afterschool programs to keep kids safe — working block by block to help people lift up their families.

It's what he did in the Illinois Senate, moving people from welfare to jobs, passing tax cuts for hard working families, and making sure women get equal pay for equal work.

It's what he's done in the United States Senate, fighting to ensure the men and women who serve this country are welcomed home not just with medals and parades, but with good jobs and benefits and health care — including mental health care.

그래서 저의 삶에서, 저만의 작은 방식으로, 제가 받았던 너무도 많은 것들을 이 나라에 돌려주려고 애썼습니다. 그래서 저는 사회에 봉사하기 위해 포럼 일을 접고, 젊은이들이 지역공동체에서 자원봉사를 할 수 있도록 힘을 불어넣어(**힘을 불어넣다**) 주었습니다. 우리 모두는 나이와 경력과 지위에 상관없이, 우리 국민의 삶에 기여하는 그 무언가를 갖고 있다고 생각하기 때문입니다.

이것이 남편이 공유하고 있는 신념입니다. 그의 일생의 과업 중 핵심적인 신념입니다.

남편은 그 오래전 시카고의 거리에서, 사람들을 일터로 돌려보내기 위해 직업훈련소를 세우고, 아이들을 안전하게 지키기 위해 방과후 프로그램을 만들고, 사람들이 자신의 가족을 부양할 수 있도록 돕기 위해 거리 구석구석을 돌아다니며 일했습니다.

남편은 일리노이 주 상원으로 봉사하며, 사람들이 복지 원조에서 벗어나 일자리를 갖게 했고, 어려운 근로 가정을 위한 감세 법안을 통과시켰으며, 동일 근로 여성들이 동일 임금을 받을 수 있게 해주었습니다.

남편은 연방 상원의원으로 봉사하며, 조국을 위해 복무한 남성과 여성들이 고향으로 돌아와 환대받을 수 있도록 싸웠습니다. 단지 훈장이나 시가행진만이 아니라, 좋은 직장과 혜택, 그리고 정신건강의 치료를 포함한 건강보험을 누릴 수 있게 말입니다.

That's why he's running — to end the war in Iraq responsibly, to build an economy that lifts every family, to make sure health care available for every American, and to make sure every child in this nation gets a world class education all the way from preschool to college. That's what Barack Obama will do as President of the United States of America.

He'll achieve these goals the same way he always has — by bringing us together and reminding us how much we share and how alike we really are. You see, Barack doesn't care where you're from, or what your background is, or what party — if any — you belong to. That's not how he sees the world. He knows that thread that connects us — our belief in America's promise, our **commitment** to our children's future — is strong enough to hold us together as one nation even when we disagree.

It was strong enough to bring hope to those neighborhoods in Chicago.

It was strong enough to bring hope to the mother he met worried about her child in Iraq; hope to the man who's unemployed, but can't afford gas to find a job; hope to the

그렇기 때문에 그는 대통령에 출마했습니다. 이라크의 전쟁을 책임 있게 종식시키며, 모든 가족을 부양하는 경제를 수립하고, 건강보험 혜택을 모든 미국인이 받을 수 있도록 하며, 이 나라의 모든 아이들이 유치원부터 대학에 갈 때까지 세계적인 수준의 교육을 받을 수 있도록 대책을 강구하기 위해서 출마했습니다. 그것이 버락 오바마가 미합중국 대통령이 되면 할 일입니다.

남편은 그가 늘 해온 방식으로 이 목표들을 성취해 나갈 것입니다. 우리를 하나로 뭉치게 하고, 우리가 많은 것을 함께 공유하고 있으며 우리가 정말 많이 닮았다는 것을 일깨워주면서 말입니다. 여러분도 아시다시피, 남편은 여러분이 어디 출생이시건, 경력이 어떻게 되시건, 심지어 여러분이 어느 당에 속해 계시건 개의치 않습니다. 그것은 남편이 이 세상을 보는 방식이 아닙니다. 남편은 우리를 이어주는 실, 즉 미국의 희망에 대한 우리의 믿음, 우리 아이들의 미래에 대한 우리의 **책임**이, 심지어 우리가 뜻을 달리할 때에도 우리를 하나의 국가로 뭉치게 해주는 데 아주 충분하다는 것을 알고 있습니다.

시카고의 그 동네에 희망을 가져올 정도로 그 실은 강했습니다.

이라크에 있는 자식을 걱정하는, 남편이 만났던 어머니에게 희망을 줄 만큼 그 실은 충분히 강했습니다. 그것은 실직했지만 직업을 찾아다니는 데 필요한 휘발유도 감당하지 못하는 사람들에게 가져다준

student working nights to pay for her sister's health care, sleeping just a few hours a day.

And it was strong enough to bring hope to people who came out on a cold Iowa night and became the first voices in this chorus for change that's been echoed by millions of Americans from every corner of this nation.

Millions of Americans who know that Barack understands their dreams; that Barack will fight for people like them; and that Barack will bring finally the change we need.

And in the end, **after all** that's happened these past 19 months, the Barack Obama I know today is the same man I fell in love with 19 years ago. He's the same man who drove me and our new baby daughter home from the hospital ten years ago this summer, **inch**ing **along** at a snail's pace, **peer**ing anxiously at us in the **rearview mirror**, feeling the whole weight of her future in his hands, determined to give her everything he'd struggled so hard for himself, determined to give her what he never had: the affirming **embrace** of a father's love.

And as I **tuck** that little girl and her little sister into bed at night, I think about how one day, they'll have families of their own. And one day, they — and your sons and daughters — will

희망이었습니다. 하루 몇 시간만 자면서도 누이의 건강보험료를 납부하기 위해 밤에 일을 하는 학생에게 가져다준 희망이었습니다.

그 실은 추운 밤 아이오와 주에서 밖으로 나와 변화를 위한 이 합창의 첫 목소리를 들은 분들에게 희망을 가져다 줄 정도로 강했습니다 (오바마는 민주당 대선후보 경선 첫 유세를 2008년 1월 아이오와 주에서 시작했음 - 옮긴이). 전국 방방곡곡에서 수백만 미국인들이 이 합창을 울려 퍼뜨렸습니다.

남편이 자신들의 꿈을 이해하고 있다는 것을, 남편이 그들과 같은 사람들을 위해 싸울 것이며, 남편이 마침내 우리에게 필요한 변화를 가져다 줄 것이라고 수백만 미국인들이 믿고 있습니다.

그리고 끝으로, 지난 19개월 동안 일어난 모든 일들**에도 불구하고**, 오늘 제가 알고 있는 버락 오바마는 19년 전에 제가 사랑에 빠진 그 사람과 같은 사람입니다. 남편은 10년 전 여름에 저와 갓 태어난 딸을 병원에서 집으로 차로 데려온 바로 그 사람과 같은 사람입니다. 남편은 달팽이처럼 느릿느릿 운전하면서(**조금씩 전진하다**), **백미러**로 우리를 걱정스레 바라보았습니다(**응시하다**). 남편은 딸의 미래가 전적으로 자신의 손에 달려 있다는 것을 절감하고, 그가 자신을 위해 그토록 열심히 싸워왔던 모든 것을 딸에게 주기로 결심했습니다. 그것은 아버지의 사랑을 맹세하는 **포옹**이었습니다.

그리고 밤에 제가 그 어린 소녀와 동생에게 이불을 덮어(**덮다**) 줄 때면, 언젠가는 그 애들도 그들만의 가족을 갖게 될 것이라는 생각을 하게 됩니다. 언젠가, 그들은, 그리고 여러분의 아들과 딸들은 우리가

tell their own children about what we did together in this election. They'll tell them how this time, we listened to our hopes, instead of our fears. How this time, we decided to stop doubting and to start dreaming. How this time, in this great country — where a girl from the South Side of Chicago can go to college and law school, and the son of a single mother from Hawaii can go all the way to the White House — we **committed ourselves to** building the world as it should be.

So tonight, in honor of my father's memory and my daughters' future — out of gratitude to those whose triumphs we mark this week, and those whose everyday sacrifices have brought us to this moment — let us devote ourselves to finishing their work; let us work together to fulfill their hopes; and let us stand together to elect Barack Obama President of the United States of America.

Thank you, God bless you, and God bless America.

이번 선거에서 어떻게 함께 했는지에 대해 그들 자신의 아이들에게 말해 줄 것입니다. 그들은 아이들에게, 지금 우리의 두려움이 아닌 우리의 희망에 우리가 어떻게 귀를 기울였는지 말해줄 것입니다. 지금 우리가 어떻게 의심을 멈추고 꿈을 꾸게 되었는지 말해줄 것입니다. 지금 이 위대한 나라에서, 시카고 남부에서 온 한 소녀가 대학과 로스쿨에 갈 수 있는 이 나라에서, 홀어머니가 키운 하와이에서 온 어느 아들이 어떻게 백악관에 갈 수 있는 이 나라에서, 마땅히 되어야 할 세상을 건설하기 위해 우리가 어떻게 헌신했는지(**헌신하다**) 말해줄 것입니다.

그래서 오늘 밤, 저의 아버지의 기억에 경의를 표하고, 저의 딸들의 미래에 영광이 있기를 기원하며, 이번 주에 우리가 승리를 거둘 수 있게 해주신 모든 분들에게, 그리고 끊임없는 희생으로 우리를 이곳까지 이끌어주신 모든 분들에게 감사드립니다. 그분들이 과업을 끝낼 수 있게 헌신합시다. 그분들이 희망을 성취할 수 있게 함께 일합시다. 버락 오바마를 미합중국의 대통령으로 선출할 수 있게 함께 일어섭시다.

감사합니다. 여러분에게 하나님의 축복이, 미국에 하나님의 축복이 깃들기를 기원합니다.

Words & Phrases

1. Inaugural Address

humble [hʌ́mbəl] 겸허하게 하다
task [tæsk] 과업; 임무
grateful [gréitfəl] 감사하고 있는
bestow [bistóu] (은혜 등을) 베풀다
mindful [máindfəl] 잊지 않는, 마음에 두는
sacrifice [sǽkrəfàis] 희생, 헌신
ancestor [ǽnsestər] 선조, 조상
generosity [dʒènərásəti] 관용, 아량
cooperation [kouápərèiʃən] 협조, 협력
throughout [θruːáut] 내내, …동안 죽
transition [trænzíʃən] 변이 → 인수과정
take a oath 선서하다
tide [taid] 밀물, 조류
prosperity [praspérəti] 번영, 번창
gather [gǽðər] 쌓이다
rage [reidʒ] 사납게 날뛰다
faithful to 충실한
ideal [aidíːəl] 이상
forebear [fɔ́ːrbɛ̀ər] 선조
true to 충실한
crisis [kráisis] 위기
in the midst 한가운데에
far-reaching [fáːríːtʃiŋ] 광범위한
weaken [wíːkən] 약화시키다
consequence [kánsikwèns] 결과
greed [griːd] 탐욕, 욕심
on the part of 아무의 편에서는

collective [kəléktiv] 총체적, 집합적
shed [ʃed] (잎·씨 등) 떨어지다
shutter [ʃʌ́tər] 문을 닫다
costly [kɔ́ːstli] 값이 비싼
strengthen [stréŋkθən] 강하게 하다
adversary [ǽdvərsèri] 적
threaten [θrétn] 위협하다
indicator [índikèitər] 지표
statistics [stətistiks] 통계
measurable [méʒərəbəl] 측정할 수 있는
profound [prəfáund] 심원한
sap [sæp] 점차로 약화시키다
nagging [nǽgiŋ] 괴롭히는
decline [dikláin] 쇠퇴
gather [gǽðər] 모이다
unity [júːnəti] 단결, 화합
conflict [kánflikt] 갈등
disorder [disɔ́ːrdər] 반목
proclaim [proukléim] 공포하다, 선언하다
end [end] 종식, 종지
petty [péti] 사소한
grievance [gríːvəns] 불평
recrimination [rikrímənéiʃən] 되비난
worn-out 낡아빠진
dogma [dɔ́(ː)gmə] 교조, 신조
strangle [strǽŋgəl] 억압하다, 교살하다
set aside 그만두다
childish [tʃáildiʃ] 유치한

reaffirm [rìːəfə́ːrm] 재차확인하다
enduring spirit [indjúəriŋ spírit] 인내심
pass on to 전하다
pursue [pərsúː] 추구하다
short-cut 지름길
path [pæθ] 길
the fainthearted 나약한 사람들
the risk-takers 위험을 감수하는 사람들
celebrated [séləbrèitid] 유명한
obscure [əbskjúər] 눈에 띄지 않는, 무명의
rugged [rʌ́gid] 거친
pack up 꾸리다
toil [tɔil] 애써 일하다, 땀 흘리어 벌다
sweatshop [swétʃɑp] 착취공장
endure [endjúər] (고난을) 경험하다
the lash of the whip 채찍질
plow [plau] 갈다
sum [sʌm] 총수, 합계
difference [dífərəns] 차이
faction [fǽkʃən] 파벌 싸움
undiminished [ʌ̀ndimíniʃt] 줄지 않은
dust off 먼지를 털다
bold [bould] 과감한
swift [swift] 신속한
foundation [faundéiʃən] 근거
grid [grid] 방송망

bind [baind] 묶다
restore [ristɔ́ːr] 복구하다
wield [wiːld] 행사하다
harness [háːrnis] 이용하다
transform [trænsfɔ́ːrm] 바꾸다
meet [miːt] 충족시키다
tolerate [tɑ́lərèit] 참다
common [kɑ́mən] 공통의
shift [ʃift] 이동하다
stale [steil] 케케묵은
apply [əplái] 대다
dignified [dígnəfàid] 품위 있는
decent [díːsənt] (수입이) 어지간한
in the light of day 현실적이 되어서 생각해 보니
restore [ristɔ́ːr] 회복시키다, 되찾다
vital [váitl] 생기가 넘치는
generate [dʒénərèit] 생기게 하다
expand [ikspǽnd] 신장하다
unmatched [ʌ̀nmǽtʃt] 필적하기 어려운
watchful [wɑ́tʃfəl] 경계하는, 감시하는
spin [spin] 어지럽다
prosper [prɑ́spər] 번영하다
favor [féivər] 두둔하다, 지지하다
Gross Domestic Product 국내총생산
prosperity [praspérəti] 번영
charity [tʃǽrəti] 자비
reject [ridʒékt] 거절하다
peril [pérəl] 위험

버락 오바마 명쾌한 영어

charter [tʃɑ́ːrtər] 헌장
assure [əʃúər] 보장하다
expedience [ikspíːdiəns] (타산적인) 편의주의
dignity [dígnəti] 존엄성
communism [kámjənìzəm] 공산주의
sturdy [stə́ːrdi] 강인한, 완강한
alliance [əláiəns] 동맹
enduring [indjúəriŋ] 참을성이 강한
conviction [kənvíkʃən] 신념
entitle [entáitl] ~에게 자격을 주다
prudent [prúːdənt] 신중한
emanate [émənèit] (생각·명령 등이) 나오다
justness [dʒʌ́stnis] 정당
example [igzǽmpəl] 모범, 본보기
quality [kwɑ́ləti] 성질, 자질
humility [hjuːmíləti] 겸허, 겸손
restraint [riːstréint] 자제
legacy [légəsi] 유산
threat [θret] 위협
forge [fɔːrdʒ] 서서히 나아가다
foe [fou] 적, 원수
lessen [lésn] 줄이다
nuclear [njúːkliər] 핵무기의
specter [spéktər] 망령, 유령
apologize [əpɑ́lədʒàiz] 사과하다
waver [wéivər] 흔들리다, 망설이다
induce [indjúːs] 일으키다, 유발하다

slaughter [slɔ́ːtər] (전쟁 등으로) 대량 학살하다
innocent [ínəsnt] 무고한, 순결한
outlast [àutlǽst] …보다 오래 살다
patchwork [pǽtʃwə̀ːrk] 쪽매붙임, 잡동사니, 주워 모은 것
heritage [héritidʒ] (문화적) 전통
strength [streŋkθ] 장점
weakness [wíːknis] 약점, 결점
nonbeliever [nanbilíːvər] 무신론자
taste [teist] 맛보다, 경험하다
bitter [bítər] 쓰라린
swill [swil] 불쾌한 것
segregation [sègrigéiʃən] 인종 차별
emerge [imə́ːrdʒ] 나오다, 나타나다
tribe [traib] 종족
dissolve [dizɑ́lv] 사라지다
reveal [rivíːl] 드러내다
usher in 선도하다
era [íərə] (역사상의 중요한) 시대
base on …에 근거하다
mutual [mjúːtʃuəl] 상호 관계가 있는
respect [rispékt] 존중, 존경
sow [sou] (씨를) 뿌리다
conflict [kɑ́nflikt] 분쟁
destroy [distrɔ́i] 파괴하다
cling to 고수하다
corruption [kərʌ́pʃən] 위법 행위
deceit [disíːt] 속임; 사기

319

dissent [disént] 불찬성, 이의
unclench [ʌ̀nkléntʃ] 펴다
hand [hænd] 조력
fist [fist] (쥔)주먹, 손
pledge [pledʒ] 맹세하다
alongside [əlɔ́:ŋsáid] (…의) 곁에
flourish [flə́:riʃ] 번성하다, 잘 자라다
nourish [nə́:riʃ] 살지게 하다
starved bodies 굶주린 사람들
feed [fi:d] 먹이다, 함양하다→북돋우다
relative [rélətiv] 비교상의
plenty [plénti] 풍부
indifference [indífərəns] 무관심, 냉담
suffering [sʌ́fəriŋ] 고통; 고생
border [bɔ́:rdər] 국경
consume [kənsú:m] 낭비하다
unfold [ʌ̀nfóuld] 펼쳐지다
gratitude [grǽtətjù:d] 감사
brave [breiv] 용감한
patrol [pətróul] 순찰하다
whisper [hwíspər] 작은 소리로 이야기하다
guardian [gá:rdiən] 수호자; 보호자
embody [embádi] 구체적으로 표현하다
willingness [wíliŋnis] 기꺼이 하는 마음
meaning [mí:niŋ] 의도, 의미
define [difáin] 규정짓다
precisely [prisáisli] 바로, 정확히
inhabit [inhǽbit] 살다

ultimately [ʌ́ltəmitli] 궁극적으로
determination [ditɔ̀:rmənéiʃən] 결단력
take in 묶게 하다
levee [lévi] 제방
selflessness [selflisnis] 사심 없음
nurture [nə́:rtʃər] 양육하다
instrument [ínstrəmənt] 수단
tolerance [tálərəns] 인내, 관용
curiosity [kjùəriásəti] 호기심
loyalty [lɔ́iəlti] 충성
patriotism [péitriətìzəm] 애국심
progress [prágres] 진보, 발달
demand [dimǽnd] 필요로 하다
recognition [rèkəgníʃən] 인식
grudgingly [grʌ́dʒiŋli] 마지못해, 억지로
seize [si:z] 붙잡다, 이해하다
gladly [glǽdli] 기꺼이
firm [fə:rm] 견고한
confidence [kánfidəns] 신뢰
uncertain [ʌ̀nsə́:rtən] 불확실한
destiny [déstəni] 운명
creed [kri:d] 신조
celebration [sèləbréiʃən] 축하
magnificent 장대한
mark [ma:rk] …에 주목하다
patriot [péitriət] 애국지사
huddle [hʌ́dl] 몸을 움츠리다
abandon [əbǽndən] 버리다
advance [ədvǽns] 앞으로 나아가다

stain [stein] 얼룩이 지다
outcome [áutkʌ̀m] 결과
alarm [əláːrm] 놀라게 하다
in the face of …와 마주 대하여, ~에도 불구하고(in spite of)
hardship [háːrdʃìp] 곤경
timeless [táimlis] 영원한
virtue [vɔ́ːrtʃuː] 미덕, 덕행
current [kɔ́ːrənt] 흐름; 조류
falter [fɔ́ːltər] (용기가) 꺾이다, 비틀거리다
carry forth 앞으로 나아가게 하다
deliver [dilívər] 전하다

2. Speech on the Economy

extraordinary [ikstrɔ́ːrdənèri] 엄청난
hospitality [hɑ̀spitǽləti] 환대, 후한 대접
roll [roul] 나아가다
notice [nóutis] 주목
fanfare [fǽnfɛ̀ər] 팡파르
come along 지나가다
break [breik] 분기점
lifetime [láiftàim] 생애, 평생
deepen [díːpn] 깊어지다
likely to …할 것 같은
settle for 불만스럽게 받아들이다
payroll [péiròul] 급여
bill [bil] 계산서, 청구서
mortgage [mɔ́ːrgidʒ] (주택·토지 구입을 위한) 융자
life savings 평생 저축
recession [riséʃən] 경기 불황
linger [líŋgər] 오래 머무르다, 좀처럼 사라지지 않다
double digits 두 자리 숫자
trillion [tríljən] 1조
fall short of …에 미치지 못하다
full capacity 잠재성장
translate [trænsléit] (결과로서) ~가 되다, 변형하다
potential [pouténʃəl] 장래 ~의 가능성이 있는
forgo [fɔːrgóu] …없이 때우다, 그만두다
competitive edge 경쟁력
standing [stǽndiŋ] 입장
in short 요컨대
normal [nɔ́ːrməl] 통상의, 보통의
business cycle 경기 순환
rely on 의지하다
worn-out 닳아빠진
dogma [dɔ́(ː)gmə] 신조
corporate [kɔ́ːrpərit] 회사의
executive [igzékjətiv] 간부, 경영진
imprudent [imprúːdənt] 경솔한
regard [rigáːrd] 관심
regulatory [régjələtɔ̀ːri] 규정(조절)하는
scrutiny [skrúːtəni] 감시; 감독
concern [kənsə́ːrn] 관심; 걱정

cheap [tʃi:p] 저리의
credit [krédit] 신용 대부
taxpayer [tǽkspèiər] 신용 대부
discipline [dísəplin] 규율; 자제
score [skɔ:r] (성공 등을) 획득하다
devastating [dévəstèitiŋ] 엄청난, 강력한
be rooted in …에서 유래하다, …에 원인이 있다
productive [prədʌ́ktiv] 이익을 낳는, 생산성의
envy [énvi] 선망의 대상
brilliant [bríljənt] 재기 있는, 훌륭한
entrepreneur [à:ntrəprəná:r] 기업가
advanced [ədvǽnst] 앞선, 진보적인
improbable [imprábəbəl] 사실 같지 않은
urgency [ə́:rdʒənsi] 긴급, 절박
jump-start [dʒʌ́mpstà:rt] 활기를 불어넣다; 재개하다
represent [rèprizént] 의미하다
trade [treid] 바꾸다, 교환하다
cost [kɔ:st] 희생; 고통
considerable [kənsídərəbəl] 중요한
add to 추가하다, 더하다
deficit [défəsit] (재정) 적자, 부족
boost [bu:st] 경기의 활성화
lift [lift] 일소하다
cripple [krípl] 무능케 하다;

절음발이가 되게 하다
spending [spéndiŋ] 지출, 소비
inability [inəbíləti] 무능력
boldly [bóuldli] 대담하게
reverse [rivə́:rs] 바꾸어 놓다
flow [flou] 흐름, 유입(량)
road [roud] 수단, 방법
recognize [rékəgnàiz] 인지하다
even as 마침 할 때에
infrastructure [ínfrəstrʌ̀ktʃər] 기간 산업, 하부 구조
overwhelming [òuvərhwélmiŋ] 압도적인
majority [mədʒɔ́(:)rəti] 대부분, 대다수
vital [váitl] 지극히 중요한
spark [spa:rk] 고무하다
alternative [ɔ:ltə́:rnətiv] 대체되는, 대신의
outsource [àutsɔ́:s] (타사 일을) 하청하다
process [práses] 과정, 순서
solar panel (우주선 등의) 태양 전지판
fuel-efficient car 연료를 절약할 수 있는 차
in the bargain 게다가
eliminate [ilímənèit] 제거하다, 없애다
red tape 형식에 얽매인
preventable [privéntəbəl] 막을(방지할) 수 있는
pervade [pərvéid] …에 널리 퍼지다

equip [ikwíp] 갖추다
community college (지방 자치 단체에 의한) 지역 전문대학
compete with 겨루다, 서로 맞서다
crumbling [krʌ́mbl] 부서진, 무너진
backlog [bǽklɔ(ː)g] 축적, 예비 잔고 → 적체
infrastructure [ínfrəstrʌ̀ktʃər] 기반 시설, 산업 기반
worthy [wə́ːrði] 훌륭한
retrofit [rétroufìt] 구형(舊型) 장치의 개장(改裝)을 하다
smart [smaːrt] 고성능의
grid [grid] 고압 송전선망
backout [bǽkàut] 정전
counterpart [káuntərpɑ̀ːrt] 상대물
breakthrough [bréikθrùː] (과학·기술 등의) 획기적인 진전
brunt [brʌnt] 공격의 예봉
coverage [kʌ́vərídʒ] 적용 범위
harmful [háːrmfəl] 해로운
skeptical [sképtikəl] 회의적인
renew [rinjúː] 되찾다, 회복하다
work [wəːrk] (계획 등이) 잘 되어 가다
dole out (조금씩) 나누어 주다
transparently [trænspǽərəntli] 투명하게
expert [ékspəːrt] 전문가
hold [hould] (약속·의무·책임 등을) 지키게 하다
accountable [əkáuntəbl] 책임 있는
announce [ənáuns] 알리다, 공표하다
launch [lɔːntʃ] 시작하다, 착수하다
unprecedented [ʌnprésədèntid] 전례가없는
unaffordable [ʌnəfɔ́ːrdəbl] 감당할 수 없는
solid [sálid] 견고한, 확실한
a slew of 많은
fiscal [fískəl] 국고의, 재정상의
in order 제자리가 잡히어
free from …이 없는
earmark [íərmɑ̀ːrk] (자금 따위를 특정 용도에) 배당함
pet [pet] 마음에 드는
Congress [káŋgris] 국회, 의회
legislation [lèdʒisléiʃən] 입법, 법률
vehicle [víːikəl] 매개물, 전달 수단
aspiration [æ̀spəréiʃən] 열망, 동경
urgent [ə́ːrdʒənt] 위급한, 절박한
narrow [nǽrou] 편협한
stabilize [stéibəlàiz] 안정시키다, 견고하게 하다
repair [ripéir] 수리하다
arsenal [ɑ́ːrsənəl] 비축; 창고
sweeping [swíːpiŋ] 광범위한
address [ədrés] 다루다, 처리하다
foreclosure [fɔːrklóuʒər] 저당물을 찾

는 권리의 상실, 차압
responsible [rispánsəbəl]
신뢰할 수 있는
catastrophic [kætəstráfik] 비극적인
failure [féiljər] 파산
collapse [kəlǽps] 붕괴, 와해
endanger [endéindʒər] 위험에 빠뜨리다
maximum [mǽksəməm] 최대한(도)
extraordinary [ikstrɔ́:rdənèri]
특별한 (조치)
significant [signífikənt] 뚜렷한
restriction [ristríkʃən] 제한, 한정
outdated [áutdéitid] 시대에 뒤떨어진
withstand [wiðstǽnd] 잘 견디다,
…에 저항하다
reckless [réklis] 무모한
greed [gri:d] 탐욕
risk-taking [risktéikiŋ] 위험 감수
endanger [endéindʒər] 위험에 빠뜨리다
wrongdoer [rɔ́:ŋdú:ər] 불법 행위자
special interest 특별 이익 단체
thumb [θʌm] 엄지손가락
scale [skeil] 계급
unscrupulous [ʌ̀nskrú:pjələs] 부도덕한, 파렴치한
disruptive [disrʌ́ptiv] 파괴적인
bubble [bʌ́bəl] 거품
bust [bʌst] 불황
urge [ə:rdʒ] (…하도록) 촉구하다

move [mu:v] 〈동의를〉 제출하다
on behalf of …을 위해
drag [dræg] 질질 끌다
defer [difɔ́:r] 연기하다, 늦추다
deny [dinái] 거절하다
sink [siŋk] 가라앉다
reverse [rivə́:rs] 뒤집다, 바꿔놓다
altogether [ɔ̀:ltəgéðər] 아주
all the more reason for doing
(~하는 것은) 실로 당연하다, 그러니까 더욱더 ~해야 한다
severity [səvérəti] 고통
wait-and-see 일이 돼 가는 형편을 보는
approach [əpróutʃ] 해결, 방법
reckoning [rékəniŋ] 응보, 결산
battel [bǽtl] 싸움
insist [insíst] 강력히 주장하다
inherit [inhérit] 물려받다, 상속하다
confront [kənfrʌ́nt] …와 맞서다
do one's part 자기의 본분을 다하다
posterity [pastérəti] 자손

3. A New chapter on climate change

bipartisan [baipá:rtəzən] 양당의
convene [kənví:n] 모이다
combat [kəmbǽt] 싸우다, 분투하다
beyond dispute 의론할 여지없이, 분명히
drought [draut] 가뭄

famine [fǽmin] 기아
cap and trade 총량거래제
emission [imíʃən] 배기
billion ⟨bíljən⟩ 10억
catalyze [kǽtəlàiz] …에 촉매 작용을 미치게 하다
biofuel [báioufjù(:)əl] 생물 연료
tap [tæp] 개발하다
steer [stiər] 나아가게 하다
generate [dʒénərèit] 낳다, 산출하다
outsource [àutsɔ́:rs] 하청하다
delegate [déligit] 대표자
vital [váitl] 지극히 중요한
observer [əbzə́:rvər] 참관자
vigorously [vígərəsli] 강력하게
once and for all 한번만
ally [əlái] 협력자

4. Address to a Joint Session of Congress

Congress [káŋgris] 연방 의회
chamber [tʃéimbər] 의회, 의원(議院)
distinguished [distíŋgwiʃt] 저명한
address [ədrés] 연설하다
frankly [frǽŋkli] 솔직히
state [steit] 상태
concern [kənsə́:rn] 관심
rise [raiz] 높아지다; 일어나다
above all 무엇보다도, 특히
recession [riséʃən] (일시적인) 경기 후퇴

affect [əfékt] (–에게) 악영향을 미치다
statistics [stətístiks] 통계
retire [ritáiər] 은퇴하다, 퇴직하다
build upon ⟨희망을⟩ (~)에 걸다
thread [θred] 실
hang by a thread 아주 위태롭다
envelope [énvəlòup] 봉투
impact [ímpækt] 충격; 충돌
confidence [kánfidəns] 확신, 자신
emerge [imə́:rdʒ] 드러나다, 나오다, 나타나다
beyond one's reach 손이 닿지 않는, 힘이 미치지 않는
entrepreneur [à:ntrəprəná:r] 기업가
quality [kwéləti] 자질, 특성
progress [prágres] 진보, 발달
prosperity [praspérəti] 번영
possess [pəzés] 소유하다, 지니다, 갖추다
ample [ǽmpl] 충분한, 풍부한
pull together 함께 노를 젓다 → 합심하다
boldly [bóuldli] 대담하게 → 용감하게
blame [bleim] 비난, 책임
lift oneself out of ~에서 몸을 일으키다
predicament [pridíkəmənt] 곤경, 궁지
fact [fækt] 사실, 진실
fall into –에 빠져들다, –에 빠지다

decline [dikláin] 쇠퇴
fall into a decline 〈나라 경제 등이〉 쇠퇴하다
collapse [kəlǽps] 무너지다, 붕괴하다
sink [siŋk] 가라앉다, 침몰하다, 하락하다
decade [dékeid] 10년간
yet [jet] 여전히, 그런데도
eat up 다 먹어버리다, 소비하다
keep -ing 계속해서 -하다
delay [diléi] 미루다, 연기하다
reform [rifɔ́:rm] 개혁하다, 개정하다
challenge [tʃǽlindʒ] 난제
manage to 어리석게도 -하다
pile [pail] 쌓아올리다
In other words 바꾸어 말하면
prize [praiz] 소중히 하다, 높이 평가하다
payment [péimənt] 지불, 납부, 납입
quarter [kwɔ́:rtər] 1분기
surplus [sə́:rplʌs] 잉여금, 흑자
excuse [ikskjú:z] 이유, 근거, 구실
transfer [trænsfə́:r] 전하다, 전달하다
wealth [welθ] 부, 재물, 재산
instead of -하지 않고, -의 대신으로
regulation [règjəléiʃən] (보통 pl.) 규칙, 규정, 법규
gut [gʌt] 창자→창자를 빼다, 속을 제거하다; 깡그리 약탈하다

for the sake of -을 위해
at the expense of -을 희생시켜, -의 비용으로
loan [loun] 대부, 융자,
anyway [éniwèi] 아무렇게나
all the while 그 동안[내내], -하는 동안 죽
critical [krítikəl] 중대한, 비판적인
put off 연기하다, 미루다
reckoning [rékəniŋ] 계산; 응보
take charge of -을 맡다
jump-start [dʒʌ́mpstà:rt] 〈구어〉 활성화하다
even as 〈문어〉 마침[바로] -할 때에
deficit [défəsit] 적자, 부족(액)
Presidents' Day 프레지던트 데이(대통령의 날. 2월의 세번째 월요일로 법정 공휴일)
massive [mǽsiv] 대량의→많은
cost [kɔ:st] 잃게 하다
hardship [há:rdʃip] (종종 pl.) 고난
deliver [dilívər] 인도하다, 배달하다
over [óuvər] 〈시기 등이〉 -중, -하는 사이[동안]
private sector (국가 경제의) 민영 부문, 사기업
broadband [brɔ́:dbæ̀nd] 광대역의
transit [trǽnsit] 통과, 통행
layoff [léiɔ̀(:)f] 일시해고, 자택 대기

be about to 지금 막 -하려고 하다
paycheck [péitʃek] 봉급, 임금
tuition [tjuːíʃən] 수업, 수업료
coverage [kʌ́vəridʒ] 적용
weather [wéðər] (재난·역경 따위를) 뚫고 나아가다
skeptical [sképtikəl] 회의적인
work [wəːrk] 잘 되어가다
skepticism [sképtəsìzəm] 회의론
wasteful [wéistfəl] 낭비하는
enormous [inɔ́ːrməs] 거대한, 매우 큰
tough [tʌf] 치열한, 강인한→ 철저한
unprecedented [ʌnprésədèntid] 전례 없는
oversight [óuvərsàit] 감독, 감시, 단속, 관리
messe [mes] 개입하다, 쓸데없이 참견하다, 끼어들어 방해하다
Cabinet [kǽbənit] 내각, (대통령의) 고문단
accountable [əkáuntəbəl] 책임 있는
hold a person accountable for ⋯의 책임을 남에게 지우다
proven [prúːvən] 증명된
aggressive [əgrésiv] 진취적인, 적극적인
inspector general 감사관
ferret [férit] 찾아내다, 수색하다
fraud [férit] 사기, 협잡, 부정수단
find out -임을 알아내다

track [træk] 단서, 증거; 행로
get on the track of -의 실마리를 잡다
flawlessly [flɔ́ːlisli] 완벽하게
severely [səvíərli] 격심하게
plainly [pléinli] 명백히, 솔직히
candidly [kǽndidli] 솔직히, 거리낌 없이
deposit [dipázit] 예금하다
rely on 신뢰하다, 의지하다
concern [kənsə́ːrn] 염려, 걱정; 관심
choke off (목을 졸라) 〈비명을〉 지르지 못하게 하다, (계획 등을) 포기하게 하다
lifeblood [láifblʌ̀d] 활력의 근원→ 원동력
finance [finǽns] 자금을 조달하다
purchase [pə́ːrtʃəs] 구입
stock [stak] (가게에 물품을) 놓다; 구입하다, 들여놓다
shelf [ʃelf] 선반
equipment [ikwípmənt] 장비, 설비
payroll [péiròul] 급료
administration [ædminəstréiʃən] 내각, 정부
responsible [rispénsəbəl] 의무 이행의 능력이 있는
foreclosure [fɔːrklóuʒər] 담보물을 찾을 권리의 상실, 유질 처분→ 차압
payment [péimənt] 상환, 변제
refinance [rìːfinǽns] 자금을 보충하다, 빚을 갚고 또 빚을 내다

mortgage [mɔ́:rgidʒ] 융자, 대부금
speculator [spékjəlèitər] 투기자
bring about 야기하다, 초래하다
adjustment [ədʒʌ́stmənt] 조정, 정리
balance sheet 대차대조표
continuity [kàntənjúːəti] 연속상태, 계속
viable [váiəbəl] 실행 가능한, 실용적인, 생명력 있는
institution [ìnstətjúːʃən] 제도, 기관
approach [əpróutʃ] 다루는 방법, 접근법
bailout [béilàut] (정부 자금에 의한) 기업 구제(조처)
string [striŋ] 끈, 줄→strings 부대조건, 단서
reckless [réklis] 무모한, 분별 없는
quicken [kwíkən] 가속화하다
once and for all 단번에
demonstrate [démənstrèit] 증명하다
pad [pæd] (장부 등을) 허위 조작하여 불려 쓰다
paycheck [péitʃèk] 봉급, 임금
drape [dreip] 웃옷
resource [ríːsɔːrs] (보통 pl.) 자원; 재원
significant [signífikənt] 귀중한, 중대한
set aside 제외하다
sputter [spʌ́tər] 푹푹 내뿜다, 지글지글 소리를 내다
infuriate [infjúərièit] 격노케 하다
mismanagement [mi:mǽnidʒmənt]

그릇된 결과, 실수
unpopular [ʌnpάpjələr] 인기가 없는, 평판이 없는
or [부정문에서] -도 -도(없다, 아니다)
govern [gʌ́vərn] 다스리다, 통치하다
yield [ji:ld] 양보하다, 포기하다
available [əvéiləbəl] 이용할 수 있는
young family 아이가 아직 어린 가정
prove [pru:v] 입증하다, 증명하다
consign [kənsáin] 건네주다, 맡기다
open-ended [óupənéndid] 전면적인, 제한이 없는
magnitude [mǽgnətjùːd] 중대(성), 중요함, 크기
legislation [lèdʒisléiʃən] 입법, 법률제정
regulatory [régjələtɔ̀ːri] 조절[조정]하는; 규정하는, 단속하는
rules of the road 통행규칙
reward [riwɔ́ːrd] 보상하다, 보답하다
drive [draiv] 추진력, 박력, 정력
short-cut [ʃɔ́ːrtkʌ̀t] 손쉬운 방법, 지름길
abuse [əbjúːz] 남용, 악용, 오용
stability [stəbíləti] 안정, 안정성
inherit [inhérit] 상속하다, 물려받다
laundry list 상세한 표→상세한 목록
blueprint [blúːprìnt] 청사진
stark [sta:rk] 순전한, 완전한
costly [kɔ́ːstli] 타격이 큰, 희생이 큰
some [sʌm] 대단한, 굉장히

include [inklúːd] 포함하다
reject [ridʒékt] 거절하다
upheaval [ʌphíːvəl] (사회 등의) 대변동, 격변
transformation [trænsfərméiʃən] 변화, 변형
coast [koust] 연안
spur [spəːr] 박차를 가하다, 자극하다
turmoil [tə́ːrmɔil] 소란, 혼란
generation [dʒénəréiʃən] 한 세대의 사람들
twilight [twáilàit] 박명, 새벽녘
explosion [iksplóuʒən] 급격한(폭발적) 증가
supplant [səplǽnt] 밀어내다, …에 대신하다
private enterprise 민간 기업, 사기업
catalyze [kǽtəlàiz] (화학 반응을) 촉진시키다
adapt [ədǽpt] 적응하다, 적합시키다
thrive [θraiv] 번창하다, 번영하다
peril [pérəl] 위험
claim [kleim] 되찾다, 찾아내다
ordeal [ɔːrdíːəl] 호된 시련
cut back (생산·경비 등을) 줄이다
submit [səbmít] 제출하다
area [ɛ́əriə] 분야
energy efficient 연비가 좋은, 연료 효율이 좋은

fall behind 뒤지다
plug-in [plʌ́gin] 플러그 접속식의
hybrids [háibrid] 전기장
roll off 복사(인쇄)하다
run on 가동하다
take root 뿌리를 박다, 정착하다
lay down (계획을) 입안하다, 세우다
power lines 송전선, 전력선
ravage [rǽvidʒ] 황폐
profitable [práfitəbəl] 유익한, 이로운
fuel-efficient [fjúːəlifíʃənt] 연료 효율이 좋은
decision-making [disíʒənméikiŋ] 의사결정의
brink [briŋk] (벼랑 등의) 가장자리
walk away (책임·어려운 일 등을) 피하다
crushing [krʌ́ʃiŋ] 압도적인
bankruptcy [bǽŋkrʌptsi] 파산, 도산
premium [príːmiəm] 이자, 포상금
on hold 일시 중단되어, 연기되어
advance [ədvǽns] 진척시키다
bring down (물가를) 하락시키다
comprehensive [kàmprihénsiv] 광범위한, 포괄적인
in part 얼마간
overdue [òuvərdjúː] 전부터의 현안인, 미불의
illusion [ilúːʒən] 착각
conscience [kánʃəns] 양심

prerequisite [priːrékwəzit] 선행(필요) 조건, 기초 필수과목
prescription [priskrípʃən] 처방(전), 규정
decline [dikláin] 하락, 쇠퇴
formative [fɔ́ːrmətiv] 형성하는
set back 방해하다
lawmaker [lɔ́ːmèikər] 입법자, (국회) 의원
apprenticeship [əpréntisʃip] 도제 제도, 수습 기간
value [vǽljuː] 존중하다
tuition [tjuːíʃən] 수업료
substitute for …을 대신하다
take to …에 몰두하다
earmark [íərmàːrk] 책장 모서리의 접힌 부분, 특징
fiscal [fískəl] 재정의
identify [aidéntəfài] (-에) 관계하게 하다
agribusiness [ǽgrəbìznis] 농업 관련 사업
bid [bid] 입찰
roll back (통제하여 물가를) 본래 수준으로 되돌리다, 후퇴하다
massive [mǽsiv] 큰, 대량의
on the way 진행하여
tax-free [tǽksfríː] 면세의, 비과세 이자
savings account 저축 예금
look ahead 앞을 보다
leave out 고려치 않다, 나간 채 내버려 두다
review [rivjúː] 세밀히 조사하다
forge [fɔːrdʒ] 서서히 나아가다
extremism [ikstríːmizəm] 과격주의, 극단론
plot [plɑt] 꾀하다, 도모하다
safe haven 안전 대피소
deploy [diplɔ́i] (부대·장비를 전략적으로) 배치하다
relieve [rilíːv] 덜다, 풀게 하다
the strain 긴박한 상태
vigilant [vídʒələnt] 자지 않고 지키는
uphold [ʌphóuld] 지지하다, 받치다
detention center 비행 청소년 단기 수용소
equivocation [ikwìvəkéiʃən] 애매함
torture [tɔ́ːrtʃər] 고문하다
shun [ʃʌn] 피하다
foe [fou] 적, 원수
candor [kǽndər] 솔직, 공정
envoy [énvɔi] (외교) 사절, 특사
sustain [səstéin] 계속하다, 유지하다
nuclear proliferation 핵 확산
pandemic [pændǽmik] 유행하는
protectionism [prətékʃənizəm] 보호무역주의
do with …을 처리하다
tremendous [triméndəs] 엄청난, 굉장한
entrust [entrʌ́st] 맡기다, 위임하다

Words & Phrases

lose sight of …을 잊다
trivial [tríviəl] 사소한
unlikely [ʌnláikli] 가망 없는
celebrity [səlébrəti] 유명인
aspiration [æ̀spəréiʃən] 열망, 포부
reportedly [ripɔ́:rtidli] 들리는 바에 의하면
give out 배포하다
rubble [rʌ́bəl] 벽돌조각
leak [li:k] 새다
peel off (페인트·벽지 등이) 벗겨지다
barrel [bǽrəl] 무서운 속도로 달리다
quitter [kwítər] 포기하는 사람, 게으름뱅이
trying [tráiiŋ] 고된, 견디기 어려운
generosity [dʒènərásəti] 관대, 아량
resilience [rizíljəns] (원기의) 회복력, 발랄함
decency [dí:snsi] 품위, 예절바름
determination [ditə̀:rmənéiʃən] 결심, 결단력
persevere [pə̀:rsəvíər] 참다, 견디다
posterity [pastérəti] 자손
thus far 이제까지는
carve [ka:rv] 새기다

5. One Government, One President

sobering [sóubəriŋ] 정신이 들게 하는
consecutive [kənsékjətiv] 연속적인
shed [ʃed] 해고하다; (영향·사상 등을) 주다, 미치다
in total 합계하여, 전부
struggle [strʌ́gəl] 버둥거리다
figure out 해결하다
urgent [ɔ́:rdʒənt] 긴급한, 절박한
economy challenge 경제난
resolve [rizálv] 풀다, 해결하다
current [kə́:rənt] 지금의, 현재의
appreciate [əprí:ʃièit] 고맙게 여기다
commitment [kəmítmənt] 약속
ensure [enʃúər] 확실하게 하다
fully [fúli] 충분히
unfold [ʌnfóuld] 털어놓다, 말하다, 설명하다
confront [kənfrʌ́nt] 대응하다
head-on 정면으로
ease [i:z] 완화하다
credit crisis 신용 위기
hardworking [há:rdwə̀:rkiŋ] 열심히 일하는
Transition Economic Advisory Board 오바마가 인수과정 때 만든 경제정책 조언팀
alongside [əlɔ́:ŋsàid] (~와) 나란히
key [ki:] 중요한
priority [praiɔ́(:)rəti] 우선 사항
rescue [réskju:] 구제, 구조
paycheck [péitʃèk] 봉급, 임금

shrink [ʃriŋk] 줄다
unemployment insurance 실업보험
fiscal stimulus plan 경기 활성화를 위한 재정 정책
overdue [òuvərdjúː] 기한이 지난
address [ədrés] (문제)를 역점을 두어 다루다
meet [miːt] 지급하다
payroll [péiròul] (종업원의) 급료 총액
inventory [ínvəntɔ̀ːri] 재고품
municipal [mjuːnísəpəl] 자치 도시의
devastating [dévəstèitiŋ] 강력한, 항거하기 어려운
hardship [háːrdʃip] 곤경, 어려운 일→어려움
go beyond …을 넘어서 나아가다
countless [káuntlis] 수많은, 무수한
supplier [səpláiər] 제품 제조업자
vibrant [váibrənt] 활발한, 기운찬
backbone [bǽkbòun] 등뼈, 중추
manufacturing [mæ̀njəfǽktʃəriŋ] 제조업
critical [krítikəl] 중대한, 결정적인
dependence [dipéndəns] 의존
accelerate [æksélərèit] 빨리하다, 진척시키다
retool [riːtúːl] 설비를 일신하다
enact [enǽkt] (법령으로) 규정하다
adjust [ədʒʌ́st] 순응하다

weather [wéðər] (재난·역경 등을) 뚫고 나아가다
explore [iksplɔ́ːr] 찾아내다
additional legislation 추가 입법 조치
implementation [ìmpləməntéiʃən] 수행, 이행
stabilize [stéibəlàiz] 안정시키다
unduly [ʌndjúːli] 부당하게
critical [krítikəl] 중대한, 긴급히 필요한
the Treasury 재무부
FDIC 연방예금보험공사
  (Federal Deposit Insurance Corporation)
HUD 주택 및 도시개발청
  (Housing and Urban Development)
substantial [səbstǽnʃəl] 실질적인
already [ɔːlrédi] 지금 곧(right now)
avoid [əvɔ́id] 피하다
foreclosure [fɔːrklóuʒər] 담보물을 찾을 권리의 상실, 유질 처분→주택 차압
monitor [mánitər] 감시하다
lay out (세밀하게) 계획하다
identify [aidéntəfài] 확인하다
reconvene [rìːkənvíːn] 다시 모이다
underestimate [ʌ̀ndəréstəmèit] 과소평가하다
enormity [inɔ́ːrməti] (일·문제 등의) 거대, 광대
subsequent [sʌ́bsikwənt] 뒤의, 다음의
resilient [rizíljənt] 탄력 있는

버락 오바마 명쾌한 영어

6. Yes We Can

founder [fáundər] 창립자, 선조
question [kwéstʃən] 의문으로 여기다
Democrat [déməkræt] 민주당원
Republican [ripʌ́blikən] 공화당원
gay [gei] 동성애자
straight [streit] (호모가 아닌) 정상인
disabled [diséibəl] 장애우
collection [kəlékʃən] 집합
Red States 붉은 주(공화당을 지지하는 주)
Blue States 파란 주(민주당을 지지하는 주)
cynical [sínikəl] 냉소적인
put one's hands on the arc of history 역사의 궤도에 손을 얹다
bend toward (눈·걸음을) 돌리다
defining moment 결정적인 순간
gracious [gréiʃəs] 호의적인, 친절한
Senator [sénətər] 상원의원
better of 보다 나은 상태에서
render [réndər] …로 만들다, 주다
selfless [sélflis] 사심 없는
Governor [gʌ́vərnər] 주지사
campaign [kæmpéin] 선거운동하다
speak for …을 대변하다
ride [raid] 타다
the Vice President-elect 부통령 당선인
unyielding [ʌnjíːldiŋ] 굽히지 않는, (결심을) 바꾸지 않는
rock [rak] 반석
puppy [pʌ́pi] 강아지
measure [méʒər] 치수, 분량, 한도
strategist [strǽtədʒist] 전략가
assemble [əsémbəl] 조립하다, 짜맞추다
belong to (…의) 것이다
the likeliest candidate 가장 유망한 후보
endorsement [endɔ́:rsmənt] 지지, 승인
hatch [hætʃ] (계획을) 세우다
hall [hɔ:l] 집회장
porch [pɔ:rtʃ] 현관
dig into (자금 등에) 손을 대다
cause [kɔ:z] 대의, 운동
myth [miθ] 신화
apathy [ǽpəθi] 무관심
scorching [skɔ́:rtʃiŋ] 매우 뜨거운
organize [ɔ́:rgənàiz] (단체 등을) 조직하다
perish [périʃ] 사라지다
enormity [inɔ́:rməti] 거대
planet [plǽnət] 지구
harness [háːrnis] (하천·폭포·바람 등 자연력을 동력으로) 이용하다
repair [ripέər] 고치다, 수리하다
steep [sti:p] 험한
term [tə:rm] 임기
setback [sétbæk] 좌절
disagree [dìsəgríː] 의견이 다르다
callous [kǽləs] (피부가) 굳은

summon [sʌ́mən] (용기 등을) 불러일으키다
pitch in 참가(협력)하다
thrive [θraiv] 번영하다
Main Street 중심가, 큰 거리
suffer [sʌ́fər] 고생하다
resist [rizíst] 격퇴하다; …에 저항하다
temptation [temptéiʃən] 유혹
fall back 후퇴하다; 뒷걸음치다
pettiness [pétinis] 하찮은 일, 속 좁은
immaturity [ìmətjú(:)rəti] 미숙
poison [pɔ́izən] 망치다, 악화시키다
banner [bǽnər] 기치
self-reliance [sélfriláiəns] 자기 신뢰, 자립
passion [pǽʃən] 열정
strain [strein] 변형되다, 뒤틀게 하다
bond [band] 유대; 결속
affection [əfékʃən] 애정
shore [ʃɔ:r] (해안을 경계로 하는) 나라
parliament [pɑ́:rləmənt] 의회
singular [síŋɡjələr] 각자의, 유일한
dawn [dɔ:n] 새벽, 처음
at hand 바로 가까이에, 가까운 장래에
beacon [bí:kən] 횃불, 등대
might [mait] 힘, 세력
enduring [indjúəriŋ] 영구적인
unyielding [ʌnjí:ldiŋ] 굳건한
genius [dʒí:njəs] 정신

cast [kæst] 투표하다
ballot [bǽlət] 투표 용지
except for …을 제외하고는
slavery [sléivəri] 노예 제도
heartache [hɑ́:rtèik] 비탄
progress [prɑ́ɡres] 진보, 발달
creed [kri:d] 신념
dismiss [dismís] 버려버리다
speak out 큰소리로 말하다
despair [dispέər] 절망, 자포자기
dust bowl 모래 강풍이 부는 미국의 대초원 지대
depression [dipréʃən] 불경기, 불황
conquer [kɑ́ŋkər] (역경·곤란 등을) 극복하다
harbor [hɑ́:rbər] 항구
tyranny [tírəni] 전제 정치
witness [wítnis] 목격하다
preacher [prí:tʃər] 목사, 설교자
overcome [òuvərkʌ́m] 극복하다; 정복하다
come down 쓰러지다
reclaim [rikléim] 되찾다, 재요구하다
fundamental [fʌ̀ndəméntl] 근본적인, 기초의
breathe [bri:ð] 숨을 쉬다
sum up …의 요점을 간략하게 말하다

버락 오바마 명쾌한 영어

7. Education speech in Dayton, OH

Representative [rèprizéntəitiv] 하원 의원
principal [prínsəpəl] 교장
heart-felt [háːrtfèlt] 진심에서 우러나오는
paraprofessional [pæ̀rəprəféʃənəl] 전문직 보조원
back-to-school [bæktəskuːl] 신학기의
locker [lákər] (자물쇠가 달린) 장
combination [kàmbənéiʃən] (자물쇠 등을 열기 위해) 맞추는 번호
reminder [rimáindər] 생각나게 하는 것
Secret Service (정부의) 비밀 경호국
drop off 퇴학당하다
vital [váitl] 참으로
urgent [ə́ːrdʒənt] 시급한
quote [kwout] 인용하다
urgency [ə́ːrdʒənsi] 긴급함
to death 몹시, 아주
jeopardy [dʒépərdi] 위기
the day of reckoning 최후의 심판
indifference [indífərəns] 무관심
defining moment 결정적인 시기
reflect [riflékt] 반영하다
demands [dimǽnd] 요구 사항
break down 무너지다
integrated [íntəgrèitid] 통합된; 완전한
advanced [ədvǽnst] 고등의

valuable [vǽljuːəbəl] 값비싼
pathway [pǽθwèi] 통로
prerequisite [priːrékwəzit] 필요조건
preschool [príːskúːl] 미취학
peer [piər] 동료
certification [sə̀ːrtəfəkéiʃən] 증명서
work force [wə́ːrkɔ̀ːrs] 노동 인구
specific [spisífik] 구체적인
drop-out rate 퇴학률
unfilled [ʌ̀nfíld] 차지 않은, 빈
untenable [ʌ̀nténəbəl] 지킬 수 없는
land grant 무상 토지 불하(대학·철도 등을 위해 정부가 시행하는)
union [júːnjən] 북군, 연방군
mandatory [mǽndətɔ̀ːri] 의무적인
beat [biːt] …에 이기다
folks [fouk] 사람들
stuck in 지위에 매달리다
cripple [krípl] ~의 힘을 없애다
fend for themselves 자활하다
versus [və́ːrsəs] …대(對)
voucher [váutʃər] 상품권; 할인권, 영수증
the status quo 현상
bicker [bíkər] 말다툼하다
implement [ímpləmənt] 이행(실행)하다
opponent [əpóunənt] 상대
take to …에 몰두하다
proposal [prəpóuzəl] 제안, 계획, 안

initiative [iníʃətiv] 의안 제출권, 발의권
ideologue [áidiəlɔ̀(:)g] 공상가; 이론가
give out 할당하다
keep track of ⋯을 놓치지 않고 따라가다
inequality [ìnikwáləti] 불평등, 차
make a difference 차이가 생기다
commitment [kəmítmənt] 몰두, 헌신
agenda [ədʒéndə] 안건
fall behind 뒤지다
component [kəmpóunənt] 요소, 성분
achievement gap 학력 차
tax credit 세금 공제
fix [fiks] 자리잡다, 고치다
the only 최상의
uninspired [ʌ̀ninspáiərd] 독창적이지 않는
performance [pərfɔ́:rməns] 성과
assessment [əsésmənt] 평가
crowd out (장소가 좁아서) 내쫓다
school district 교육구
spur [spə:r] ~에 박차를 가하다
retain [ritéin] 계속 사용(실행)하다
army of 떼, 무리
outperforming [àutpərfɔ́:rm] ⋯보다 기량이 뛰어나다
expectation [èkspektéiʃən] 가능성
the law of the land 국법
AP course Advanced Placement Course.
foster [fɔ́(:)stər] 불러일으키다, 육성하다
innovative [ínouvèitiv] 혁신적인
replicate [répləkèit] 모사하다, 복제하다
charter school 차터 스쿨(공적 자금을 받아 교사·부모·지역 단체 등이 설립한 학교)
integrate [íntəgrèit] 통합된, 완전하게 된
fluent [flú:ənt] 거침없는
outstanding [àutstǽndiŋ] 우수한
overcrowded [ðuvərkráud] 인구과잉의
residency [rézidənsi] 전문 교육
build on (~을) 바탕으로 하다, 이용하다
recruit [rikrú:t] 채용하다, 신입 사원
assurance [əʃúərəns] 보장, 확신
high-stakes [háistéiks] 이판사판의
assessment [əsésmənt] 평가, 판단
educator [édʒdukèitər] 교육 전문가
attract [ətrǽkt] 끌어들이다
be the first to do 맨 먼저 ~하다
settle for 불만스럽지만 받아들이다
up to 〈대개 부정문·의문문에서〉 (일 등)을 감당하여, ~할 수 있고
embrace [embréis] 채택하다
wind down 단계적으로 축소하다
eliminate [ilímənèit] 제거하다
mortgage [mɔ́:rgidʒ] 저당 잡히다
pass the buck on ⋯에 책임을 전가하다

set [set] (모범·유행 따위를) 보이다
bureaucracy [bjuərákrəsi] 관료주의
paper work [péipər wə:rk] 문서
gridlock [grídlàk] 마비
fund [fʌnd] 투자하다
grant [grænt] 보조금
measurable [méʒərəbəl] 중요한
conference [kánfərəns] 협의
play hooky 학교를 빼먹다
drop off (승객이[을]) 내리다
put through (시험에) 합격시키다
GI Bill 제대군인원호법
multiple sclerosis 다발성 경화증
filtration plant 정수장
lead the way 이끌다; 맨 앞을 가다
unleash [ʌ̀nlíːʃ] …을 해방하다
unlock [ʌ̀nlák] 털어놓다
beacon [bíːkən] 횃불, 지침

8. Politics of Change; I want to win that next battle

brave [breiv] 대수로이 여기지 않다
in my heart 실제로는
In the face of ~에도 아랑곳없이
shut out 배제하다
settle [sétl] 침묵시키다
reach [riːtʃ] 〈손 등을〉 내밀다
native [néitiv] 토박이, 그 토지에서 태어난

decade [dékeid] 10년간
offer [ɔ́(ː)fər] 제안하다
motivate [móutəvèit] 움직이다
sight [sait] 즉석의
unseen [ʌ̀nsíːn] 즉석에서 하는
sight unseen 현물을 보지 않고→즉석에서
lay-people [leipíːpl] 평신도
deal [diːl] 다루다, 처리하다
ravage [rǽvidʒ] 황폐하게 하다
plant [plænt] 공장
in nature 현존하고 (있는)
trace [treis] (원인을) 조사하다
skew [skjuː] 왜곡하다
constitutional law [kànstətjúːʃənəl lɔː] 헌법
cherished [tʃériʃid] 소중한
active [ǽktiv] 적극적인, 능동적인
participation [paːrtìsəpéiʃən] 참여
awakened [əwéikən] 깨어 있는
electorate [iléktərit] 유권자
capital [kǽpitl] 훌륭한
converge [kənvə́ːrdʒ] 한데 모아지다, 집중하다
clamor [klǽmər] 시끄럽게 말하다
lasting [lǽstiŋ] 영원한
audience [ɔ́ːdiəns] 청중
disagree [dìsəgríː] 의견이 다르다
disagreeable [dìsəgríːəbəl] 불유쾌한

compromise [kámprəmàiz] 타협하여 처리하다
principle [prínsəpl] 원칙
so long as ~하는 한은, ~하는 동안은
assume [əsjú:m] (태도를) 취하다
reform [ri:fɔ́:rm] 개혁하다
death penalty 사형
remind [rimáind] ~에게 깨닫게 하다
essential [isénʃəl] 본질적인
decency [dí:snsi] 관대
in the shadow …의 아주 가까이에
Capitol [kǽpitl] 주의회 의사당
certain [sə́:rtən] 다소의
presumptuousness [prizʌ́mptʃuəsnes] 무모함
audacity [ɔ:dǽsəti] 대담무쌍
announcement [ənáunsmənt] 발표, 성명
genius [dʒí:njəs] 우수성
take heart 용기를 내다
secession [siséʃən] (남북 전쟁의 발단이 된) 남부 11개 주의 탈퇴
unify [jú:nəfài] 하나로 하다
set the captives free 포로를 석방하다
Depression [dipréʃən] 대공황
poverty [pávərti] 가난
railroad [réilròud] 철도
roll [roul] 굽이치다
righteousness [ráitʃəsnis] 공의, 정의

mighty [máiti] 거대한
stream [stri:m] 시내, 개울
odds [adz] 가능성
doubt [daut] 의심
setback [sétbæ̀k] 좌절
rally [rǽli] 모이다
walk of life 직업
be laid to rest 죽다
millennium [miléniəm] 천년기
paycheck [péitʃèk] 봉급, 임금
absence [ǽbsəns] 없음, 결여
sensible [sénsəbl] 현명한
petty [péti] 사소한
trivial [tríviəl] 사소한, 하찮은
chronic [kránik] 고질의, 만성의
avoidance [əvɔ́idəns] 기피, 회피
preference [préfərəns] 더 좋아함
score [skɔ:r] 득점하다, 획득하다
consensus [kənsénsəs] 합의
tackle [tǽkəl] 맞서 싸우다
mounting [máuntiŋ] 증가하는, 늘어가는
stagnant [stǽgnənt] 흐르지 않는, 정체된
illusion [ilú:ʒən] 착각
hoax [houks] 날조
ill-conceived [ìlkənsí:vd] 발상이 잘못된, 착상이 나쁜
replace [ripléis] …에 대신하다
strategy [strǽtədʒi] 전략; 작전
foresight [fɔ́:rsàit] 통찰력

버락 오바마 명쾌한 영어

death toll 사망자 수
look away 눈길을 돌리다
disillusionment [dìsilú:ʒənmənt] 환멸
the void 공허
sweeping [swí:piŋ] 광범위한
crucial [krú:ʃəl] 중대한
instill [instíl] 심어주다
adapt to 적응하다
measure [méʒər] 분량
transform [trænsfɔ́:rm] 바꾸다 → 개혁하다
compete [kəmpí:t] 경쟁하다
resources [risɔ́:rsiz] 자원
in exchange for …와 교환으로
accountability [əkàuntəbíləti] 책임
affordable [əfɔ́:rdəbəl] (값이) 알맞은
lay down 개설하다, 놓다
hard-earned [há:rdə́:rnd] 힘들게 얻은
retirement [ritáiərmənt] 은퇴
union [jú:njən] 노동조합
organizer [ɔ́:rgənàizər] (노동조합 따위의) 조직책
single [síŋgəl] 성실한
living wage 최저 생활 임금
prevention [privénʃən] 예방
treatment [trí:tmənt] 치료법, 치료
harness [há:rnis] 이용하다
homegrown [hóumgróun] 국내에서 산출된

spur [spə:r] ~에 박차를 가하다
set up 새로이 만들다
cap [kæp] (임금·물가 등의) 상한을 정하다
incentive [inséntiv] 동기
confront [kənfrʌ́nt] ~와 맞서다
unguarded [ʌ̀ŋgá:rdid] 방어가 없는
track down (추적 등으로) 찾아내다
tighten [táitn] (바짝) 죄다
intelligence [intélədʒəns] 정보
oppose [əpóuz] …에 반대하다
grieve for 애도하다, 마음 아파하다
disagreement [dìsəgrí:mənt] 불일치
combat troops 전투 병력
get [get] 이해하다
veteran [vétərən] 참전 용사, 퇴역 군인
valor [vǽlər] 용맹
rebuild [ri:bíld] 재건하다
skepticism [sképtəsìzəm] 회의(론)
ten-point plan 10점짜리 선거공약
trumpet [trʌ́mpit] 알리며 돌아다니다
quality [kwɑ́ləti] 자질
uniquely [ju:ní:kəli] 독특하게
qualified [kwɑ́ləfàid] 자격 있는, 적임의
confetti [kənféti(:)] 색종이 조각
sweep away 휩쓸어 가다
fade [feid] 사라져 가다
turn away 외면하다, 떠나다
as before 종전대로

occasion [əkéiʒən] (…할) 기회
reclaim [rikléim] 되찾다
obstacle [ábstəkəl] 장애(물)
withstand [wiðstǽnd] ~에 저항하다, 가로막다
bound [baund] 꼭 ~하게 되어 있는
gangly [gǽŋgli] 호리호리한
self-made [sélfméid] 자수성가한
station [stéiʃən] 지위
array [əréi] (군대 등을) 배치시키다
discordant [diskɔ́:rdənt] 각기 다른, 일치하지 않는
hostile [hástail] 적의 있는
element [éləmənt] 요소
from the four winds 사면팔방에서
hold an office 직책을 맡다
take up 착수하다
improbable [imprábəbəl] 있을 법하지 않은
quest [kwest] 탐색여행, 추구
shake off 쫓아버리다
slumber [slʌ́mbər] 잠
slough off (편견 등을) 버리다
make good 보상[변제]하다
usher in ~의 도착을 알리다, 예고하다

9. The Audacity of Hope; A star is born

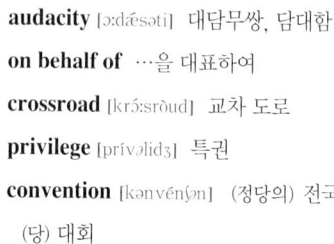

버락 오바마 명쾌한 영어

audacity [ɔ:dǽsəti] 대담무쌍, 담대함
on behalf of …을 대표하여
crossroad [krɔ́:sroud] 교차 도로
privilege [prívəlidʒ] 특권
convention [kənvénʃən] (정당의) 전국(당) 대회
unlikely [ʌ̀nláikli] 정말 같지 않은
herd [hə:rd] (소·양 등을) 무리를 짓게 하다
tin-roof shack 양철 지붕이 있는 판잣집
perseverance [pə̀:rsivíːrəns] 인내, 참을성
assembly line 조립 라인
FHA 연방주택 관리국
continent [kántənənt] 대륙
abiding [əbáidiŋ] 변치 않는, 영속적인
tolerant [tálərənt] 관대한
barrier [bǽriər] 장애
pass away 죽다
diversity [divə́:rsəti] 다양성
owe [ou] …의 덕택이다
affirm [əfə́:rm] 확인하다
skyscraper [skáiskèipər] 고층 건물
premise [prémis] 전제
sum [sʌm] 요약하다
declaration [dèklətéiʃən] 선언(서)

Words & Phrases

make over 고쳐 만들다
self-evident [sélfévədənt] 자명한
endow [endáu] …에게 부여하다
inalienable [inéiljənəbəl] 양도할수없는
pursuit [pərsúːt] 추구
the genius [dʒíːnjəs] 정신
insistence [insístəns] 강조
bribe [braib] 뇌물
participate [paːrtísəpèit] 참여하다
retribution [rètrəbjúːʃən] 보복
commitment [kəmítmənt] 공약
promise [prámis] 희망, 기대
buck [bʌk] 달러
choke [tʃouk] (감정·눈물을) 억누르다
count on 의지하다
the grades [greid] 성적
drive [draiv] 의욕
get ahead 성공하다
inner city 대도시 중심의 저소득층이 사는 지역
parent [pέərənt] 아이를 기르다
eradicate [irǽdəkèit] 근절하다
slander [slǽndər] 비방
decent [díːsənt] 더할 나위 없는
shot [ʃat] 즐거움
embody [embádi] 구현하다, 구체화하다
prosecutor [prásəkjùːtər] 검사
lieutenant governor 부지사
devote [divóut] 바치다

overseas [òuvərsíːz] 해외로
independence [ìndipéndəns] 자립
hostage [hástidʒ] 인질
sabotage [sǽbətàːʒ] 파업
wedge [wedʒ] 사이를 떼는 곳
VFW 해외전쟁 참전용사
the Marines [məríːn] 해병대
enlist [enlíst] 입대하다
absolute [ǽbsəlùːt] 절대의
devotion [divóuʃən] 헌신
service man (현역) 군인
get by 그럭저럭 꾸려 나가다
full income 월급
limb [lim] 수족
nerve [nəːrv] 신경
shatter [ʃǽtər] 부서지다
reservist [rizə́ːrvist] 예비역, 재향군인
solemn [sáləm] 엄숙한
fudge [fʌdʒ] 속임수를 쓰다, 날조하다
shade [ʃeid] 흐리게 하다
tend [tend] …을 돌보다
pursue [pərsúː] 뒤쫓다
lieutenant [luːténənt] 중위
ingredient [ingríːdiənt] 재료
saga [sáːgə] (영웅 등을 다룬) 무용담
prescription [priskrípʃən] 처방약
round up 체포하다
attorney [ətə́ːrni] 변호사
due [dju] 마땅한

341

threaten [θrétn] ···을 위해 위협하다
E pluribus unum '여럿으로 이루어진 하나' 라는 뜻의 라틴어
peddler [pédlər] (소문 등을) 퍼뜨리는 사람
liberal [líbərəl] 진보적인
conservative [kənsə́:rvətiv] 보수적인
pundit [pʌ́ndit] 박식한 체하는 사람, 전문가
slice-and-dice 난도질을 하는
awesome [ɔ́:səm] 경외하고 있는
poke around 여기저기 뒤지다
Little League 소년 야구 리그
pledge [pledʒ] 맹세하다
allegiance [əlí:dʒəns] 충성
the stars and stripes 성조기
blind [blaind] 맹목적인
optimism [ɑ́ptəmìzəm] 낙관주의
willful [wílfəl] 고의의, 계획적인
go away 사라지다
substantial [səbstǽnʃəl] 본질의
patrol [pətróul] 순찰하다
defy [difái] ···에 도전하다
skinny [skíni] 바싹 마른
bedrock [bédrɑ̀k] 기반
swear [swɛər] 맹세하다

10. Michelle Obama Keynote Address at DNC

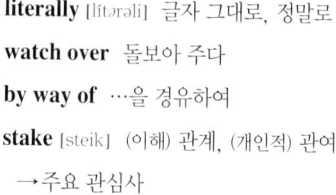

버락 오바마 명쾌한 영어

literally [lítərəli] 글자 그대로, 정말로
watch over 돌보아 주다
by way of ···을 경유하여
stake [steik] (이해) 관계, (개인적) 관여
→ 주요 관심사
blue-collar worker 육체 노동자
sustaining [səstéiniŋ] 떠받치는
integrity [intégrəti] 성실
compassion [kəmpǽʃən] 자비로운 마음
diagnose [dáiəgnòus] 진단하다
let on 입 밖에 내다
cane [kein] 지팡이
pour [pɔːr] 쏟다
have a place 존재하다
firsthand [fə́:rsthæ̀nd] 직접
scrimp [skrimp] 절약하다
height [hait] 높이, 절정, 극치
reach [riːtʃ] 범위
willingness [wíliŋnis] 기꺼이 하는 마음
head [hed] 향하다
devastated [dévəstèit] 황폐화된
dry up 바닥나다
fixed income 고정 수입
frustrated [frʌ́streitid] 좌절된
folks [fouk] 사람들
handout [hǽndàut] 거지에게 주는 물건, (재단으로부터) 기부

shortcut [ʃɔ́:rtkʌ̀t] 손쉬운 방법

contribute [kəntríbjut] 기여(공헌)하다

stay with 계속 듣다

distance [dístəns] 현저한 차이

aspiration [æ̀spəréiʃən] 소망

fairness [fɛ́ərnis] 공평함

mold [mould] 틀에 넣어 만들다

crosscurrent [krɔ́:skə̀:rənt] 역류

painstakingly [péinztèikiŋli] 힘들게

shift [ʃift] 교대(시간)

day shift 주간 근무

head [hed] 향해 나아가다

grace [greis] 감사 기도

crack [kræk] 갈라진 금, 틈

glass ceiling (여성·소수파의) 승진의 최상한선

thread [θred] 실

empower [empáuər] (~을) 할 수 있게 하다

commitment [kəmítmənt] 책임, 의무

after all ~에도 불구하고

inch along 조금씩 전진하다

peer [piər] 응시하다

rearview mirrow 백미러

embrace [embréis] 포옹

tuck [tʌk] 덮다, 감싸다

commit oneself to ~에 몸을 맡기다